COSACNAIFY PORTÁTIL 20

PENSAM
NO SÉCU

GRANDES PROTAGONISTAS E
RECEPÇÃO DAS OBRAS NO BRASIL

O
ENTO
ALEMÃO
O XX
OLUME 2

organização Jorge de Almeida e Wolfgang Bader

INTRODUÇÃO

JORGE DE ALMEIDA E WOLFGANG BADER

Talvez não seja exagero dizer que, no Brasil do século XXI, o pensamento alemão do século XX, com todas as suas rupturas e contradições, se sente em casa. Essa estranha familiaridade, conquistada pouco a pouco durante o último século, pode ser percebida no modo como a universidade brasileira, antes dominada pela forte influência francesa, passou a incorporar vários autores alemães como referência obrigatória em diversos campos do saber, da sociologia à psicanálise, da filosofia à crítica literária. Um passo além, e muitos desses autores se tornaram presença importante também no debate público, com citações frequentes nas páginas dos jornais e revistas, nas discussões artísticas e políticas e, mais recentemente, nos fóruns e sites da internet.

No esforço de compreender melhor a peculiar "afinidade eletiva" que aproxima essas duas tradições intelectuais aparentemente tão distintas, o Goethe-Institut São Paulo planejou uma série de ciclos de palestras e debates nos quais alguns dos mais importantes intelectuais brasileiros apresentaram leituras pessoais, ao mesmo tempo apaixonadas e críticas, dos grandes protagonistas da "cena espiritual" alemã. Retomando um tema caro à tradição dialética, importante tanto na Alemanha quanto no

Brasil, poderíamos dizer que, em várias dessas palestras, autores e obras do pensamento alemão foram repensados, interpretados e "lidos a contrapelo", adquirindo aqui um sentido próprio, capaz de iluminar, numa perspectiva especificamente brasileira, os grandes temas que se impõem à reflexão crítica em nossa época.

Como lembra o historiador Eric Hobsbawm, a Alemanha esteve no centro dos principais acontecimentos políticos do século XX: a Primeira Guerra Mundial, a ascensão do nacional-socialismo, a Segunda Grande Guerra, a reconstrução da Europa e o fim da Guerra Fria, simbolizados pela queda do Muro de Berlim. Esses eventos, de dimensões mundiais, foram incorporados como objetos de reflexão e moldaram o destino e o interesse de algo que podemos chamar de "pensamento alemão do século XX", ou seja, o pensamento em língua alemã que, na Europa ou no exílio, compartilha uma tradição reconhecível e sempre retomada, cujas origens intelectuais e estéticas remontam à Reforma luterana, ao confronto entre as filosofias de Kant e Hegel, à convivência entre classicismo e romantismo nas obras de Goethe e Schiller, ao ímpeto teórico e revolucionário do marxismo e à tensão entre os vários ramos das "ciências do espírito" e das "ciências da natureza", conceitos tipicamente alemães.

Toda a riqueza dessa ampla tradição, que vive e se renova por meio de uma impiedosa autocrítica e é capaz de despertar os mais felizes sonhos e os mais terríveis pesadelos (Heinrich Heine), esteve em pauta no primeiro ciclo de palestras, realizado no Goethe-Institut durante o segundo semestre de 2007 e publicado pela Cosac Naify em 2009. Diversas vertentes do pensamento alemão e da inteligência brasileira estiveram ali representadas, em ensaios sobre Max Weber (Gabriel Cohn), Sigmund Freud (Renato Mezan), Carl Schmitt (Gilberto Bercovici), Martin Heidegger (Zeljko Loparic), Hannah Arendt (Jorge Grespan), Walter Benjamin (Jeanne-Marie Gagnebin), Theodor Adorno (Vladimir Safatle), Ernst Bloch (Carlos Eduardo Jordão Machado), Herbert Marcuse (Isabel Loureiro), Jürgen Habermas (Alessandro Pinzani e Delamar Volpato Dutra) e Niklas Luhmann (Marcelo Neves).

Nesse segundo ciclo de palestras, realizado em 2009, a escolha de autores evidenciou a continuidade, durante todo o século XX, de debates que atravessam as mais diversas áreas do pensamento. No âmbito da psicologia, encontramos agora Wilhelm Reich e Carl Jung, discípulos parricidas de Freud, que reconsideram algumas das premissas do mestre e aproximam a psicanálise do estudo das mitologias antigas e dos meandros da energia vital. Na teoria crítica, momento em que a especulação marxista se transforma em prática política, as obras do húngaro Georg Lukács e da polonesa Rosa Luxemburgo, escritas também em alemão, demonstram toda a contundência da vertente mais radical da tradição germânica, bem representada por vários autores do primeiro volume. Exemplos da impressionante erudição que caracteriza, desde Max Weber, a obra dos chamados "mandarins alemães", Erich Auerbach ilumina os nexos entre a realidade histórica e sua representação literária. Partindo de uma antiga obsessão da filosofia alemã, onipresente desde a filosofia transcendental kantiana, a pergunta clássica sobre os modelos e os limites do conhecimento e das ciências encontra novas respostas nas polêmicas obras de Ludwig Wittgenstein e Karl Popper.

Como vemos, os debates específicos são sempre retomados, desenhando vertentes e estabelecendo filiações, mas o interesse mais amplo de cada um desses autores, que abarca todos os âmbitos da vida humana, também aqui rompe as fronteiras acadêmicas e embaralha os temas. Essa é uma das características mais reconhecidas do pensamento alemão, ilustrada pelo anseio fáustico de enfrentar e dominar os assuntos mais diversos do "espírito", sem temer o espírito de contradição. Dessa forma, em nosso segundo ciclo não poderiam faltar dois cientistas que, com seus trabalhos na área da física, acabaram por revolucionar toda a nossa concepção do mundo, da razão e do universo: Werner Heisenberg e Albert Einstein. As complexas ideias e equações da teoria da relatividade e da física quântica deixaram suas marcas em vários momentos decisivos do século XX, do cubismo à musica aleatória, da bomba atômica à religião da nova era, e tiveram também uma presença importante na cena científica e cultural brasileira.

Se o estudo da natureza se torna paradoxalmente uma parte fundamental da "vida do espírito" alemã, a relação com as musas sempre esteve presente, desde os tempos de Goethe e dos grandes poetas e compositores do romantismo. Praticamente todos os autores estudados nesses dois primeiros ciclos de palestras escreveram algo sobre as artes e a estética, da música à literatura, passando pela arquitetura e pelas artes plásticas. Enquanto alguns dedicaram vários volumes e obras decisivos ao assunto (basta olhar o índice e encontrar os maiores críticos musicais e literários do século passado), até mesmo os mais insuspeitos escreveram um artigo ou comentário crítico, arriscaram um poema ou uma canção, sem esquecer o violino nem sempre afinado de Einstein.

As palestras do segundo ciclo, publicadas neste volume que o leitor tem em mãos, constituem mais um capítulo na longa série de parcerias do Goethe-Institut com as instituições artísticas e universitárias brasileiras. Para os alemães, é uma experiência enriquecedora perceber o interesse e as contradições de sua própria cultura, através do olhar de importantes intelectuais brasileiros, enquanto ao mesmo tempo esse esforço de incorporação crítica e de reflexão original sobre as diversas faces do pensamento alemão dá um testemunho importante sobre a vitalidade e os dilemas da cultura brasileira das últimas décadas. Ao se sentir em casa no pensamento alemão, o Brasil também entende melhor a si mesmo.

WILHELM REICH: A CIÊNCIA COMO MILITÂNCIA

PAULO ALBERTINI

Responsável por um fazer científico comprometido com a busca de melhoria das condições de vida humana, o austro-húngaro Wilhelm Reich (1897-1957), como uma espécie de combatente cultural, amarrou vida e obra num só projeto e percorreu um itinerário marcado pelo engajamento em propostas de intervenção social.

Neste ensaio, por concebermos a obra reichiana como um processo vivo e contínuo de formulação, que implicou movimentos de elaboração e reelaboração de conceitos e posturas, adotamos um método de exposição histórica. Porém, dados os limites de espaço para este trabalho, alguns pontos acabaram sendo mais abordados do que outros. Em geral, três intentos balizaram nossas escolhas: a) acompanhar a trajetória científica percorrida por Reich; b) indicar a aliança entre teoria e prática presente na produção reichiana; c) identificar, do acervo freudiano, o grupo de noções e posturas que ajudaram a alicerçar o pensamento reichiano.

De início, a fim de aproximarmos a obra reichiana do seu contexto histórico-social, algo fundamental em se tratando de um autor profundamente envolvido com as questões de seu tempo, apresentaremos algumas considerações biográficas. Trata-se de um tópico de caráter introdutório, no qual almejamos iluminar alguns aspectos de uma vida no quadro do enredo de uma época.

ALGUNS ASPECTOS BIOGRÁFICOS

No que diz respeito aos primeiros 25 anos da vida de Reich, a principal referência é a autobiografia *Paixão de juventude: uma autobiografia* (1897-1922), publicada pela primeira vez em 1988, cerca de trinta anos após a sua morte. Trata-se de um diário escrito de 1918 até 1922, período em que cursou medicina em Viena; depois, nos anos 1937 e 1944, Reich acrescentou outras recordações ao material original.[1]

Primogênito de uma família de quatro membros, formada por Leon, o pai, Cäcilie, a mãe, e Robert, o irmão três anos mais novo, Wilhelm Reich nasceu em 24 de março de 1897, numa aldeia da Galitzia, Dobrzynica, que, então, fazia parte do antigo Império Austro-Húngaro. Pouco tempo depois, a família mudou-se para Jujintz, na província de Bukovina, o lado germano-ucraniano da Áustria, onde adquirira extensa propriedade rural.

No que diz respeito ao panorama de sua infância, Reich registra em sua autobiografia que Robert e ele não tinham permissão para brincar com os filhos dos empregados da fazenda. Nessa mesma linha de cerceamento, o pai, de tradição judaica não ortodoxa, proibia aos integrantes da família o uso do iídiche, língua falada pelos judeus que ocupavam os cargos administrativos da propriedade. Somente o alemão, que apontava para uma cultura

1. Wilhelm Reich, *Paixão de juventude: uma autobiografia (1897-1922)*, trad. Claúdia Sant'Ana e Sâmia Rios. São Paulo: Brasiliense, 1996.

considerada superior, e o hebraico, por vezes empregado para sinalizar o vínculo à tradição judaica, podiam ser utilizados. Para o autor, tais restrições, que visavam separar patrões e empregados, eram provenientes de uma motivação de ordem econômica.

Nesse contexto, uma cena, pela riqueza de detalhes, merece ser citada. De acordo com Reich, aos oito anos de idade, quando brincava no quintal de sua casa, um menino, filho de um camponês, atirou uma pedra que o atingiu na testa e ocasionou um pequeno ferimento. Cäcilie, depois de lavar o machucado, contou o fato a Leon. Este mandou chamar o menino e seu pai e, depois de se reportar brevemente ao ocorrido, passou a golpear fortemente o trabalhador, que, para espanto de Reich, não esboçou qualquer reação.

Com o intuito de salientar o olhar de Reich sobre os fenômenos, o seu foco de interesse, chama a atenção o fato de que, tal como no evento relatado, boa parte dos escritos reichianos voltou-se para a investigação da aceitação da dominação, ou, em outras palavras, para a pesquisa da "vida economizada", na feliz expressão empregada por Simone Aparecida Ramalho.[2] Assim, por exemplo, no clássico, *Psicologia de massas do fascismo*, publicado originalmente em 1933, ano no qual Hitler ascendeu ao poder na Alemanha, a questão norteadora é assim formulada: "O que é necessário explicar não é que o faminto roube ou que o explorado entre em greve, mas por que a maioria dos famintos não rouba e a maioria

2. Simone Aparecida Ramalho, *Uma alegria subversiva: o que se aprende em uma escola de samba?* Tese de doutorado. São Paulo: Instituto de Psicologia, Universidade de São Paulo, 2010.

dos explorados não entra em greve".[3] Com esse mesmo prisma, no âmbito da clínica, a orientação reichiana está sempre atenta aos sinais de resignação, expressos por meio de padrões de atuação que implicam perda de vitalidade.

Contudo, cabe assinalar que Reich não esteve sozinho nessa empreitada destinada a investigar as raízes da submissão individual ou coletiva. Segundo Rouanet, o debate intelectual nas décadas de 20 e 30 do século passado envolveu a busca de resposta à pergunta, "obsessivamente reiterada", de "como é possível que a maioria oprimida aceite sua opressão pela minoria?".[4] O próprio Freud forneceu novos e valiosos elementos à discussão ao expor, ainda em 1921, no estudo *Psicologia de massa e análise do ego*, as conexões entre submissão à autoridade e busca de expiação de culpa inconsciente.[5] Deve-se também lembrar que essa temática possui um marco ainda no século XVI, quando o jovem filósofo francês Etienne De La Boétie, em *Discurso da servidão voluntária*, discorreu sobre o enigma da servidão consentida, aquela que, de forma intrigante, rompe com o entendimento de que a liberdade seria a escolha natural do homem.[6]

3. Wilhelm Reich, *Psicologia de massas do fascismo* [1933], trad. J. S. Dias. Porto: Escorpião, 1974.
4. Sérgio Paulo Rouanet, *Teoria crítica e psicanálise*. Rio de Janeiro: Tempo Brasileiro, 1986, p. 26.
5. Sigmund Freud, *Psicologia das massas e análise do Eu e outros textos*; trad. e org. Paulo César de Souza. São Paulo: Companhia das Letras, 2011.
6. Etienne De La Boétie, *Discurso da servidão voluntária* [1574], trad. Laymert Garcia dos Santos. São Paulo: Brasiliense, 1982.

Ainda em *Paixão de juventude*, Reich expõe em detalhes um conjunto de trágicos eventos familiares que, pela sua importância, devem ser mencionados. De acordo com o relato, sua mãe teve um envolvimento amoroso com o seu segundo preceptor[7] e, em janeiro de 1910, quando já recebia instrução do terceiro acadêmico, numa cena em que foi fortemente pressionado pelo pai, ele contou que havia testemunhado a traição de Cäcilie. Desde então, a família mergulhou num abismo sem volta: Reich, de imediato, aos doze anos, foi enviado a Czernowitz, uma cidade próxima, para continuar seus estudos; a mãe, castigada física e psicologicamente pelo pai, morre em outubro de 1910, em consequência de sua terceira tentativa de suicídio por meio da ingestão de medicamentos; o pai, emocionalmente fragilizado, com dificuldades econômicas e acometido de tuberculose, falece em 1914.

Como dimensionar, com a delicadeza que o assunto exige, a trama de fios presente nessa catástrofe familiar? De acordo com o escrito reichiano, chamam a atenção os temas da traição, vingança e culpa das pessoas envolvidas. Contudo, numa leitura mais global e distanciada, cabe lembrar que os eventos descritos ocorreram no contexto social europeu do início do século XX, em uma sociedade marcada por uma rígida moral sexual, com

7. Até os doze anos Reich não frequentou nenhuma escola regular. Sua instrução formal foi efetuada na própria fazenda, por meio de tutores especialmente contratados. Nos quatro primeiros anos, uma professora ocupou esse lugar. Depois, três estudantes universitários, um a cada ano, desempenharam esse papel. O terceiro preceptor não chegou a concluir o seu trabalho (Wilhelm Reich, *Paixão de juventude: uma autobiografia*, op. cit.).

lugares muito claros em relação às figuras masculinas e femininas. Por tal linha de raciocínio, podemos olhar o conflito ocorrido naquela família como um microcosmo que trouxe à tona, de maneira radical e dramática, muito do enredo cultural do período, e não algo peculiar ou idiossincrático.

Nessa ótica que aproxima parte e todo, difícil não perceber uma íntima relação entre a teoria e a prática reichiana e o mapa social então presente. A nosso ver, Reich, como uma espécie de para-raios, experimentou, ainda muito jovem, problemas de um período histórico vinculado ao domínio da sexualidade e, com a devida militância de quem foi tomado pelo tema, dedicou-se a investigá-los e a combatê-los.

Com a morte da mãe, em 1910, e do pai, em 1914, Reich, aos dezessete anos, assume o controle da fazenda. Contudo, dada a ocorrência de avassaladores acontecimentos sociais, a sua vida de proprietário rural estava fadada a um breve desfecho. Em 28 de junho de 1914, o arquiduque da Áustria e herdeiro do trono, Francisco Ferdinando Habsburgo, é assassinado e o Império Austro-Húngaro declara guerra à Sérvia. Com a rápida internacionalização do conflito, tem início a Primeira Guerra Mundial.

Distante do centro do império, a província de Bukovina tornou-se extremamente insegura para seus habitantes e muitas fazendas foram abandonadas. Enquanto Robert foi mandado para a casa de parentes, Reich, apesar dos perigos, decidiu permanecer na propriedade. Apenas alguns dias depois do início da guerra, soldados russos invadiram a região e chegaram a pernoitar na fazenda. Dados os riscos iminentes que a vida civil apresentava para os moradores da região, permeada por franca hostilidade entre os austríacos simpatizantes dos russos e os que, como Reich, continuavam fiéis ao Império, ele se inscreveu como voluntário no exército austríaco. Neste, ocupou as patentes de cabo e tenente, chegando a atuar em frentes de batalha em território italiano.[8]

Com o fim do conflito bélico em 1918, depois de quase quatro anos, a tarefa que se impunha era a da readaptação à vida civil. Como a antiga propriedade deixou de pertencer à família, devido a problemas territoriais decorrentes da guerra e a legais vinculados a uma falência fraudulenta ocasionada por um parente, Reich, em precárias condições financeiras, decidiu rumar para Viena. Nessa cidade, de início, morou na casa de parentes e depois, juntamente com o irmão Robert e outro estudante, num quarto sem calefação, no qual chegou a passar fome e frio. Nesse período, ainda em 1918, matriculou-se no curso de direito da Universidade de Viena, mas, depois de alguns poucos meses, recordando seu interesse pelas ciências naturais, abandonou o curso de direito e matriculou-se no de medicina, na mesma universidade.[9]

PSICANÁLISE E INTERVENÇÃO SOCIAL

Em 1920, com a apresentação à Sociedade Psicanalítica de Viena de um estudo sobre Peer Gynt,[10] personagem do drama homô-

8. Id., ibid.
9. Id., ibid.
10. Id., "Libidinal Conflicts and Delusions in Ibsen's Peer Gynt", in Wilhelm Reich, *Early Writings*. Nova York: Farrar, Straus and Giroux, 1975, pp. 3-64.

nimo de Ibsen, Reich, ainda um estudante de medicina,[11] foi aceito na instituição psicanalítica e nela permaneceu até 1934, portanto por catorze anos. Nessa instituição, elaborou ideias voltadas para o domínio da técnica terapêutica (o conjunto de diretrizes batizadas com o nome de Análise do Caráter); para a teoria (as formulações conhecidas como Teoria do Orgasmo); e, articulando psicanálise e marxismo, desenvolveu projetos de intervenção social (primeiro em Viena, a Sociedade Socialista para o Aconselhamento e a Investigação Sexual e, depois, em Berlim, a Associação Alemã para uma Política Sexual Proletária, a Sexpol). Vejamos esse conjunto de ideias e ações.

No movimento freudiano, duas organizações, criadas em 1922, receberam toda a atenção do jovem Reich: no plano da discussão da técnica, os Seminários de Técnica Psicanalítica;[12] na esfera do atendimento à população de baixa renda, a Policlínica Psicanalítica de Viena.

De acordo com o depoimento de Walter Briehl – psicanalista norte-americano que participou desses seminários em Viena e escreveu sobre Reich na coleção *A história da psicanálise através de seus pioneiros* –, "O objetivo desse seminário era estudar exclusivamente as histórias de casos estagnados e fracassos

11. Reich formou-se em 1922. Como veterano de guerra, pôde cumprir a carga horária do curso de medicina em quatro anos.

12. Reich ocupou a presidência dos trabalhos desses seminários de 1924 até 1930 (Wilhelm Reich, *A função do orgasmo*, trad. Maria da Glória Novak. São Paulo: Brasiliense, 1975).

analíticos".[13] Especificamente sobre a atuação de Reich, o autor registrou: "Reich dirigia seu seminário com informalidade e espontaneidade. Enfatizava dois temas principais: o estudo dos problemas de resistência individualizados e o estudo das razões dos fracassos analíticos, até então considerados resultantes da inexperiência ou erros individuais e não consequências das limitações da técnica".[14]

Como o psicanalista americano indica, esse fórum estudava os casos considerados insucessos analíticos (por exemplo, abandono, estagnação do processo, suicídio) e, pelo menos sob a direção de Reich, o foco dos trabalhos apontava para possíveis limitações na técnica, mais do que para os eventuais erros cometidos pelos analistas. Em termos conceituais mais específicos, a meta era buscar formas de lidar com a resistência,[15] pois, como bem sintetizaram Laplanche e Pontalis, de acordo com Freud "todo o progresso da técnica analítica constitui uma apreciação mais correta da resistência".[16] Tendo por base tal entendimento, talvez a pergunta norteadora desses seminários pudesse ser assim

13. Walter Briehl, "Wilhelm Reich (1897-1957): Análise do caráter", in A. Franz, S. Eisenstein & M. Grotjahn (orgs.), *A história da psicanálise através dos seus pioneiros* v. 2 [1966], trad. Maria Camargo Celedônio e Eudoro Macieira de Souza. Rio de Janeiro: Imago, 1981, p. 481.

14. Id., ibid., pp. 481-82.

15. Segundo J. Laplanche e J.-B. Pontalis, "dá-se o nome de resistência a tudo o que, nos atos e palavras do analisando, se opõe ao acesso deste ao seu inconsciente" (*Vocabulário da psicanálise* [1967], trad. Pedro Tamen. São Paulo: Martins Fontes, 1983, pp. 595-96).

16. Id., ibid., p. 596.

explicitada: que desenvolvimentos ou alterações na técnica são necessários para conseguir lidar melhor com a resistência?

Em suma, no que diz respeito à produção reichiana, essa atividade resultou na progressiva elaboração da *Análise do caráter*,[17] a primeira das três técnicas terapêuticas propostas por Reich e aquela que mais próxima se situa do referencial psicanalítico. Como ainda veremos neste ensaio, a segunda abordagem terapêutica foi batizada com o nome de Vegetoterapia Caráter-Analítica e a terceira, com o de Orgonoterapia.[18]

Já em relação à participação de Reich na Policlínica Psicanalítica de Viena, segundo o escrito *Wilhelm Reich: Biographical Material* (1953), tal fato ocorreu por cerca de oito anos: de 1922 até 1928, no cargo de primeiro-assistente, e de 1928 até 1930, no de vice-diretor. A título de ilustração, vejamos uma comovente descrição reichiana do cotidiano nessa peculiar clínica psicanalítica:

> Os horários de consulta viviam apinhados de gente [...] A afluência era tão grande que nós não dávamos conta, sobretudo depois que a clínica se tornou conhecida entre o povo. Cada psicanalista concordou em oferecer gratuitamente uma sessão diária. Mas não foi o suficiente. Precisávamos destacar os casos mais passíveis de análise. Isso nos obrigou a procurar descobrir os meios de avaliar

17. Sobre a noção de caráter em Reich, cf. João Rodrigo Oliveira Silva, *O desenvolvimento da noção de caráter no pensamento de Reich*. Dissertação de mestrado. São Paulo: Instituto de Psicologia, Universidade de São Paulo, 2001.
18. Wilhelm Reich, *Análise do caráter*, 4ª ed., trad. Ricardo Amaral do Rego. São Paulo: Martins Fontes, 2001.

> as possibilidades de tratamento [...] Uma coisa se tornou logo clara: *a psicanálise não é uma terapia de massa*. A ideia de prevenir neuroses não existia – e ninguém sabia o que dizer a respeito.[19]

Desse modo, ficamos sabendo que, para o jovem psicanalista com profunda preocupação social,[20] a experiência nessa clínica psicanalítica popular, além de revelar os limites do atendimento individual convencional, trouxe o tema da prevenção na área da saúde mental.

Um comentário geral que pode ser feito sobre a participação de Reich nos Seminários de Técnica e na Policlínica de Viena refere-se a que ambas as experiências propiciaram o aparecimento de questionamentos sobre aspectos já sedimentados do acervo – teórico e prático – da psicanálise. A saber, no domínio da técnica, os Seminários acarretavam a discussão das diretrizes técnicas até então aceitas e a consequente formulação de outras orientações; na esfera da prática clínica, o trabalho cotidiano na Policlínica, dadas as suas peculiaridades, trazia uma série de novas questões e, também, um campo aberto para a experimentação de linhas não usuais de atendimento.

Após termos visitado o engajamento reichiano com os Seminários de Técnica e com a Policlínica de Viena, voltaremos nossa

19. Id., *A função do orgasmo*, op. cit. Destaques do original.

20. Numa anotação de diário do dia 3 de janeiro de 1921, Reich registrou: "tenho dois pacientes *pagantes* enviados a mim pelo próprio Freud! E outros virão; e depois? Escreverei monografias e relatórios, muito bons, sim, naturalmente! E depois? Se a situação do trabalhador não fosse tão desoladora! Política, oh, política!". (Id., *Paixão da juventude*, op. cit., p. 147. Destaques do original.)

atenção para um fio condutor dos trabalhos desse autor. Estamos nos referindo à perspectiva energética[21] e à construção da teoria do orgasmo. Nas palavras de Reich, o leitor pode encontrar uma detalhada apresentação dessa formulação no capítulo quatro do livro *A função do orgasmo*. De nossa parte, no espaço deste ensaio, objetivamos mostrar que tal elaboração reichiana contempla a presença de algumas sementes lançadas por Freud.

A nosso ver,[22] no amplo edifício freudiano, o lócus reichiano deve ser buscado em noções relacionadas ao chamado ponto de vista econômico, tais como, sobretudo, as de estase da libido e de neurose atual.[23] Cabe também apontar que, no acervo freudiano, há, em especial, um artigo em que essas noções ganharam relevo e embasam uma profunda crítica à moral sexual vigente. Trata-se do trabalho *Die "kulturelle" Sexualmoral und die moderne Nervosität* [Moral sexual "civilizada" e doença nervosa moderna], publicado originalmente em 1908. Neste, o autor atribui à tal moral sexual uma parcela de responsabilidade pelo aumento da incidência das chamadas doenças nervosas. Reich, além de uma proximidade global com esse trabalho freudiano, adota, em espe-

21. Sobre os primórdios da perspectiva energética em Reich, cf. Ailton Bedani & Paulo Albertini, "Política e sexualidade na trajetória de Reich: Berlim (1930-1933)". *Arquivos Brasileiros de Psicologia*, n. 2, v. 61, 2009. Disponível em: <www.psicologia.ufrj.br/abp/>.

22. Cf. Paulo Albertini, "Reich e a possibilidade do bem-estar na cultura". *Psicologia USP*, v. 14, n. 2, 2003, pp. 61-89; e *Reich: história das ideias e formulações para a educação*. São Paulo: Ágora, 1994.

23. Esses conceitos freudianos podem ser consultados em Laplanche e Pontalis, op. cit.

cial, uma tese central do mesmo, aquela que vê a conduta sexual do homem como o protótipo de suas demais reações na vida. Vejamos essa assertiva freudiana:

> A conduta sexual de uma pessoa constitui o protótipo de suas demais reações. Em relação àqueles homens que conquistam energicamente seu objeto sexual, podemos supor análoga energia na luta por seus outros fins. Mas se, por atenderem a uma série de considerações, renunciam à satisfação de seus poderosos instintos sexuais, nos demais casos, serão mais conciliatórios e resignados do que ativos.[24]

Esse caminho – centrado na magnitude energética dos fenômenos, embalado por uma crítica à moral sexual do período e que concebe o comportamento sexual como o protótipo das demais reações humanas –, presente em escritos mais iniciais da bibliografia freudiana, em Reich vai desembocar, nos últimos anos da década de 1920 e início dos anos 1930, num combate à estruturação social repressora. Em especial, seu foco vai apontar para as instituições responsáveis pela formação sexual do homem: a família, a escola e as organizações religiosas.

Segundo essa perspectiva, boa parte das amarras neuróticas humanas seria gerada por determinadas condições socioculturais, próprias de um período histórico, e não por dificuldades

24. Sigmund Freud, *La moral sexual "cultural" y la nerviosidad moderna* [1908]. *Sigmund Freud: Obras completas*. Madri: Biblioteca Nueva, tomo II, 1973, p. 1258. Destaques do original, trad. nossa.

consideradas universais e atemporais. Para o autor, as atuais limitações humanas poderiam ser minimizadas a partir de transformações que implicassem modificações no campo da sexualidade. Assim sendo, por exemplo, no livro *Psicologia de massas do fascismo*, a repressão sexual é vista como uma espécie de matriz que prepara o indivíduo para a aceitação das demais repressões. Em termos mais específicos, a inibição sexual tenderia a gerar pessoas impotentes diante da vida e, em consequência, potencialmente aderentes a ideologias autoritárias, como a nazifascista, que, sob o manto da moralidade, aliava proteção e satisfação de impulsos secundários destrutivos.[25] Com essa compreensão, a revolução sexual proposta por Reich teria efeitos que ultrapassariam, em muito, a esfera da luta pelo direito ao amor sexual; ela se insere num amplo projeto de transformação das estruturas sociais e humanas. Mais do que um mero brado de reivindicação hedonista, Reich aponta para a necessidade da presença de um contexto social não cerceador da vida, algo fundamental para a formação do cidadão.

Deve-se registrar que essa direção, de cunho preventivo por meio de transformações sociais, de maneira alguma encontrou eco na produção freudiana desenvolvida a partir da década de 1920. Em sentido contrário ao assumido por Reich, trabalhos de Freud, como *O mal-estar na civilização*, vão sustentar que a neurose é uma condição inevitável da vida civilizada; na ver-

25. Para Reich, ao contrário de Freud, a destrutividade é um fenômeno secundário, fruto da não realização de demandas vitais mais profundas. Cf. Wilhelm Reich, *A função do orgasmo*, op. cit.

dade, o preço pago para a sua construção. Para o mestre psicanalista, não haveria como rimar cultura com liberdade ou com felicidade.

Como uma espécie de continuidade da atividade desenvolvida na Policlínica Psicanalítica de Viena, Reich, buscando uma atuação de caráter mais preventivo, fundou, em 1928, também em Viena, a Associação Socialista para o Aconselhamento e Investigação Sexual. Essa entidade – que contava com a participação de psicanalistas como Annie Angel, Edmund Bergler e Annie Reich,[26] oito médicos e um advogado – criou seis centros de aconselhamento espalhados por bairros de Viena. No livro *People in Trouble* [Pessoas em dificuldade], assim o autor recorda o início dos trabalhos:

> Espalhamos a notícia de que sexólogos especialistas haviam formado uma organização para fornecer, em vários bairros de Viena, aconselhamentos gratuitos sobre problemas sexuais, educação de crianças e higiene mental em geral [...] Foram dadas palestras sobre higiene sexual, as causas e os possíveis remédios para as dificuldades emocionais. A sociedade assumiu a posição de que a miséria sexual era causada, essencialmente, pelas condições enraizadas na ordem social burguesa e de que ela não poderia ser removida inteiramente, mas que podia ao menos ser aliviada com a ajuda às pessoas.[27]

26. Primeira mulher de Reich, com quem teve as filhas Eva e Lore.
27. Wilhelm Reich, *People in Trouble* [1953], trad. Philip Schmitz. Nova York: Farrar, Straus and Giroux, 1976, pp. 107-08, trad. nossa.

Segundo Reich, logo os centros ficaram superlotados, e as principais atividades neles desenvolvidas eram o aconselhamento individual, as palestras sobre sexualidade de acordo com os princípios da economia-sexual[28] e o fornecimento de informações sobre métodos contraceptivos. Boa parte da procura era feita por mulheres com gravidez indesejada; nesses casos, a orientação era privilegiar o estado emocional da mulher e, muitas vezes, ocorria o encaminhamento para médicos que, sem autorização legal, faziam o aborto.[29]

Sobre a orientação socialista dessa associação, deve-se pontuar que Reich, nos anos finais da década de 1920, aproximou-se do referencial marxista[30] e, procurando articulá-lo à psicanálise, produziu trabalhos que ficaram conhecidos como freudo-marxistas. O texto que lança as bases conceituais dessa articulação é *Materialismo dialético e psicanálise*, livro publicado originalmente em 1929. Neste, dentre outros aspectos, Reich argumenta a favor de duas teses centrais: a presença de um dinamismo dialético na vida mental e a visão de que a psicanálise não se constitui numa ciência idealista.

28. Denominação que Reich passa a empregar para se referir à sua abordagem teórica.

29. Wilhelm Reich, *People in Trouble*, op. cit.

30. A respeito desse processo de aproximação, suas motivações e razões, cf. Ailton Bedani & Paulo Albertini, "Política e sexualidade na trajetória de Reich: Viena (1927-1930)". *Encontro: Revista de Psicologia*, n. 14, v. 11, pp. 62-77, 2006.

Em 1930, dentre outros fatores,[31] procurando uma maior inserção no movimento de transformação social, Reich mudou-se para Berlim e filiou-se ao Partido Comunista Alemão. No ano seguinte, fundou a Associação Alemã para uma Política Sexual Proletária, a Sexpol, organização ligada ao Partido Comunista. Entusiasmado, assim registrou a amplitude do movimento na capital alemã:

> Quando fui para Berlim, discursei em reuniões de massa perto de – não sei – quatro ou cinco vezes por semana. Tive reuniões com 2 e 3 mil pessoas. Havia reuniões em que padres católicos tinham de responder a perguntas sobre problemas de higiene mental etc. Era extraordinário. Não havia movimento organizado em Viena, mas em Berlim havia cerca de 50 mil pessoas na minha organização no primeiro ano.[32]

Numa apreciação global, pode-se dizer que a Sexpol deu continuidade ao trabalho desenvolvido em Viena pela Associação Socialista para o Aconselhamento e a Investigação Sexual, mas também transformou significativamente o seu rumo. Em vez de clínicas de aconselhamento e informação sexual, agora a proposta era politizar a questão sexual e vinculá-la profundamente à revolução comunista.[33]

31. Sobre os motivos que ocasionaram a mudança para Berlim, cf. Paulo Albertini, *Reich: história das ideias e formulações para a educação*. São Paulo: Ágora, 1994.
32. Mary Higgins & Raphael Chester (orgs.), *Reich fala de Freud* [1967], trad. Bernardo de Sá Nogueira. Lisboa: Moraes Editores, 1979, pp. 82-83.
33. Sobre a articulação entre política e sexualidade efetuada por Reich entre 1930 e 1933 em Berlim, cf. Ailton Bedani & Paulo Albertini, "Política e sexualidade na trajetória de Reich: Berlim (1930-1933)", op. cit.

Do acervo freudo-marxista de Reich, a produção que alcançou maior projeção foi a obra de psicologia política, já mencionada neste ensaio, *Psicologia de massas do fascismo*. Nesta, Reich, de posse da sua articulação entre a psicanálise e o marxismo, procura entender as razões que levaram boa parte do proletariado alemão, contra os seus próprios interesses de classe, a apoiar o nazifascismo. Para o autor, numa leitura divergente da efetuada pelo Partido Comunista Alemão, basicamente voltada para os aspectos econômicos, dava-se pouca relevância aos fatores subjetivos na determinação dos fatos históricos. Enfatizando o papel da cultura e, por consequência, o das mediações promovidas por instituições sociais, mostra, por exemplo, a família autoritária como uma espécie de Estado autoritário em miniatura e uma preparação para a vida neste. Com esse enfoque, em passagens saborosas, sugere como pequenos hábitos do cotidiano podem revelar sonhos e aspirações que permeiam o imaginário de proletários e burgueses.[34] Supomos que, basicamente, Roudinesco e Plon se reportavam a esse livro quando afirmaram sobre Reich: "O teórico de uma análise do fascismo que marcou todo o século".[35]

Com a ascensão de Hitler ao poder, em 1933, Reich, em perigo dada a sua evidente militância contra o nazifascismo, deixa a Alemanha e dirige-se inicialmente à Dinamarca e, depois, à Suécia. São tempos difíceis, como uma espécie de peça do destino, o

34. Wilhelm Reich, *Psicologia de massas do fascismo*, op. cit.
35. Elisabeth Roudinesco & Michel Plon, *Dicionário de psicanálise* [1997], trad. Vera Ribeiro e Lucy Magalhães. Rio de Janeiro: Zahar, 1998, p. 651.

autor de uma articulação entre a psicanálise e o marxismo congrega em sua orientação várias diferenças doutrinárias e práticas em relação ao Partido Comunista Alemão e uma participação política em franca oposição à linha assumida pela Sociedade Psicanalítica, pautada pela tentativa de não confronto com o nazifascismo. Como resultado dessas dissonâncias, é expulso das duas organizações, da primeira em 1933 e da segunda em 1934.[36] A partir dessas experiências, Reich vai trilhar um caminho independente, longe da instituição psicanalítica e de qualquer agremiação político-partidária.

UM CAMINHO INDEPENDENTE

Após a Alemanha, e depois de sua breve passagem pela Dinamarca e Suécia, Reich consegue estabelecer-se, por cerca de cinco anos, de 1934 até 1939, na Noruega. Em seguida, ainda em 1939, emigra para os Estados Unidos da América, onde permanece até sua morte, em 1957.

Nesse amplo período pós-psicanálise, nada muda quanto à sua intensa atividade, senão: a) na área da psicologia política, publica escritos que ficaram conhecidos como os da Democracia do Trabalho; b) desenvolve uma série de estudos experi-

36. Uma análise acurada da expulsão de Reich pela Sociedade Psicanalítica pode ser encontrada em Cláudio Mello Wagner, *Freud e Reich: Continuidade ou ruptura?*. São Paulo: Summus, 1996. Segundo Ernest Jones: "Wilhelm Reich se exonerou da Associação. Freud o tinha em alta conta no começo de sua carreira, mas o fanatismo político de Reich conduziu tanto ao rompimento pessoal quanto ao científico (Ernest Jones, *Vida e obra de Sigmund Freud* [1953-1961], trad. M. A. M. Mattos. Rio de Janeiro: Zahar, 1979, p. 736).

mentais que resultam na descoberta de uma energia primordial, o Orgone; c) no campo das técnicas terapêuticas, continua produzindo e formula a Vegetoterapia Caráter-Analítica e a Orgonoterapia; d) na esfera da prevenção, organiza um projeto, como sempre, teórico e prático, destinado a proteger o desenvolvimento da criança, o Crianças do Futuro. Obviamente, nossa divisão em linhas de trabalho é apenas um recurso didático, na prática essas produções se deram de forma absolutamente entrelaçadas.

De acordo com a biografia de Reich, *Wilhelm Reich: Uma biografia pessoal*, escrita por Ilse Ollendorff Reich, sua segunda esposa e mulher, com quem viveu de 1939 até 1954, Reich, em Oslo, principalmente entre 1935 e 1937, viveu um período de relativa tranquilidade. Segundo os dados colhidos pela autora, com a boa repercussão de *Psicologia de massas do fascismo* no meio intelectual e artístico, Reich gozava de certa notoriedade como um pensador que combateu, ao mesmo tempo, o nazifascismo e a orientação autoritária e economicista do stalinismo. Nesse clima ameno e receptivo, denotando uma postura próxima e informal, as pessoas o chamavam de Willy, algo muito diferente da forma de tratamento presente nos Estados Unidos, onde Reich se manteve mais distante e exigia, fora de um restrito círculo íntimo de pessoas, o tratamento de doutor Reich.[37]

37. Ilse Ollendorff Reich, *Wilhelm Reich: Una biografía personal* [1969], trad. Julio Crespo. Barcelona: Gedisa, 1978.

Foi nesse contexto afável dos primeiros anos de sua estada na Noruega que Reich iniciou a elaboração dos textos conhecidos como os da Democracia do Trabalho.[38] Como um conjunto de artigos, essa produção foi publicada na edição de 1946 de *Psicologia de massas do fascismo* e pode ser caracterizada como uma aplicação, para o âmbito da psicologia política, de formulações que, no período, ganhavam relevo na teorização reichiana. *Grosso modo*, essas noções estavam afinadas com o princípio da autorregulação,[39] espécie de competência espontânea da vida, algo que, em última instância, explicaria a sua permanência e, digamos, sucesso. Em sua assertiva central, essa proposta de organização de pequenas e grandes estruturas sociais entende o trabalho como possibilidade de expressão humana e busca, a partir dessa tese, protegê-lo. Assim sendo, o termo "Democracia", que adjetiva o substantivo "Trabalho", aponta para a necessidade de autoridades fundadas na competência e não para formas hie-

38. Um estudo aprofundado sobre o assunto pode ser encontrado em André Valente de Barros Barreto. *A revolução das paixões: os fundamentos da psicologia política em Wilhelm Reich*. São Paulo: Annablume/Fapesp, 2000.
39. Autorregulação constitui um princípio central da teoria reichiana; sobre o tema consultar Luzia Marta Bellini, *Afetividade e cognição: o conceito de autorregulação como mediador da atividade humana em Reich e Piaget*. Tese de doutorado. São Paulo: Instituto de Psicologia, Universidade de São Paulo, 1993, e Ricardo Amaral Rego, *Psicanálise e biologia: uma discussão da pulsão de morte em Freud e Reich*. Tese de doutoramento. São Paulo: Instituto de Psicologia, Universidade de São Paulo, 2005.

rárquicas rígidas e preestabelecidas de poder.[40] De acordo com a pertinente leitura de Dadoun (1978), tal perspectiva reichiana contém um espírito libertário, algo que lembra uma orientação política de cunho anarquista.

Sobre a atividade experimental desenvolvida na Noruega e, depois, nos Estados Unidos, cabe inicialmente pontuar que, não respeitando as usuais fronteiras entre os territórios científicos, Reich, munido de conhecimentos, sobretudo, dos campos da biologia e da física, realizou uma série de trabalhos e descobertas ainda pouco considerados pela comunidade científica.

Em linhas gerais, essa orientação experimental de pesquisa pôde, inicialmente, ser concretizada no Instituto de Psicologia da Universidade de Oslo, onde, por meio da interferência de ex-alunos candidatos a psicanalistas, Reich teve à sua disposição um laboratório de fisiologia. Neste, efetuou investigações sobre as reações de prazer e angústia geradas por diversos tipos de estímulos utilizados em diferentes regiões do corpo (especialmente, pele, boca, língua e genitais). Fruto dessa linha de estudos, centrada na medida das diferenças de potencial elétrico, postulou a presença de uma energia a que, inicialmente, chamou de bioeletricidade.[41]

Depois, na sequência dos trabalhos, verificou que a maneira de funcionamento da eletricidade não dava conta de explicar as reações por ele observadas. Sem conseguir interpretar os seus achados experimentais nas formas de energia conhecidas, lan-

40. Wilhelm Reich, *Psicologia de massas do fascismo* [1933], trad. Maria da Graça M. Macedo. São Paulo: Martins Fontes, s. d.

41. Id., *A função do orgasmo*, op. cit.

çou uma hipótese defendendo a existência de uma nova energia, a qual batizou com o nome Orgone e passou a chamar o seu fazer científico de orgonomia.[42] De acordo com Reich, essa descoberta nada mais seria do que a concretização de antigas concepções explicitadas por uma ampla gama de pensadores e cientistas, tais como, por exemplo, Giordano Bruno, com a sua visão de uma alma universal a animar o mundo; Henri Bergson, o filósofo que supôs que a vida seria governada por uma força vital criativa, o *élan* vital, e o próprio Freud, que chegou a conceber a libido como uma energia biológica, algo que, com o avanço científico, algum dia, poderia ser comprovado.

Tal caminho de investigação vai desembocar numa série de atividades ligadas ao uso, sobretudo terapêutico, dessa energia cósmica primordial. Nos Estados Unidos constrói os chamados Acumuladores de Orgone e entabula trabalhos voltados, dentre outros fins, para o auxílio na terapêutica de pacientes acometidos de câncer, usualmente pessoas em estado muito avançado dessa doença.[43]

Contudo, é importante dizer que essa orientação de investigação e teorização, fundada na suposição da existência de uma energia concreta, real, não é nova no percurso reichiano. Ela dá

42. Id., *Selected Writings: An Introduction to Orgonomy* [1960]. Nova York: Farrar, Straus and Giroux, 1971. Um trabalho atualizado a respeito da Orgonomia pode ser encontrado em Nicolau José Maluf Junior, "Reich e a orgonomia", in P. Albertini & L. Villares de Freitas (orgs.), *Jung e Reich: articulando conceitos e práticas*. Rio de Janeiro: Guanabara Koogan, 2009, pp. 158-73.

43. Wilhelm Reich, *A biopatia do câncer* [1948], trad. Maya Hantower. São Paulo: WMF/Martins Fontes, 2009.

continuidade, agora no domínio experimental, às elaborações da teoria do orgasmo, iniciada por Reich ainda nos primeiros anos da década de 1920. Depois, esse encadeamento de ideias passou pela postulação de uma fórmula de quatro tempos, a chamada fórmula do orgasmo: TC-DR (tensão corporal-carga energética--descarga energética-relaxamento corporal). Em síntese, partindo do estudo da sexualidade e procurando entender o encontro amoroso realizador, Reich teria descoberto um modelo de funcionamento elementar, uma sequência de estados, presente em fenômenos não necessariamente sexuais, como, por exemplo, a divisão celular, na qual uma célula, dada sua elevada tensão interna, se divide e, com isso, restabelece seu equilíbrio energético.[44] Foi com esse ângulo de leitura, que prioriza os aspectos energéticos dos eventos, que Reich se dedicou a estudar o câncer, enfermidade marcada, dentre outros aspectos, por uma forma acentuada de divisão celular.

Com relação às terapias psicorporais[45] desenvolvidas por Reich no período, a Vegetoterapia Carátero-Analítica (nome que remete ao funcionamento do sistema nervoso autônomo, ou vegetativo e, também, mantém o vínculo com a Análise do Caráter) e, depois, a Orgonoterapia, sem entrar na descrição do conteúdo de cada abordagem, e como uma pequena contribui-

44. Sobre o potencial de leitura propiciado por essa fórmula reichiana, cf. P. Albertini, "A sexualidade e o processo educativo: uma análise inspirada no referencial reichiano", in J. G. Aquino, *Sexualidade na escola: alternativas teóricas e práticas*. São Paulo: Summus, 1997, pp. 53-70.
45. Denominação sugerida em Cláudio Mello Wagner, "Reich e a terapia psicorporal", in P. Albertini & L. Villares de Freitas, op. cit., pp. 148-57.

ção ao assunto, apontaremos para uma espécie de infraestrutura conceitual que alicerça essas duas orientações clínicas.

A nosso ver, em ambas: a) o corpo é definitivamente convidado a entrar na cena clínica, não só como possibilidade de *leitura da forma*,[46] já presente na Análise do Caráter, mas como domínio que, dada sua estruturação histórica, pode facilitar ou dificultar a circulação energética; b) não há uma visão dualística da relação corpo-mente, pois, para o autor, na natureza, tudo que se divide foi, numa fase anterior, uma unidade (tal princípio vai embasar a concepção reichiana da unidade funcional soma-psique);[47] c) ocupa lugar de destaque a noção de *sensação de órgão*, entendida como a possibilidade de apreender a dinâmica do outro, seus movimentos emocionais, por meio das próprias sensações corporais, uma espécie de empatia corporal.[48]

46. Já nos seus primeiros artigos sobre técnica, Reich aponta para a importância de levar em conta, como dado analítico, as expressões corporais, por exemplo, o tom de voz, os gestos e as formas de mobilidade corporal (Wilhelm Reich, *Análise do caráter*, op. cit.).
47. Sobre a noção de unidade funcional soma-psique no pensamento reichiano, cf. Henrique José Leal Ferreira Rodrigues, *A relação entre o corpo e a mente nos escritos de Freud, Lacan e Reich: do fenômeno psicossomático à unidade soma-psyché*. Dissertação de mestrado. Rio de Janeiro: Instituto de Química da Universidade Federal do Rio de Janeiro, 2008.
48. A respeito da abordagem psicorporal reichiana, cf. Ricaro Amaral Rego, "Reich e o paradigma pulsional freudiano", in P. Albertini (org.), *Reich em diálogo com Freud: estudos sobre psicoterapia, educação e cultura*. São Paulo: Casa do Psicólogo, 2005, pp. 59-87, e Cláudio Mello Wagner, *A transferência na clínica reichiana*. São Paulo: Casa do Psicólogo, 2003, e "Reich e a terapia psicorporal", op. cit.

Cabe observar que as abordagens terapêuticas reichianas, inclusive a Análise do Caráter, têm suas diretrizes, como, por exemplo, a *leitura da forma*, alicerçadas em uma noção de corpo como algo histórico, construído na cultura, e não como um dado pronto da natureza. Nesse sentido, o nosso corpo contém e revela a nossa história. Com relação a esse prisma, é interessante pontuar que tal concepção está afinada com a expressa pelo antropólogo francês Marcel Mauss, sobretudo no clássico estudo "As técnicas corporais", publicado originalmente em 1936.[49]

No final da década de 1940, já diminuindo suas ações no campo curativo e ampliando as de meta preventiva, Reich, em 1949, portanto há dez anos vivendo nos Estados Unidos, organiza o Centro Orgonômico de Pesquisa sobre a Infância e, no ano seguinte, cria mais um de seus projetos marcados pela aliança entre teoria e prática, o Crianças do Futuro. Este, na linha de sua constante e crescente preocupação psicoprofilática, orientação que o aproximou da área da educação e, também, do movimento de higiene mental,[50] visava à prevenção do encouraçamento[51] infantil.

49. Marcel Mauss, "As técnicas corporais" [1936], in *Sociologia e antropologia*, v. II, trad. Lamberto Puccinelli. São Paulo: E.P.U./Edusp, 1974, pp. 209-33.
50. Cf. Marcus Vinicius Câmara, *Reich: grupos e sociedade*. Rio de Janeiro: Annablume, 2009; Simone Aparecida Ramalho, *Psicologia de massas do fascismo: Reich e o desenvolvimento do pensamento crítico*. Dissertação de mestrado. São Paulo: Instituto de Psicologia, Universidade de São Paulo, 2001, e Albertini et al., "Reich e o movimento de higiene mental". *Psicologia em Estudo*, v. 12, n. 2, 2007, pp. 393-401.
51. Couraça é um dos conceitos centrais da abordagem reichiana; *grosso modo*, o encouraçamento implica um processo de cronificação de defesas (Wilhelm Reich, *Análise do caráter*, op. cit.).

De acordo com Reich, a exuberância pulsional da criança tende a estimular os conteúdos recalcados dos adultos e, com isso, acaba por ameaçar o frágil equilíbrio interno destes, que, acuados, tendem a reagir de maneira violenta. Com essa compreensão, Reich vai apontar para a presença de uma espécie de ódio ao vivo na educação infantil, entendendo educação no sentido de criação, o que inclui, sobretudo, a ação dos pais. Com essa leitura, ganha relevo nas práticas educativas de inspiração reichiana, mais do que o exercício de qualquer técnica, o bom estado emocional do educador.[52]

Porém, em termos mais globais, segundo Reich, o ser humano, por medo de sua natureza interna, encontra-se distanciado de suas raízes primárias, naturais. Separado da natureza que pulsa dentro de si e, como consequência, apartado de seus sistemas biológicos autorregulatórios, tende a agir de forma não racional.

Em sua formulação, o projeto Crianças do Futuro comportava ações voltadas para o pré-natal, parto, primeiros anos e desenvolvimento posterior da criança.[53] No que diz respeito à prática realizada e às conclusões a que se chegou, o artigo "Armoring in a newborn infant" [Encouraçamento em uma criança recém-nascida], destinado a apresentar, em detalhes, o nascimento e os primeiros meses de uma criança cuidada de acordo com as diretrizes do projeto, contém reflexões valiosas. Em suma, na busca pela criança

52. Sobre o assunto, cf. Sara Quenzer Mattiesen, *A educação em Wilhelm Reich: da psicanálise à pedagogia econômico-sexual*. São Paulo: Unesp, 2005, e Paulo Albertini, *Reich: história das ideias e formulações para a educação*, op. cit.
53. Wilhelm Reich, *Children of the Future: On the Prevention of Sexual Pathology* [1950], trad. Derek Jordan, Ince Jordan e Berverly Placzek. Nova York: Farrar, Straus and Giroux, 1984.

saudável, muitos problemas foram encontrados, desde o contato do bebê com a mãe na amamentação até ações, consideradas inadequadas, efetuadas pelo pai. Ao final do artigo, Reich, como resultado da prática observada, diminui suas expectativas e pondera que, na esfera da saúde, não se pode pensar em termos absolutos.[54]

Sobre os últimos anos da vida de Reich, o leitor interessado pode encontrar exposições detalhadas no trabalho de Myron Sharaf,[55] colaborador de Reich nos Estados Unidos e seu principal biógrafo, e no de Ilse Ollendorff Reich, já citada aqui, a segunda esposa de Reich.

De nossa parte, neste ensaio, cabe registrar que Reich morreu no dia 3 de novembro de 1957, de ataque cardíaco, numa prisão americana, depois de cerca de nove meses de encarceramento. Da complexa rede de fatores sociais e pessoais que contribuíram para o trágico desenlace verificado, o fato jurídico original foi uma investigação conduzida pela Food and Drug Administration, a FDA, órgão dos EUA destinado a controlar a área de medicamentos e alimentos, que, em 1954, resultou na proibição da distribuição dos Acumuladores de Orgone.

Vale mencionar, também, que a prisão de Reich ocorreu num clima social avesso a qualquer atividade considerada antiamericana, ainda sob os ecos do chamado período macarthista da história daquele país. Reich, afinal de contas, era um estrangeiro, com

54. Id., "Armoring in a Newborn Infant" [1951], in *Children of the Future*, op. cit., pp. 89-113.

55. Myron Sharaf, *Fury on Earth*. Londres/Melbourne/Sydney/Auckland/Johannesburg: Hutchinson, 1984.

um passado de militância comunista, apesar de havia muito tê-la abandonado, e com uma linha de atuação no campo da sexualidade que, no mínimo, suscitava certo incômodo. A nosso ver, o absurdo verificado, sua prisão e queima de uma ampla gama de livros e artigos de seu acervo bibliográfico,[56] certamente está enraizado nesse contexto inamistoso a ele e ao que ele fazia.

RECEPÇÃO NO BRASIL E PERSPECTIVA ATUAL

Um material obrigatório a respeito da recepção do pensamento reichiano no Brasil é o livro *Gestalt-terapia, psicodrama e terapias neo-reichianas no Brasil: 25 anos depois*, organizado por Selma Ciornai e que contou com a participação de Lilian Meyer Frazão, Sergio Perazzo, Regina Favre e Cecília Maria Bolças Coimbra. Trata-se de uma coletânea de artigos dedicada ao registro, celebração e análise dos passos iniciais que envolveram a introdução no Brasil das três abordagens nomeadas no título da publicação.[57]

De acordo com a proposta que norteia a obra, aproximadamente por volta de 1970, a Gestalt-terapia, o psicodrama e as terapias neo-reichianas compartilhavam, digamos, certo estilo, que se materializava por meio de determinadas posturas. Estas, marcadas pelos ideais da contracultura que permearam aqueles anos, mais particularmente pelo Movimento do Potencial Humano,

56. Cf. lista completa em David Boadella, *Nos caminhos de Reich* [1977], trad. Elisane Reis Barbosa Rebelo, Maria Silvia Mourão Netto e Ibanez de Carvalho Filho. São Paulo: Summus, 1985, p. 302.

57. Selma Ciornai (org.), *Gestalt-terapia, psicodrama e terapias neo-reichianas no Brasil: 25 anos depois*. São Paulo: Ágora, 1995.

originado nos EUA, em Esalen, na Califórnia, ainda nos anos 1960, basicamente apontavam para uma: a) visão alternativa à psicanálise; b) ênfase em processos psicoterapêuticos centrados na vivência e na expressão emocional; c) atitude avessa à formalização e à institucionalização.

Especificamente quanto ao domínio reichiano, ainda nos anos 1960, um papel de destaque foi ocupado pelo psiquiatra José Ângelo Gaiarsa, que, de forma pioneira, inspirando-se em Reich e Jung, formulou orientações para a área da psicoterapia e efetuou, no campo da cultura, afinado com o espírito da época, um trabalho crítico em relação à moral sexual repressiva. Neste breve registro histórico, cabe, ainda, mencionar nomes como Roberto Freire, Ralph Viana e Pethö Sandor, além do italiano Federico Navarro, importantes autores que contribuíram para a inserção das ideias reichianas no Brasil e, também, para a formação de profissionais, de alguma forma, vinculados ao universo reichiano.[58]

Já em outro texto da coletânea em tela, Coimbra,[59] alicerçada em seu estudo de doutorado,[60] tece considerações a respeito de um tema crucial, que sintetizaremos com as seguintes palavras: até que ponto essas abordagens do campo da psicologia, que chegaram ao Brasil com uma aura de transformação social, teriam

58. Regina Favre, "Terapias neo-reichianas", in S. Ciornai (org.), op. cit., pp. 41-51.

59. Cecília Maria Bolças Coimbra, "Desenvolvimento sociocultural e político (60-80) e meios psicoterápicos", in S. Ciornai (org.), op. cit., pp. 53-63.

60. Id., *Gerentes da ordem: Algumas práticas "Psi" nos anos 70 no Brasil*. Tese de doutorado. São Paulo: Instituto de Psicologia, Universidade de São Paulo, 1992.

perdido esse impulso original e se adaptado ao mercado do consumo das tecnologias do bem-estar?

Especificamente no que diz respeito a Reich, tal indagação espelha uma preocupação social que acompanha e, de certa forma, ajuda a constituir o próprio enfoque desenvolvido por esse cidadão-cientista. A nosso ver, existe uma tradição que perpassa o território reichiano, uma espécie de *ideal de ego*, que não se satisfaz plenamente com o trabalho de índole curativa e cobra ações que almejem uma amplitude social de natureza preventiva, algo que Reich se empenhou profundamente em procurar fazer. Assim sendo, pensando numa continuidade dessa orientação, uma questão decorrente se impõe: no presente contexto da chamada pós-modernidade, quais as linhas de atuação que poderiam significar a permanência desse espírito reichiano? Sem condições de, neste ensaio, esboçar algum exercício de resposta, fica o registro da questão.[61]

Quanto à presença do referencial reichiano no meio acadêmico brasileiro, focalizando especificamente estudos de mestrado e de doutorado, o importante trabalho de Matthiesen[62] contém dados relevantes. De acordo com o levantamento efetuado pela autora, até setembro de 2005, 58 investigações, em algum grau voltadas para o pensamento reichiano, foram realizadas.

61. Sobre o assunto, cf. Ricardo Cariello Almeida, "Pós-modernidade e perversão". *Pensamento reichiano em revista*, ano II, n. 2, 2007, pp. 147-64, e "Pós-modernidade e perversão II". *Pensamento reichiano em revista*, ano III, n. 3, 2008, pp. 69-86.

62. Sara Quenzer Matthiesen, *Organização bibliográfica da obra de Wilhelm Reich: bases para o aprofundamento em diferentes áreas do conhecimento*. São Paulo: Fapesp/Annablume, 2007.

Destas, apenas quatro foram concluídas durante as décadas de 1970 e 1980, sendo as demais 54 finalizadas a partir de 1990. Desse levantamento, também merece atenção o número de 24 doutorados defendidos de 2000 até setembro de 2005. Ou seja, de posse desses dados conclui-se que, a partir de 1990, ocorreu um progressivo aumento no número de mestrados e doutorados, de alguma forma, dedicados ao estudo da abordagem reichiana.

Tal presença na academia revela uma mudança de rumo em relação à inserção das ideias de Reich no Brasil. De uma introdução embalada pelo clima anárquico e contestador da contracultura, mais voltado para a prática de vivências emocionais do que para a formalização conceitual, caminhou-se, progressivamente, para uma preocupação com a sistematização e a problematização do pensamento reichiano.

A respeito do conteúdo presente nessa produção acadêmica brasileira, com o auxílio do estudo de Matthiesen citado acima, aliado ao que conhecemos do campo, notamos que, além das investigações dedicadas aos ramos tradicionais desenvolvidos por Reich (sobretudo saúde, psicologia política e educação), observamos, também, a existência de trabalhos voltados para a discussão da relação do enfoque reichiano com o de outros pensadores (tais como Freud, Foucault, Deleuze e Guattari, Jung, Piaget, Bergson, Nietzsche, Rousseau e Espinosa). A nosso ver, essa discussão com outros autores promove, dentre outros benefícios, um saudável diálogo entre diferentes.

Estamos chegando ao final desta jornada. Procuramos acompanhar a trajetória de um pensador incomum, alguém que se envolveu com alguns dos principais movimentos científicos e políticos da cena social do século XX. Nesse percurso, produziu muito, brigou muito, viveu muito. Entendemos sua obra, a enorme massa de questões e propostas que aqui e ali foi plantando, não como um edifício acabado, mas como um processo inquieto e constante de elaboração que, dada a sua fertilidade, pede avaliação e continuidade.

JUNG E A RELAÇÃO COM O DIFERENTE

LAURA VILLARES DE FREITAS

Podemos ter de há muito conhecido o significado, os efeitos e as características dos conteúdos inconscientes [...] A única maneira de chegar a eles na prática é tentar adquirir uma atitude consciente que permita ao inconsciente cooperar, em vez de ser levado à oposição.

C. G. JUNG

Já na epígrafe insinua-se o quanto Jung valorizava o inconsciente e a necessidade de se dedicar à relação com ele.[1] Este texto busca trazer elementos que favoreçam a reflexão a respeito dessa relação, assumindo, inevitavelmente, o ponto de vista da consciência e tomando o inconsciente como, por excelência, o outro, isto é, o diferente.

Boa parte de nossa vida se constitui a partir justamente dos encontros e desencontros com os diferentes. Além disso, seguindo a inspiração junguiana, cada um de nós é, em si, um conjunto de muitos, que coexistem no que costumamos chamar de nossa personalidade.

Trata-se de uma concepção de ser humano que enfatiza a multiplicidade da psique. Embora subjetivamente seja possível

1. Carl Gustav Jung, "A psicologia da transferência" [1946], in *Ab-reação, análise dos sonhos, transferência. Obras completas*, v. 16/2. Petrópolis: Vozes, 1999, p. 47.

a sensação de que somos um, ou de que possuímos um eu, sede de nossa identidade, ele nada mais é do que um entre muitos, tendo como exclusiva apenas a qualidade de necessariamente se relacionar à consciência.

Tampouco é incomum a sensação de que somos muitos, expressa por vezes na poesia, por exemplo. Somos constituídos de inúmeros complexos. O eu, ou *ego*, é o centro do complexo da consciência. Graças a ele acabamos por desenvolver – eis a tarefa da primeira infância – um sentido de identidade, que nos oferece apoio para lidar com as contingências da vida.

No entanto, segundo esse referencial, somos também, e sobretudo, uma totalidade psíquica, da qual podemos ocasionalmente ter vislumbres de consciência. Jung a denominou *selbst*, palavra que tem sido traduzida para o português por *self* ou *si-mesmo*. Em sua maior parte inconsciente, o *self* acolhe todos os complexos, os arquétipos e os símbolos que se constelam ao longo do desenvolvimento psíquico. Jung enfatizou bastante o seu aspecto potencial, de um vir a ser, deixando claro que não considera que nascemos *tabula rasa*. No *self* encontram-se nossas virtualidades, habilidades e características em estado latente, que poderão vir a ser realizadas ao longo da vida.

Além disso, o *self*, às vezes também denominado arquétipo central, desempenha uma função coordenadora do desenvolvimento psicológico, sendo a instância responsável pela autorregulação psíquica e pelo processo de individuação. O *self* embasa a formação dos complexos à medida que a experiência vivida se dá, e impulsiona a constituição dos símbolos, que têm o papel de intermediar a relação entre a consciência e o inconsciente.

Jung concebe uma função teleológica para o *self*, na medida em que, muito mais do que apenas reproduzir fixações, ele colabora para a formação de símbolos que visam a determinadas metas. Sua grande direção é a individuação, entendida como um processo de constante e dinâmica diferenciação da consciência e da psique individual em relação ao todo.

Os parágrafos acima expõem sinteticamente as noções de ego e de *self*. A relação entre eles, os dois importantes centros da vida psíquica, é que fundamenta todas as outras relações, incluindo a que nos interessa em particular aqui: a relação com tudo o que o ego reconhece como diferente, seja intra ou interpsíquico.

Abordaremos adiante aspectos dessa relação com mais vagar. Neste momento, basta constar que somos ego e *self*, e que é impossível eliminar um deles. Identificamo-nos, sobretudo, com o primeiro, mas temos ainda, e podemos a isso nos dedicar, a percepção de que somos mais do que o ego, uma totalidade maior.

Para Jung, o reconhecimento, que se dá na experiência vivida, de que somos ego e *self* encontra-se na base de um sentimento de religiosidade, que é inerente ao ser humano e inspira mitos e ritos de natureza religiosa. A relação entre o homem e a(s) divindade(s) de alguma maneira reproduz a relação entre o ego e o *self*.

A epígrafe acima fala de possibilidades de cooperação e de oposição entre as duas instâncias. Além disso, alude a uma parcela de potência e responsabilidade da consciência, na medida em que de sua atitude dependerá a reação do inconsciente.

Voltaremos a esses aspectos. Vale nos dedicarmos antes a um panorama sobre a vida e a obra de Carl Gustav Jung, o que permitirá uma apreensão mais acurada de suas ideias. Ele próprio assume, em seu livro de memórias,[2] que sua vida e sua obra se entrelaçam de maneira ineludível.

BREVE PANORAMA DA VIDA E DA OBRA DE JUNG

Suíço, nascido em Kesswil, região rural da Basileia, em 26 de julho de 1875, Jung viveu quase 86 anos. De família com poucos recursos econômicos, filho de pastor protestante, interessava-se muito por arqueologia e biologia. Escolheu cursar medicina, alegando razões financeiras. Formou-se na Universidade da Basileia em 1900, tendo se especializado em psiquiatria.

Embora haja registros de suas palestras nos últimos anos do século XIX na Associação Zofíngia, Jung é considerado um homem do século XX, dada a vasta obra que produziu depois de formado, de mais de vinte volumes, e a originalidade desta.

Recém-formado, passou a residir e trabalhar no Hospital Burghölzli, com Eugen Bleuler, que pesquisava a demência precoce, a partir da hipótese de que ela consistiria num distúrbio entre as associações do doente. Ali permaneceu até 1909, no que consistiu a primeira fase junguiana. Junto a Bleuler, desenvolveu experimentos de associação de palavras, que levaram à sugestão de que se passasse a denominar *esquizofrenia* a doença que acometia seus jovens pacientes, assim ressaltando a dissociação que constatavam se dar na personalidade deles.

2. C. G. Jung, *Memórias, sonhos, reflexões* [1961], trad. Dora Mariana Ferreira da Silva. Rio de Janeiro: Nova Fronteira, 1978.

Em 1902, Jung defende sua tese de doutorado, denominada *Psicologia e psicopatologia dos fenômenos ditos ocultos*,[3] em que procura entender o que acontece no psiquismo de uma médium. Em 1903, casa-se com Emma, que vai morar com ele no hospital psiquiátrico e com quem tem cinco filhos. Entre 1905 e 1913 trabalha também como professor na Universidade de Zurique.

Sua estada no Burghölzli caracterizou-se pelo convívio cotidiano com psicóticos que, mais do que tratar com os recursos da época, Jung buscava compreender. Não se satisfazendo com meros diagnósticos e inventários de sintomas, quando o próprio paciente não era capaz de falar sobre si e seu adoecimento, contatava seus familiares e amigos, em visitas de fim de semana. Interessavam-lhe a história de vida do paciente e a etiologia de sua psicose, assim como suas questões existenciais, a natureza de sua dor psíquica e suas associações a ela. De acurado espírito observador, com habilidades tanto de psiquiatra clínico quanto de pesquisador e pensador, sobressaía-se pelas hipóteses que levantava sobre a psicose e sobre o papel das associações no psiquismo.

É nessa primeira fase que surgem seus primeiros escritos teóricos, já marcados por uma originalidade de pensamento. Propõe o conceito de *complexo*, algo novo para a psicologia, e este é adotado por diferentes teóricos e clínicos. Freud, ao propor o complexo de Édipo, pilar em sua visão de ser humano,

3. Id., "Psicologia e psicopatologia dos fenômenos ditos ocultos" [1902], in *Estudos psiquiátricos*, trad. Lúcia Mathilde Endlich Orth. *Obras completas*, v. 1. Petrópolis: Vozes, 1993.

reconhece, numa nota de rodapé, ter se apoiado na noção junguiana de complexo.

A relação com Freud inaugura a segunda fase junguiana. Considera-se que a fundação da psicanálise se deu em 1900 com a publicação de *A interpretação dos sonhos*,[4] ano em que Jung se formava como médico psiquiatra. É a leitura dessa obra que o motiva a buscar um contato com seu autor.

Em 1906, Jung envia a Freud os dois textos que acabara de escrever: "As associações dos sujeitos normais"[5] e "A psicologia da demência precoce".[6] Em resposta, Freud o convida a Viena. Tornou-se histórico o primeiro contato pessoal entre eles, por ter durado treze horas consecutivas e por terem ocorrido alguns intrigantes estalos nas estantes do apartamento de Freud. Os dois logo começam uma intensa correspondência, que durou até 1913.

Jung é então inserido no movimento dos primeiros psicanalistas. Em 1909, vão aos Estados Unidos, para realizar palestras na Universidade de Clark, Jung, Freud, Stanley Hall, Abraham Brill, Ernest Jones e Sándor Ferenczi. Fazem a travessia do oceano em um navio e Jung em seu livro de memórias relata os encontros matinais que tinha com Freud, quando um analisava

4. Sigmund Freud, *A interpretação dos sonhos* [1900], trad. Walderedo Ismael de Oliveira. *Obras completas*, vols. 4 e 5. Rio de Janeiro: Imago, 2006.
5. C. G. Jung & F. Riklin, "As associações dos sujeitos normais" [1906], in C. G. Jung, *Estudos experimentais*, trad. Lúcia Mathilde Endlich Orth. *Obras completas*, v. 2. Petrópolis: Vozes, 1995.
6. Id., "A psicologia da demência precoce" [1907], in *A psicogênese das doenças mentais*. *Obras completas*, v. 3. Petrópolis: Vozes, 1986.

os sonhos do outro – talvez o que mais tenha se aproximado de uma relação analítica, para ambos. Jung ressalta o quanto a abordagem freudiana dos sonhos e do psiquismo lhe interessou, e também quão grande era o apreço de Freud, dezenove anos mais velho que ele, por sua autoridade pessoal e por sua teoria da sexualidade.

Bem aceito entre o grupo dos primeiros psicanalistas, Jung é eleito por eles o primeiro presidente da então fundada Associação Psicanalítica Internacional, em 1910. Freud o considera seu "príncipe herdeiro"[7] e em muitas cartas refere-se a Jung como "meu filho".[8]

Mas Jung está preparando nova obra, em que, segundo ele próprio,[9] pretendia aprofundar a visão freudiana a respeito da libido. Freud enfatizava sua conotação intrinsecamente sexual, enquanto Jung imaginava outras qualidades para a energia psíquica, nem todas elas redutíveis à sexualidade. Em *Metamorfoses e símbolos de transformação da libido*,[10] publicado em 1913, Jung exemplifica, por meio de interpretações e comentários a respeito dos escritos de uma jovem esquizofrênica, como a libido também tem uma natureza espiritual e como é possível estabelecer relações entre conteúdos da mitologia e da psicopatologia individual.

7. Id., *Cartas*, trad. Edgar Orth. Petrópolis: Vozes, 2002.
8. Id., ibid.
9. Id., *Memórias, sonhos, reflexões*, op. cit.
10. Id., *Símbolos de transformação* [1913], trad. Eva Stern. *Obras completas*, v. 5. Petrópolis: Vozes, 1986.

Essa obra torna-se o marco do início de uma nova fase junguiana, tamanha foi a rejeição de Freud a ela: afirma que Jung estava preso no "lodo negro do misticismo" e com ele rompe definitivamente.

Jung, por sua vez, entra numa grande crise pessoal e de questionamento de suas próprias ideias, que dura sete anos. Retira o termo *libido* do título de seu novo livro e passa a falar simplesmente em energia psíquica. Permanece relativamente isolado do meio científico e psicanalítico da época. Dedica-se a registrar e buscar trabalhar seus sonhos, desenhos e associações, no que denomina o *Livro negro*. Posteriormente passa a limpo esse livro, compondo assim o que constituiu o *Livro vermelho*.[11]

Permanece atendendo pacientes e dando algumas, poucas, palestras nesse período, mas está, sobretudo, buscando entender-se com suas ideias, numa atitude decidida a refutá-las ou, pelo contrário, passar a defendê-las e aprofundá-las.

Tais ideias consistiam basicamente em alguns aspectos que desenvolvera a partir de seu trabalho no Burghölzli e de sua relação com o movimento psicanalítico. Jung procurara esclarecer a dissociabilidade da psique, tendo descoberto a possibilidade de personificação de instâncias psíquicas. Enfatizava que existe uma realidade psíquica, em que a experiência vivida

11. Id., *The Red Book*, Sonu Shamdasani (org.). Nova York: W. W. Norton & Company, 2009. Apenas muito recentemente, em setembro de 2008, foi publicado o *Livro vermelho* de Jung, antes mantido a sete chaves por sua família. Esperemos agora os trabalhos que surgirão sobre ele, elucidando, quiçá, novos aspectos de sua personalidade e visão psicológica. A edição brasileira foi publicada dois anos depois (*O Livro vermelho*, trad. Edgar Orth. Petrópolis: Vozes, 2010).

desempenha papel fundamental. Ainda não sugerira o conceito de *self*, mas chegou a falar em uma personalidade maior, *iveness*, que transcendia o escopo da consciência, alinhando-se em algum grau com o que na época, em especial na França, se considerava uma "psicologia não egoica". Cunhara o conceito de complexo, reconhecendo-o como um "grupo de associações por tonalidade afetiva". Propusera dar mais importância à dinâmica do psiquismo do que a sua estrutura, e falava em transformação da energia psíquica, ao abordar a psicose e os complexos. Afirmara sua concordância com as ideias de Freud sobre a importância da sexualidade e do mecanismo de censura, e, por outro lado, tentava apresentar aspectos diferentes do inconsciente, não necessariamente frutos da repressão ou do recalque, mas com uma característica de autonomia perante a experiência e a consciência e com possibilidades em estado seminal.

Entre 1913 e 1920, considera-se a terceira fase junguiana. Em seu livro de memórias, ele denomina esse período de "confronto com o inconsciente", tamanha a imersão em si próprio que voluntariamente fez, buscando conhecer o inconsciente, desenvolver uma maneira de acessá-lo e com ele dialogar. Descobre a importância das imagens e do trabalho com a imaginação, para a vida psíquica. Acaba, em 1919, por formular o conceito de arquétipo,[12] que vinha elaborando havia anos sob a denominação de "dominantes do inconsciente". Formula sua noção própria de energia psíquica, buscando elementos tam-

12. Id., "Instinto e inconsciente" [1919/1948], in *A natureza da psique*, trad. Mateus Ramalho Rocha. *Obras completas*, v. 8/2. Petrópolis: Vozes, 2000.

bém na física contemporânea que estava em franca revolução, e em estudos sobre rituais antropológicos, nos quais identificava processos de transformação da energia *mana*. Estabelece seus conceitos sobre o inconsciente, o ego, a persona, o *animus* e a *anima*, e reflete sobre a relação entre a biologia e a psicologia, campos onde vê pontos de intersecção mas os formula como independentes; embora apresentem um certo paralelismo, não é possível reduzir um ao outro.

Viajar era para Jung um prazer, uma inspiração e uma oportunidade de tomar contato com novos conhecimentos e posturas perante a vida, o que lhe permitia rever e aprofundar suas ideias. Na terceira fase, ele vai à Itália, à Argélia e à Tunísia.

Jung acaba por confirmar suas convicções e intuições e começa a formular com mais clareza uma visão específica a respeito do ser humano. Paralelamente, inicia indagações sobre sua filiação intelectual. Reconhece a importância e a influência em seu pensamento de autores como Freud – que lhe ofereceu, numa relação pessoal, encontro, interlocução e resistência; Goethe – com quem Jung diz ter aprendido a importância da observação dos fenômenos, a natureza metafórica de todas as coisas e o fato de que ninguém é senhor de si próprio; Schopenhauer – que considerava a existência de um princípio natural norteador da vida, a *vontade*, capaz de influenciar a consciência, e que tem relação com o conceito de *self*; Kant – que falava num conhecimento *a priori* das coisas e na importância da experiência, enfatizando as limitações da consciência; Bachofen – antropólogo do século XIX, que estudou sociedades de dominância matriarcal, alterando sua visão sobre a mulher e o feminino, ao admitir o matriarcado como a fonte da sociedade, religião e moralidade humanas; Lévy-Bruhl – que o introduziu a noções como o *pensamento primitivo* e a *participation mystique*, adotadas por Jung para caracterizar certas possibilidades de funcionamento psíquico; e Nietzsche – que o teria, à sua maneira, inspirado em suas considerações sobre a sombra, arquétipo que se contrapõe ao ego.

Bebe diretamente também nas fontes da Grécia clássica, reconhecendo influências de Platão – que o inspira na formulação do inconsciente coletivo e do arquétipo, ao apresentar um mundo das ideias e da experiência da alma, fornecedor de sentido à vida; Heráclito – que, com sua noção de que tudo é movimento, lhe permite avançar na concepção da energia psíquica, sempre em transformação, e do símbolo; e Pitágoras – que, ao buscar a ordem, as proporções e as leis matemáticas do cosmos, identificara uma dinâmica entre polaridades opostas geradora de energia.

Salta à vista também o interesse de Jung pela mitologia em geral e pelas religiões. De mente aberta, buscou o máximo de conhecimento possível nessas áreas. Achava que o mito é o sonho da cultura, desempenhando funções de conter, organizar e expressar os dilemas básicos da humanidade, além de sugerir maneiras de encaminhamento e resolução das situações conflituosas emblemáticas, ao apresentar imagens e padrões arquetípicos.

Mesmo reconhecendo todas essas influências, Jung não se sentia acompanhado em sua busca de herança e filiação teórica. Concebia a psicologia, nascida no século XX, como filha híbrida da medicina e do sacerdócio. Na busca de um embasamento histórico para suas ideias, acaba por se dedicar ao estudo da gnose, entre 1918 e 1926. Reconhece ali a importância atribuída à experiência vivida e a um conhecimento não dogmatizado. Identifica também a necessidade de criar deliberadamente maneiras que possibilitem o contato da consciência com o *numinoso*.

A publicação de *Tipos psicológicos*,[13] finalizado por Jung em 1920, marca o final da fase de confronto com o inconsciente. Trata-se do único livro de Jung dedicado exclusivamente à psicologia da consciência. Sua teoria dos tipos é resultado de seus esforços em entender as diferenças entre as pessoas, suas ideias e posturas perante a vida. Estabelece várias comparações e relações entre Freud e Adler, sugerindo considerar a psicologia do primeiro como extrovertida e a do segundo, introvertida. Com sua tipologia, Jung busca conceber uma teoria que não precise excluir o diferente, mas apresentar uma perspectiva mais abrangente. E assim, além de fazer uma significativa contribuição teórica para o campo da psicologia, Jung pode encerrar o período de elaboração da ruptura com Freud.

A década de 1920 é dedicada ao estudo da gnose, e também da alquimia ao final, e a viagens em que busca se relacionar com mundos diversos do seu, europeu suíço. Visita os índios *pueblo* nos Estados Unidos e os *elgony* no monte Elgon, na África. Em 1928 conhece Richard Wilhelm, alemão sinólogo, que lhe apresenta a cultura chinesa. Jung é fortemente influenciado

13. Id., *Tipos psicológicos* [1921], trad. Lúcia Mathilde Endlich Orth. *Obras completas*, v. 6. Petrópolis: Vozes, 1991.

por *O segredo da flor de ouro*,[14] tratado de alquimia chinesa, e por tudo o que Wilhelm lhe traz a seguir. Desenvolvem uma sólida amizade, a qual incentiva Jung a aprofundar seus conhecimentos e adentrar no universo mais amplo da alquimia, o que vem a fazer com afinco a partir de 1934.

Na década de 1930, Jung recebe um prêmio de literatura, vários títulos de doutor *honoris causa* e torna-se professor honorário no ETH. Vai à Índia. Incentiva também a criação do Ciclo de Eranos, que em Ascona, na Suíça, reúne anualmente, desde 1933, pensadores de vanguarda e de diferentes perspectivas teóricas. Torna-se seu frequentador assíduo entre 1933 e 1951, levando para ali muitas vezes suas ideias ainda em estado germinal, buscando interlocução.

Tem também alguns problemas de saúde nessa década. Quebra o pé, sofre distúrbios cardíacos e termina por entrar em coma, experiência que relata como muito importante, ao lhe permitir passar a considerar a própria vida como relacionada a algo muito maior.

Jung prestara serviço militar como médico durante a Primeira Guerra Mundial, cuidando de refugiados ingleses em Gothard Pass. Relata que foi uma experiência significativa e que, nos momentos livres, permitiu-lhe escrever textos importantes, como "A função transcendente",[15] em que propõe a técnica da

14. Id., "Comentário a 'O segredo da flor de ouro'" [1929/1938], in *Estudos alquímicos*, trad. Dora Mariana Ferreira da Silva. *Obras completas*, v. 13. Petrópolis: Vozes, 2003.
15. Id., "A função transcendente" [1916], in *A natureza da psique*, op. cit.

imaginação ativa, e um primeiro esboço de seus estudos sobre as mandalas.

Já a situação concernente à Segunda Guerra Mundial foi bem diferente. Jung era o vice-presidente da Sociedade Médica Geral Internacional de Psicoterapia, sediada na Alemanha, quando Kretschmer, que era então o presidente, renunciou em 1933. A pedidos, pesando o fato de não ser judeu, e com a esperança de garantir um espaço neutro na Sociedade, Jung assume a presidência. Além disso, ele e C. A. Meier eram os editores do periódico *Zentralblatt für Psychotherapie*,[16] mantido por aquela Sociedade. Conseguiram de fato continuar publicando textos de judeus até 1940, e Jung criou novas regras para a instituição, as quais, no entanto, foram aprovadas em 1934, mas efetivamente nunca implantadas. Eram regras que visavam garantir a neutralidade política e religiosa da sociedade internacional, mas resultaram inócuas e deu-se uma progressiva nazificação daquela instituição. Ainda em 1934, M. H. Goering assume a ala alemã e a filia ao nazismo, o que também acaba por suceder às alas japonesa e húngara, em 1939. Jung renuncia à presidência apenas naquele ano, o que lhe vale, em alguns círculos até hoje, a pecha de nazista.

Jung não era nazista, mas teve algum convívio com eles entre 1933 e 1939, no âmbito da Sociedade Médica Geral Internacional de Psicoterapia. Não pôde falar contra os extermínios em massa

16. Em *Zentralblatt für Psychotherapie und ihre Grenzgebiete*, VII/1, Leipzig, 1934, Jung publicou o artigo "A situação atual da psicoterapia". No mesmo número do periódico, encontrava-se um artigo de cunho francamente nazista.

que vitimizaram judeus, homossexuais, artistas e doentes mentais, por motivos que resulta difícil compreender.

É fato que suas obras foram proibidas na Alemanha em 1940, quando Goering assumiu a presidência da Sociedade. E consta também que Jung, com Riklin, tentou levar Freud à Suíça em 1938, por ocasião da invasão alemã da Áustria. Freud teria recusado, mas acabaria mais tarde se estabelecendo em Londres graças à ajuda de Bennet, outro junguiano.

Ainda na década de 1930, Jung se dispõe a rever e aprofundar alguns de seus escritos anteriores. E na década de 1940 continua seus estudos sobre a religião e a alquimia. Torna-se novamente professor na Universidade da Basileia. Publica *Psicologia e religião*,[17] "Paracelso",[18] *Psicologia e alquimia*[19] e "A psicologia da transferência",[20] algumas de suas grandes obras e que expressam a essência de seu pensamento, tanto teórico quanto clínico.

O grupo de estudiosos e analistas ao seu redor decide então institucionalizar seus conhecimentos. Consta que Jung foi contra essa ideia, achando impossível e absolutamente indesejável, mesmo para ele próprio, considerar alguém *junguiano*:

17. Id., *Psicologia da religião ocidental e oriental*, trad. Dom Mateus Ramalho Rocha, *Obras completas*, v. 11. Petrópolis: Vozes, 1980.

18. Id., "Paracelso, um fenômeno espiritual" [1931/1938/1942], in *Estudos alquímicos*, trad. Dora Mariana Ferreira da Silva. *Obras completas*, v. 13. Petrópolis: Vozes, 2002.

19. Id., "Psicologia e alquimia" [1944], in *Psicologia e alquimia* [1953], trad. Maria Luiza Appy, Margaret Makray e Dora Mariana Ribeiro Ferreira da Silva. *Obras completas*, v. 12. Petrópolis: Vozes, 1991.

20. Id., "A psicologia da transferência" [1946], in *Ab-reação, análise dos sonhos, transferência*, trad. Maria Luiza Appy. *Obras completas*, v. 16/2. Petrópolis: Vozes, 1999.

> Só espero e desejo que ninguém se torne "junguiano". Eu não represento nenhuma doutrina, mas descrevo fatos e apresento certos pontos de vista que julgo merecedores de discussão. [...] Não advogo nenhuma doutrina pronta e fechada e abomino partidários cegos. Deixo a cada um a liberdade de lidar a seu modo com os fatos, pois eu também tomo essa liberdade para mim.[21]

Não obstante, o Instituto Carl Gustav Jung foi fundado em 1948, em Küsnacht, e até hoje desempenha papel fundamental na atual IAAP – International Association for Analytical Psychology, que atualmente congrega diversas associações e institutos de formação de analistas junguianos, na Europa, Américas, Ásia e África.

Em 1951, Jung publica *Aion*,[22] obra em que, mais do que rever e sistematizar seus conceitos básicos, se dedica também ao estudo da figura de Cristo associado ao peixe, como símbolo do *self* e da deidade no mundo atual: um deus que é múltiplo e se fez homem, deixando como exemplo a sua vida terrena.

Jung vem a falecer em 1961 e é na década de 1950 que publica sua última grande obra, *Mysterium coniunctionis*,[23] talvez a maior delas, por constituir uma importante síntese de seu conhecimento, sua visão do ser humano e do mundo. De maneira

21. Id., *Cartas*, v. 2, op. cit., p. 9.
22. Id., *Aion: Estudos sobre o simbolismo do si-mesmo*, trad. Mateus Ramalho Rocha. *Obras completas*, v. 9/2. Petrópolis: Vozes, 1988.
23. Id., *Mysterium coniunctionis* [1954], trad. Valdemar do Amaral. *Obras completas*, v. 14. Petrópolis: Vozes, 1997.

extremamente resumida e beirando uma irreverência, ousamos afirmar que nesse texto Jung apresenta o que via em comum entre a alquimia e a psicologia, isto é, o mistério das tranformações, quer fossem materiais ou psíquicas, sobretudo devido ao encontro entre diferentes, o qual, dados sua profundidade e alcance, resultaria não apenas em mudanças de porte em cada elemento, mas também na criação de algo realmente novo.

Vale ainda comentar que Jung escreveu muito, em vista da necessidade de reflexão e aprofundamento de suas ideias, o que ele frequentemente fazia durante a escrita, e dada a grande amplitude dos temas que se dispunha a refletir a respeito. Dizia que tudo que interessa ao ser humano interessa a uma psicologia que fale dele. Há volumes de suas obras compiladas que apresentam textos sobre os mais variados aspectos da vida contemporânea.

Mesmo dentro das limitações deste sintético e rápido sobrevoo pelo percurso da vida de Jung, depreendemos que o tema do encontro entre diferentes permeia sua obra. Voltemos a nos dedicar a ele, de maneira mais focalizada.

A RELAÇÃO COM O DIFERENTE

Desde a infância, Jung relata, com acurado senso de observação, ter ficado intrigado com o outro. Por exemplo, refere-se à sua mãe como uma mulher em que se manifestavam duas personalidades, uma mais profunda e sábia e a outra mais superficial e preocupada com as coisas do cotidiano.

Quanto a seu pai, confessa sua grande admiração por ele durante a infância e sua igualmente grande decepção em sua adolescência, quando se dispôs a questioná-lo sobre o tema cristão da Santíssima Trindade. O pai, pastor protestante, teria lhe respondido que se tratava de um dogma e, como tal, deveria ser pura e simplesmente aceito e adotado como verdade. Jung diz ter então se decepcionado com aquele homem que se recusava a refletir sobre alguns pontos de dúvida.

Interessante é que, décadas depois, Jung, ao escrever sobre o fenômeno religioso, valoriza o papel do dogma como algo que mantém a dimensão do mistério e do irracional no âmbito da consciência, evitando que esta se atenha apenas ao que pode compreender intelectualmente.

Ao discorrer sobre seus pais, Jung destaca uma ampla gama de diferentes atitudes, que vão da observação passiva e reflexiva ao questionamento e levantamento de dúvidas, entremeadas por emoções de admiração, segurança, medo, solidão, curiosidade e decepção.

São situações que identificamos também em seu relato sobre si mesmo, em seu já citado livro de memórias. Na infância teve a percepção, de maneira análoga ao que via na mãe, de ser duas personalidades, uma consistindo no menino que era, ao lidar com a vida corriqueira, e a outra trazendo, em alguns momentos, lampejos de sabedoria e uma compreensão mais profunda da vida. Jung diz ter se sentido bastante solitário a maior parte do tempo, por ter apenas uma irmã, nove anos mais nova, e também pelo fato de, sendo introvertido, não ter muitos amigos na escola. A percepção subjetiva de si próprio era-lhe familiar.

Quando, recém-formado, foi residir e trabalhar em um hospital psiquiátrico, para lá levou seu espírito aberto, observador e indagador. Sua participação nos experimentos de associação foi marcada por essa postura e lhe permitiu desenvolver hipóteses a respeito dos fenômenos de associação e dos complexos, tanto em âmbito da patologia quanto da dita normalidade. Jung era, além disso, por vezes convocado para auxiliar investigações policiais, na medida em que os experimentos de associação permitiam também uma atitude detetivesca. A curiosidade como marca própria, submetida a uma disciplina científica rigorosa, parece tê-lo acompanhado ao longo da vida, permitindo-lhe auferir muitos frutos.

Sua relação com os pacientes psiquiátricos, como podemos depreender sobretudo de sua autobiografia, também merece algumas considerações. Jung buscava um contato de pessoa a pessoa, interessava-se genuinamente por eles, indagava-os sobre suas histórias de vida. Nesse caso, muito além de assumir uma atitude de investigador, incitava os pacientes a se interessarem por si próprios, por seus sentimentos, pensamentos e pelas vicissitudes já vividas, chegando a desenvolver com eles uma relação pessoal sempre que possível. Ouvia suas histórias de vida e do adoecimento, apresentava-lhes suas hipóteses etiológicas e aguardava suas reações em resposta.

Essa atitude pessoal-profissional é sofisticada e elaborada teoricamente nas décadas que se seguem à sua atividade psiquiátrica. Jung buscava sempre um contato humano, em que a totalidade de cada um – terapeuta e paciente – fosse considerada.

Um outro relevante para Jung foi Freud. Dezenove anos mais velho e neurologista, inicialmente o fundador da psicanálise impactou-o e recebeu sua admiração por seu trabalho com sonhos. Dele se aproximou, já com algum renome por seu trabalho junto a Bleuler e aos pacientes psiquiátricos. A partir daí, estabeleceram intensa relação pessoal, como atesta a vasta correspondência entre eles. Manteve-se a hierarquia e era claro que Jung estava adentrando a psicanálise, território desbravado por Freud. Este, aliás, com frequência referia-se nas cartas à sua "autoridade paterna" e pedia "lealdade filial" a Jung, exigindo que ele jamais traísse o "dogma da sexualidade" como determinante do psiquismo.

Ora, questionar um dogma fizera parte justamente do repertório de Jung na relação com seu pai! Não obstante, a relação entre eles parece ter sido também caracterizada por forte amizade e interlocução de ideias, ao menos entre 1907 e 1912. No que Jung escreveu a respeito de Freud[24] percebe-se que manteve o respeito e admiração por suas ideias e identifica-se, ainda, a pretensão de poder aprofundar e levar adiante algumas delas, em especial as referentes à importância da sexualidade e à questão dos resíduos arcaicos existentes na personalidade. Além disso, é patente o sofrimento que a ruptura entre eles lhe causou e salta à vista o quanto Jung se manteve íntegro a si mesmo e a suas ideias, disposto a realizar sacrifícios em termos do relacionamento interpessoal e da posição social, mas intransigente na

24. Cf. o capítulo: "Sigmund Freud em Jung", in *Memórias, sonhos, reflexões*, op. cit., e os textos: C. G. Jung, "Sigmund Freud, um fenômeno histórico-cultural" [1932] e "Sigmund Freud" [1939], in *O espírito na arte e na ciência*, trad. Maria de Morais Barros. *Obras completas*, v. 15. Petrópolis: Vozes, 1987.

recusa a aderir a dogmas, ideias ou posturas que lhe parecessem incompletos, enrijecidos ou questionáveis.

Passamos a arrolar rapidamente alguns pontos de diferença entre os dois. De início, Freud era neurologista e Jung, psiquiatra, o que determinava serem procurados por pacientes com distintas problemáticas. Jung acabou tendo muito contato com a psicose no início da vida profissional, enquanto a experiência de Freud consistia basicamente no trabalho com mulheres histéricas e a seguir com neuróticos de maneira geral. Por outro lado, enquanto Freud se interessava principalmente pela psicopatologia, Jung buscava, mesmo na psicose, o aspecto criativo.

Freud concebia a libido como energia de natureza sexual, e Jung a concebia como energia vital. Enquanto Freud se referia ao desenvolvimento psíquico como um processo que se completa ao final da puberdade, em paralelo ao desenvolvimento sexual, Jung falava no processo de individuação, admitindo um desenvolvimento psicológico contínuo e incessante, desde o nascimento até a morte.

Para Freud, a natureza humana é pulsional e inevitavelmente em conflito. Para Jung, há o *self*, que consiste na totalidade e no arquétipo central e impulsiona a individuação e, ademais, a natureza humana é entendida como multifacetada.

Enquanto Freud concebia a cultura como fruto da sublimação, o mais evoluído dos mecanismos de defesa, Jung a considerava uma disposição inata, arquetípica.

Quanto à psicopatologia, a abordagem habitual de Freud era investigar e buscar as causas dos sintomas na infância. Jung, por sua vez, caracterizava-se por adotar uma atitude tanto de busca das causas quanto de busca das finalidades – etiologia e teleologia eram traços norteadores de seu pensamento.

O inconsciente também é concebido de maneiras distintas. Freud o vê como composto de pulsões e conteúdos recalcados, tendo natureza pessoal, embasada na infância. Já Jung concebe um inconsciente tanto pessoal, consistindo basicamente dos complexos, quanto coletivo e impessoal, a partir do qual operariam os arquétipos. Para ele, o inconsciente jamais repousa, estando sempre a agrupar e reagrupar seus conteúdos; e ele tem autonomia em relação à consciência, mesmo coordenando com ela sua atividade, numa relação de compensação.

O sonho para Freud é realização de desejos; tem um conteúdo manifesto e um latente; remete a fixações e defesas e é a *via regia* para o inconsciente. Jung aborda o sonho de outro modo: considera-o um pedaço de natureza, sem intenção de enganar, consistindo num autorretrato psíquico; sua linguagem é simbólica e metafórica, o que lhe permite desempenhar a função de intermediar a comunicação entre a consciência e o inconsciente. Para ele, o complexo é que é a *via regia* para o inconsciente.

A ruptura entre eles era inevitável, dada a grandeza de ambos. Mas, mesmo rompidos, Jung continuou a valorizar as ideias de Freud e dedicou-se a considerar, com seriedade e enorme empenho pessoal, suas críticas. O período relatado acima como o *confronto com o inconsciente* pode ser encarado em parte como a resposta junguiana às críticas contundentes de Freud.

Talvez seja na relação com Wilhelm, seu iniciador à cultura chinesa, que podemos apreender com mais clareza a postura de alteridade de Jung ao entrar em contato com o diferente. Na introdução à tradução, feita por Wilhelm, de *O segredo da flor de ouro*, Jung dedica algumas páginas a comentar o cuidado que se deve ter quando se entra em contato com algo muito diferente do próprio referencial. Inicialmente alerta para a necessidade de comparecer a esse encontro com uma disposição aberta, pronta a deixar-se influenciar pelo outro e a buscar com ele desenvolver uma relação de empatia. Em seguida, aponta os riscos em que se incorre ao se assumir tal atitude integralmente, os quais consistem, basicamente, em duas tendências opostas. Por um lado, é possível uma assimilação do diferente ao próprio referencial, o que descaracteriza e descontextualiza o outro e inviabiliza a possibilidade do encontro – trata-se mais de uma sujeição e assimilação excessiva, o que podemos identificar, por exemplo, em alguns processos de colonização que destruíram a cultura nativa. Tão indesejável quanto essa possibilidade é a exatamente oposta, que leva à adesão incondicional ao referencial do outro e a uma perda do próprio – neste caso, uma acomodação além do desejável e uma abdicação de si mesmo. Nenhuma das duas alternativas, como solução predominante, leva a um encontro genuíno entre diferentes. Resta, e esta é a proposta junguiana, identificável ao longo de sua vida e obra, ocupar-se em desenvolver uma relação significativa com o outro, em que haja, no lugar de uma pretensa unificação, realmente dois em interação. É preciso tempo, delicadeza, empenho, respeito e capacidade de ver e escutar, assim como de se expor e falar. Parece simples em tese, mas resulta algo bastante complexo e desafiador. Trata-se da busca de uma relação simétrica, que resulte numa combinação ou numa somatória, e não numa mera fusão ou numa média das perspectivas envolvidas. Importante é o respeito pelas diferenças, mas consideradas em simetria e reciprocidade. Quando esse raro encontro se dá, costuma resultar algo novo, que acrescenta e transforma os referenciais antigos.

Jung parece ter tido a capacidade de desenvolver esse tipo de relação ao abordar fenômenos, teorias e culturas muito diferentes. A perspectiva do arquétipo tendia a colocá-lo numa dimensão universal e atemporal. Mas a perspectiva do símbolo trazia o caráter histórico de qualquer evento, experiência ou fenômeno, respeitando os contextos e os processos histórico-sociais. Com seu despojamento e curiosidade, mergulhava no novo conhecimento, mas de lá emergia em seguida, íntegro, relacionando-o, sem submetê-lo aos fatos de sua vida. Foi assim com a gnose, a alquimia em geral e as diferentes religiões e mitologias que estudou. Aprofundava-se no conhecimento e voltava ao seu referencial, estabelecendo relações pregnantes. Era também exatamente essa atitude que esperava de quem quisesse aprender com ele. "Abomino partidários cegos", disse.[25]

Por isso valorizava tanto os encontros em Eranos e para lá levava muitas vezes seus primeiros pensamentos sobre algum conceito, disposto a discuti-lo abertamente, o que lhe permitia aprimorá-lo e formulá-lo de maneira mais completa. Foi assim com o tema da sincronicidade, por exemplo. E, por sua vez, Jung retribuía, debatendo ativamente as ideias dos outros apresentadores. Seguem nomes de alguns participantes dos encontros

25. Id., parágrafo 366 de "A psicologia da transferência", op. cit.

de Eranos, na época de Jung: Martin Buber, Joseph Campbell, Henry Corbin, Gilbert Durand, Mircea Eliade, Marie-Louise von Franz, Olga Fröbe-Kapteyn, Wolfgang Giegerich, James Hillman, Aniela Jaffé, Károly Kerényi, David Miller, Erich Neumann, Charles Picard, Adolf Portmann, Laurens van der Post, Ira Progroff, Paul Radin, Herbert Read, Erwin Schrödinger, Paul Tillich, Victor White, Swami Yatiswarananda, Alfred Ziegler, Heinrich Zimmer, entre outros. Foram, e são até hoje, encontros privilegiados, de troca e fertilização de ideias.

Em 1916, Jung criou o Clube Psicológico de Zurique, destinado inicialmente a hospedar e ocupar, com seminários, estrangeiros que vinham com ele estudar na Suíça. Aos poucos, o caráter das atividades no clube foi se ampliando e passaram a se dar ali certas dinâmicas de grupo. Embora Jung tivesse um papel destacado e nada simétrico em relação aos outros participantes, ele deixou registrado[26] que, muitas vezes, vivenciou naqueles encontros uma interlocução viva e estimuladora e que para lá levava também ideias teóricas ainda incipientes, em algumas ocasiões num ensaio do que levaria em seguida a Eranos.

Ao abordar a alquimia e as religiões, observamos em Jung a mesma postura de alteridade, o debruçar-se interessado e respeitoso, o retorno a si próprio enriquecido e a criação de novas relações, ou mesmo de um novo campo de conhecimentos.

26. Id., "Prólogo aos 'Estudos sobre a psicologia de C. G. Jung', de Toni Wolff" [1959], in *Psicologia em transição*, trad. Lúcia Mathilde Endlich Orth. *Obras completas*, v. 10. Petrópolis: Vozes, 1993.

O alquimista buscava transformar a matéria, depurando-a, submetendo-a a diferentes operações e permitindo que se revelasse sua natureza mais essencial. Com isso, transformava-se ele próprio. Os registros alquímicos são cifrados e bastante herméticos, e Jung dedicou anos de sua vida a seu estudo. Reconheceu ali uma inestimável contribuição para a evolução do conhecimento a respeito da matéria, suas possibilidades de combinação, reação e transformação – nesse sentido, a alquimia é precursora da química –, e a respeito do psiquismo, pois há registros também dos estados de ânimo que acometiam o alquimista ao longo de seu trabalho – e, nesse sentido, a alquimia é precursora da psicologia profunda, que leva em conta o inconsciente. A maioria dos escritos da maturidade de Jung reflete contribuições de seus estudos alquímicos.

No que diz respeito às diferentes religiões, constatamos em Jung a mesma postura de respeito e interesse para com o diferente, aliada ao questionamento honesto e defesa do próprio referencial. Jung adentrou a diversidade de formulações religiosas, em diferentes culturas e épocas, buscando em cada uma delas principalmente a maneira como se expressa e se almeja a relação entre o ser humano e a(s) divindade(s). Ancora a religião na experiência de contato com o *numinoso* e traça uma clara linha divisória entre a confissão e a religião, a primeira tendo perdido, ao se institucionalizar demais e afastar-se da dimensão vivencial, a capacidade de propiciar a experiência do *numinoso*. Lamenta que a maior parte do que se denomina religião atualmente consista apenas em confissões. Ressalta a importância da experiência religiosa e afirma que há na psique uma religiosidade natural, o que explica a constante fundação e manutenção de religiões, em todas as culturas e épocas. Jung propõe, ainda, que a psicologia deva levar em conta a religião, por ser ela fundamental ao ser humano. Dedica amplos estudos a aspectos da religião ocidental, assim como da religião oriental. Finalmente, afirma que há um embasamento psicológico para a experiência religiosa, que consiste justamente na vivência de termos, ou sermos, um ego e um *self*, além dos outros complexos. A relação entre ego e *self* apresenta analogia com aquela entre criatura e criador. Evitando propor uma religião que propicie mais saúde mental do que outras, Jung afirma e reafirma a necessidade de uma consideração cuidadosa de tudo o que se apresenta na vida psíquica – aí estaria a essência da atitude religiosa, que engloba a relação entre a consciência e a dimensão *numinosa* da experiência vivida. Em sua proposta de consideração cuidadosa, reconhecemos, novamente, uma atitude de alteridade, na medida em que não se trata de sujeição a um poder maior, mas do estabelecimento de uma relação onde haja respeito e atenção constantes. A religião também o inspirou no uso da terminologia que adota para certos conceitos, por apresentar uma linguagem mais afinada com a totalidade da experiência vivida. É comum ao longo de sua obra, por exemplo, Jung referir-se à individuação como um processo de "fazer a alma".

Observamos, ainda, essa mesma postura em Jung ao tratar de diversos temas a ele contemporâneos, sobre os quais palestrou e escreveu. Além dos inúmeros prefácios e introduções a outras obras, destacamos agora três volumes de suas obras compiladas:

Psicologia em transição,[27] *O espírito na arte e na ciência*[28] e *A vida simbólica*.[29] Cada um deles é de fato uma coletânea de textos de Jung, em que o encontramos interessado nas questões contemporâneas, apresentando considerações clínicas e culturais. Dizia ele que tudo o que interessa ao ser humano interessa a uma psicologia que fale dele, e não rejeitava nenhum tema. Em alguns de seus escritos, enfatizava muito o quanto o século XX deveria ser dedicado ao resgate da importância do princípio do feminino, tão reprimido por muitos séculos.

Voltando ao âmbito da clínica psicológica, Jung levava, também para a relação terapêutica, a postura de alteridade. Inevitável que haja nela uma clara diferenciação quanto aos papéis profissionais, mas o trabalho em si depende, na visão desse autor, quase que exclusivamente da relação humana que se estabeleça e seja cultivada entre o paciente e o terapeuta. Freud propusera considerarmos a transferência como a reprodução com o analista da dinâmica de uma relação infantil e fixada, com as figuras parentais. O profissional deve ser capaz de reconhecer tal padrão repetitivo e, por meio da interpretação, torná-lo consciente ao paciente, que pode então ganhar alguma liberdade para se relacionar, desprendendo-se dos padrões fixados da infância. Jung concorda com essa visão e comenta que tal dinâmica se dá e precisa ser trabalhada ana-

27. Id., *Psicologia em transição*, op. cit.

28. Id., *O espírito na arte e na ciência*, op. cit.

29. Id., *A vida simbólica*, trad. Edgar Orth. *Obras completas*, v. 18. Petrópolis: Vozes, 2000.

liticamente, mas não se detém ali, ressaltando em seguida o caráter arquetípico da transferência, que permanece, mesmo após a devida interpretação dos padrões parentais fixados. Considera ele que a transferência tem a possibilidade de realizar um genuíno encontro humano e que, nela, é importante que o terapeuta se perceba também como uma pessoa inteira, e não apenas como alguém desempenhando um papel profissional. Diz ele que é a relação humana que tem a possibilidade de curar e promover a transformação, e não uma simples aplicação de técnicas. O grande desafio para o analista é manter-se no papel profissional e simultaneamente permanecer em contato com sua totalidade psíquica.

E, para que a relação entre analista e paciente não reproduza as outras relações da vida, é importante que o analista também seja analisado e, também, que seja supervisionado. Essas foram considerações pioneiras de Jung, numa época em que se acreditava que bastava o estudo teórico para a formação de um bom profissional. Em suas próprias palavras:

> Na relação terapeuta-paciente existem fatores irracionais que produzem transformações mútuas. [...] O próprio Freud, aderindo a ele (esse reconhecimento) aceitou minha exigência de que todo terapeuta fosse obrigatoriamente analisado. Mas qual o significado dessa exigência? Ela significa simplesmente que o terapeuta também "está em análise", tanto quanto o paciente. Ele é parte integrante do processo psíquico de tratamento, razão por que também está exposto às influências transformadoras. Na medida em que o terapeuta

se fecha a essa influência, ele também perde sua influência sobre o paciente.[30]

O fato de o terapeuta também estar em análise com seu paciente e, portanto, necessitar de análise reconhece nele uma dimensão de *curador ferido*. Jung estabeleceu uma relação entre esse profissional e Quiron, o centauro que, na mitologia grega, apresentava enorme capacidade para curar e tinha, ele próprio, uma ferida incurável, e que teria sido o instrutor de Asclépio, divindade da medicina. Essa figura arquetípica remete à necessidade de reconhecimento e cuidado constantes de nossas feridas para que possamos desenvolver nossa capacidade de cura. E, na perspectiva de alteridade vivida e proposta por Jung, ter habilidade para curar significa poder mobilizar as forças curativas na personalidade do paciente, pois ele, também, tem um aspecto doente e ferido, por um lado, e, por outro, um aspecto curador.

Outro fato que diferenciou a postura de Jung e de Freud foi que, enquanto o último insistia no uso do divã para o paciente deitar e associar livremente, Jung sugeria que o trabalho se desse com ambos sentados frente a frente.

De novo, agora na transferência e na relação terapêutica, eis a proposta de uma atitude de alteridade, de busca de uma relação respeitosa e de consideração cuidadosa com o diferente, que

30. Id., "Problemas da psicoterapia moderna" [1931], in *A prática da psicoterapia*, trad. Maria Luiza Appy. *Obras completas*, v. 16/1. Petrópolis: Vozes, 1981, pp. 69-70.

não force adesões, mas viva a tensão inerente a ela e permita o surgimento de algo novo.

Tal relação, embora na prática não seja fácil de conseguir e manter e requeira todo o investimento do processo de individuação, é firmemente embasada em nossa disposição psíquica arquetípica. Na concepção junguiana, nosso aparato psíquico consiste numa totalidade multifacetada, de origem inconsciente, que passa a desenvolver um campo de consciência, o qual costuma viver a ilusão de separar-se por completo do inconsciente e passa, no melhor dos casos, a reconhecer sua existência e tomá-lo como um outro.

O ego, centro da consciência, no início da vida é apenas uma potencialidade do *self*. A partir do nascimento e de todas as experiências que vão sendo vividas, passa por um processo de diferenciação progressiva, chegando a constituir a sede da identidade pessoal, referência para o estar no mundo e consigo próprio. Aspectos do *self*, como a sombra, o *animus* ou a *anima*, ou mesmo o próprio *self*, são os outros intrapsíquicos, do ponto de vista do ego. Ele permanece inserido na totalidade psíquica e ligado ao *self*, mas nem sempre tem essa percepção.

O ego pode ter a vivência de estar isolado em relação ao *self*, o que pode lhe dar sentimentos de onipotência ou, mais comumente, de pequenez, desamparo ou insignificância. Pode também ter a vivência de estar identificado com o *self*, o que o faz sentir-se além de seus limites, num estado de inflação psíquica, que pode ser perigoso se permanente. Ou pode, ainda, perceber-se interdependente do *self* e buscar com ele desenvolver uma relação de diálogo, inspiração e desafio criativo.

A terceira hipótese é a mais trabalhosa, mas é a que promove a saúde e impulsiona o processo de individuação. É uma tarefa para a vida toda e, no referencial junguiano, é aquilo a que somos destinados, pois nosso psiquismo apresenta o ego e o *self*, a capacidade de simbolização e de autorregulação psíquica, e a função compensatória entre a consciência e o inconsciente.

Uma vez estabelecido, o ego pode vir a desenvolver uma consciência de alteridade, em que considera o *self* como um outro relevante, companheiro que acolhe, corrige, desafia, ensina, estimula e impulsiona.

Essa atitude permite inclusive a consideração e transformação da psicopatologia. Jung levanta a hipótese de que muitos distúrbios psíquicos se devem a uma postura inadequada da consciência, que leva o inconsciente a, pela função compensatória, tentar compensá-la por oposição, comumente deflagrando um adoecimento ou um acidente. Esse é o alerta reproduzido na epígrafe deste texto.

Se, por outro lado, a consciência se mantém aberta e considera cuidadosamente o sintoma, ele pode ser transformado em um símbolo, o qual voltará a impulsionar o desenvolvimento psíquico, restaurando o equilíbrio, ou melhor dizendo: a equilibração psíquica.

Na vida e na obra de Jung encontramos manifestações de uma consciência de alteridade, em sua abertura e disposição para estabelecer uma relação criativa com o diferente, seja ele um outro concreto, uma cultura estrangeira, ou manifestações intrapsíquicas do *self*, como esperamos ter salientado nos parágrafos acima.

RELEVÂNCIA DE SUAS IDEIAS E RECEPÇÃO NO BRASIL

A psicologia de Jung vem trazendo efetiva contribuição ao pensamento atual, como se pode inferir do acelerado aumento do número de institutos junguianos ao redor do mundo nas últimas duas décadas. Encontram-se sociedades, associações e/ou institutos junguianos nos seguintes países: África do Sul, Austrália e Nova Zelândia, Coreia, Japão, Venezuela, Uruguai, Brasil, Canadá, Israel, Estados Unidos da América, Áustria, Bélgica, Dinamarca, Inglaterra, França, Alemanha, Itália, Holanda, Espanha e Suíça. É comum que haja mais de uma instituição num mesmo país. Existem também os chamados grupos em desenvolvimento, ou seja, futuras sociedades, que atualmente se dão na África do Sul, Bulgária, Chile, China, Colômbia, Equador, Eslovênia, Estônia, Geórgia, Índia, Irlanda, Polônia, República Tcheca, Romênia, Rússia, Sérvia, Tunísia e Ucrânia.

A International Association for Analytical Psychology, fundada em 1955, promove um congresso internacional a cada três anos, em que são contemplados temas da clínica e da contemporaneidade e dá-se uma estimulante troca. As sociedades também promovem eventos individualmente.

Todos os grupos arrolados acima têm uma missão comum, que é possibilitar a formação e o aperfeiçoamento do exercício profissional de seus analistas, além de difundir o pensamento de Jung em outros âmbitos. Um fato notável, iniciado no final do século XX, é que essa psicologia vem marcando presença também fora dos consultórios, ganhando espaço nas universidades e no meio acadêmico de maneira geral. Sobretudo para conglomerar estudiosos do pensamento de Jung que não sejam analistas, criou-se em 2002 a International Association for Jungian Studies, que tem promovido conferências acadêmicas internacionais e publicações.

Vale ressaltar que há também, no Brasil e no mundo, muitos outros grupos constituídos com a finalidade de aprofundar e estimular o pensamento junguiano. Alguns deles têm desempenhado com qualidade o papel de difundir o conhecimento, promover debates e informar sobre eventos da área.

A presença da psicologia de Jung na universidade é pálida se comparada com a da psicanálise, ou mesmo a da psicologia comportamental e cognitiva. No entanto, ela se dá e vem aumentando, pouco a pouco. No estado de São Paulo, iniciou-se na graduação em psicologia da Pontifícia Universidade Católica de São Paulo, há mais de três décadas. Destaca-se o espaço crescente que vem ocupando sobretudo em âmbito de pós-graduação, destacando-se o Instituto de Psicologia da Universidade de São Paulo e a Faculdade de Psicologia da PUC. Mestrados e doutorados embasados nesse referencial teórico têm sido defendidos há pelo menos dezesseis anos, mas o grande acréscimo em número nos últimos oito anos é expressivo da vitalidade e do alcance atual da obra de Jung na universidade. Observam-se nos temas das pesquisas realizadas uma preocupação clínica e o esforço de ampliar a visão junguiana para situações as mais diversas de nossa cultura, percorrendo a cidade e espaços públicos, alguns movimentos sociais, situações hospitalares, contextos educacionais e religiosos, além de estudos mais essencialmente teóricos, entre outros.

O que nos parece muito interessante no fato de a psicologia de Jung fazer-se presente na universidade é que ela necessariamente precisa conviver e dialogar com outros referenciais. As sociedades e institutos junguianos têm a vantagem de permitir acurado grau de especialização nesta vertente, mas, por outro lado, correm o risco de se manterem fechadas, sem diálogo com outras áreas. A universidade, por sua própria natureza, finalidade e por seu dinamismo peculiar, que conglomera iniciantes e especialistas ao redor do conhecimento, força ao diálogo, às comparações, aos movimentos de aproximação e afastamento. Se há cuidado e critério, cada abordagem específica só tem a ganhar.

Em outros estados do Brasil, pode-se também falar em um movimento junguiano, destacando-se, segundo o que temos conhecimento, sobretudo o Rio de Janeiro e o Paraná, por enquanto – e há grupos em andamento na Bahia, Distrito Federal, Rio Grande do Sul e Rondônia.

A tradução para o português dos textos de Jung e de junguianos tem conseguido de maneira um pouco melhor acompanhar o ritmo das publicações internacionais. As ditas *Obras completas* de Jung (pois completas não são, na medida em que há obras que nelas não estão incluídas) foram todas editadas em português neste milênio. Os mais significativos trabalhos dos junguianos que conviveram pessoalmente com Jung também o foram. Além disso, tem aumentado o número de publicações de autores junguianos brasileiros.

Destacamos a igualmente crescente presença de ideias junguianas em contextos brasileiros fora da clínica e do meio acadêmico, como a literatura, a música, as telenovelas, a imprensa e a mídia de maneira geral. Jung parece ter nesses ambientes mais pronta aceitação do que no meio universitário, aliás. O mundo acadêmico costuma ficar se perguntando, ainda, se ele não seria, afinal, realmente místico e não científico, e é frequente que simplesmente o ignore. Por outro lado, algumas de suas ideias têm sido, nos outros contextos, cada vez mais apresentadas e trabalhadas, na tentativa de compreensão de fenômenos individuais, sociais, comunitários e familiares.

Samuels[31] identifica três escolas de pensamento junguiano. Embora não sejam estanques, podem nos ajudar a pensar sobre a situação da psicologia analítica na atualidade, em especial no Brasil. A primeira seria a clássica, que valoriza sobretudo o conceito de *self*, dando-lhe um lugar privilegiado na prática clínica. Seria essa a escola do próprio Jung, a que dá origem às demais. A segunda seria a escola evolutiva, que prioriza a consideração do desenvolvimento da personalidade e o trabalho com a transferência. Por fim, a escola arquetípica, para a qual o conceito principal é o de arquétipo e que desenvolve principalmente uma prática ao redor das imagens psíquicas.

Elas se sobrepõem e nem sempre o profissional se admite mais alinhado particularmente com uma delas, mas não deixam de permitir alguma sistematização de um campo que se torna cada vez mais amplo. No Brasil há profissionais que podem ser localizados nas três escolas.

A abordagem da escola clássica é a mais antiga e continua no mínimo permeando o trabalho dos junguianos brasileiros. As três pessoas que podem ser consideradas os pioneiros da

31. Andrew Samuels, *Jung e os pós-junguianos* [1985], trad. Eva Lucia Salm. Rio de Janeiro: Imago, 1989.

psicologia junguiana no Brasil[32] trouxeram para cá essa perspectiva. Nise da Silveira introduziu a psicologia no trabalho com pacientes internados no Hospital Dom Pedro II, no Rio de Janeiro, assumindo, nos ateliês de atividades artísticas e manuais que ali coordenava, uma atitude terapêutica e uma compreensão junguiana, que buscava permitir e identificar os movimentos compensatórios entre a consciência e o inconsciente. Guardando alguma semelhança com Jung nos primeiros anos de profissão, seu foco foi de modo especial os pacientes psicóticos internados. O médico e psicólogo húngaro Pethö Sándor desenvolveu uma maneira particular e eficaz de trabalho corporal, embasada numa perspectiva que pode ser considerada clássica, a nosso ver. Seus seguidores concentram-se inicialmente no Instituto Sedes Sapientiae, em São Paulo. Por sua vez, Leon Bonaventure, que fez sua formação na Suíça e depois no Brasil, foi analista e professor de muitos dos primeiros junguianos brasileiros, além de ter sido o responsável pela edição das obras reunidas de Jung; pode também ser considerado da escola clássica.

A abordagem da escola evolutiva é a que permite maior aproximação à psicanálise. A partir dela tem se aprofundado a psicoterapia junguiana com crianças e adolescentes, em expansão no Brasil. E sua consideração no trabalho com adultos é significativa e importante na clínica, uma vez que é capaz de efetivamente propiciar um amadurecimento do ego. Originou-se na Inglaterra e é presente na formação junguiana brasileira.

32. Arnaldo Motta, *Psicologia analítica no Brasil: contribuições para sua história*. Dissertação de mestrado em psicologia social. São Paulo: PUC-SP, 2005.

Por sua vez, a escola arquetípica não costuma priorizar o ego, valorizando, sim, as imagens que se apresentam no decorrer do trabalho e considerando o ego praticamente mais um complexo entre outros. Costuma também focalizar processos culturais, além dos individuais, e não privilegia a análise. Seu maior expoente é James Hillman. Entre nós, tem inspirado reflexões e pesquisas acadêmicas, além de trabalhos como o *Sandplay*, a terapia em caixa de areia que se iniciou na Suíça numa perspectiva mais clássica.

Alguns junguianos brasileiros fazem, a partir de suas formações e experiência clínica, sínteses pessoais entre a psicologia analítica e o psicodrama, a Gestalt-terapia ou a psicoterapia corporal, por exemplo. O fato de a psicologia junguiana não restringir suas possibilidades técnicas permite aproximações que podem ser muito criativas, se feitas criteriosamente.

Carlos Byington, psiquiatra brasileiro com formação junguiana, propõe uma sistematização própria da teoria, em que não privilegia nem o ego nem o arquétipo, mas o símbolo. Sua perspectiva de compreensão denomina-se *psicologia simbólica* e tem sido aprofundada ao longo das últimas décadas.

Há também junguianos brasileiros que coordenam grupos vivenciais para conhecimento e elaboração de algum mito, desenvolvimento e exploração da persona, ou mesmo para fins específicos de psicoterapia em grupo. Este é um campo de atuação prática e compreensão teórica que vem crescendo atualmente. Trabalhos em grupo podem colaborar na elaboração de aspectos sombrios, no desenvolvimento de relações horizontais e de focos de tolerância compartilhada, além do amadurecimento de uma postura ética.

Observamos também, entre algumas publicações de junguianos brasileiros, grande empenho em abordar temas de nossa cultura. A noção de arquétipo, que é universal e que para se atualizar necessita de símbolos que se criam no processo histórico, permite um olhar específico para cada cultura. Aspectos como, por exemplo, o futebol, a política, a música brasileira e a vida cotidiana têm merecido destaque. Ademais, a mitologia de nossos índios, que passou a conviver com a dos portugueses e a de todos os que se tornaram brasileiros, tem sido foco de estudo e trabalho por alguns junguianos no país.

Nos âmbitos da educação e das relações humanas em empresas, a psicologia junguiana também tem se expandido. A tipologia marca presença constante nesses contextos, e outros elementos, mais abrangentes, do referencial teórico estão aos poucos sendo ali assimilados, como por exemplo o trabalho com sonhos e símbolos.

Muitas formas de terapias alternativas no Brasil costumam se autodenominar junguianas. Essa é uma situação delicada, que merece atenção redobrada, na medida em que a psicologia de Jung, embora se dedique a uma grande diversidade de temas e admita técnicas diferentes, não se presta a abranger qualquer coisa. É preciso avaliar se há alinhamento teórico no que diz respeito aos princípios gerais, sobretudo quanto à consideração do inconsciente e da relação ego-*self*, inclusive em seus aspectos éticos.

Ao enfatizar o conceito de *self*, isto é, uma totalidade abrangente e complexa em que cada componente encontra sentido na relação com os demais, a psicologia junguiana dialoga com vertentes que têm sido caras ao século XXI, como o holismo e a transdisciplinaridade. Sua concepção de um processo de individuação que permeia o psiquismo do nascimento à morte amplia as considerações da psicologia do desenvolvimento para a vida adulta e a terceira idade. Além disso, a concepção junguiana, ao transcender a psicopatologia e abordar a criatividade, permite um significativo olhar para as manifestações artísticas e criativas, de maneira geral.

Merece destaque a importância que Jung atribuía à vivência, à experiência vivida, em detrimento da ênfase no intelecto e na racionalidade, ao propor o trabalho com os complexos e os símbolos. Tal consideração embasa a possibilidade de uma variedade de práticas que se valham de recursos expressivos, plásticos e corporais. O trabalho com a imaginação, que vem sendo desenvolvido com inspiração junguiana, em diferentes contextos chama atenção. Trabalhar a imaginação é, para essa visão de ser humano e de mundo, habitar por excelência a realidade psíquica, dela usufruindo para alimentar e inspirar a consciência em suas deliberações, além de favorecer o autoconhecimento. Permite a relação com aspectos da sombra e, entre outras coisas, possibilita a aquisição de uma atitude de tolerância e inclusão dos que se encontram marginalizados, tão necessária no mundo atual.

O recrudescimento da violência na atualidade relaciona-se, em grande parte, à falta de adequada consideração da realidade psíquica, na sociedade contemporânea. Tomam-se literalmente os sentimentos agressivos e parte-se para a ação, sem antes passar por um momento de reconhecimento de tais impulsos, sua compreensão dentro do contexto em que surgiram e reflexão sobre qual a melhor conduta a adotar. Trabalhos psicológicos que possibilitem a vivência desse momento, por meio do contato com as imagens e emoções presentes, são muito necessários, a nosso ver.

Por volta de 1954, perguntaram a Jung se ele achava provável a eclosão de uma guerra atômica. Segue sua resposta:

> Penso que depende do número de pessoas capazes de suportar a tensão dos opostos dentro delas mesmas. Se forem em número suficiente, acho que a situação se manterá e seremos capazes de contornar as inúmeras ameaças e assim evitar a pior catástrofe de todas: o embate definitivo dos opostos em uma guerra atômica. Mas, se não houver pessoas assim em número suficiente e uma guerra eclodir, temo que isso inevitavelmente significará o fim de nossa civilização.[33]

A consideração e o trabalho com o indivíduo, combinados a um olhar atento para a coletividade – era assim que Jung imaginava o papel do indivíduo neste mundo, o alcance multiplicador da análise individual e a importância da elaboração da sombra para a sobrevivência e evolução da humanidade. A sombra pessoal bem trabalhada funcionando como anteparo contra a eclosão da sombra coletiva.

Na relação entre a psicologia de Jung e a espiritualidade, encontramos outro campo fértil. O fato de se conceber uma

33. Barbara Hannah, *Jung: vida e obra – uma memória biográfica* [1981], trad. Alceu Fillmann. Porto Alegre: Artmed, 2003, p. 136.

função religiosa no psiquismo permitiu a construção de uma psicologia que não dissocia razão de emoção, intelecto de vivência, ou ciência de religião. O conceito de alma para Jung e sua preocupação em contribuir para o *fazer a alma* levam em consideração a dimensão espiritual da vida, articulada a uma subjetividade e à dimensão corporal. Essa é outra área de grande contribuição da psicologia junguiana para o mundo atual, o qual tem propiciado vidas tão centradas na tecnologia em si mesma e na mera aquisição material, sofrendo de uma grande falta de significado.

Em suma e sem pretender ter esgotado a questão, mas apenas tocado em alguns pontos que saltam à vista neste momento, nossa convicção é que a concepção junguiana encontra relativamente boa recepção no Brasil, nos âmbitos da teoria e da prática, da clínica, da academia, das artes e da mídia em geral, mas pode ainda ampliar, em muito, seu alcance, vindo a incrementar sua contribuição à reflexão atual, dada sua especificidade de visão de mundo. Parece-nos importante que, para tal, se invistam esforços mais concentrados no diálogo com outras áreas da psicologia e do conhecimento em geral. Nesse sentido, este ciclo de Pensamento Alemão no Século XX é uma preciosa oportunidade.

Para finalizar, mantendo o texto afinado com a visão junguiana, que toma como eixo central para suas considerações a relação entre ego e *self*, segue a letra da música "Eu e mim", gravada pela brasileira, e paulistana, Rita Lee:

Eu e mim[34]

No espelho não é eu, sou mim.
Não conheço mim, mas sei quem é eu, sei sim.
Eu é cara-metade, mim sou inteira.
Quando mim nasceu, eu chorou, chorou.
Eu e mim se dividem numa só certeza:
Alguém dentro de mim é mais eu do que eu mesma.
Eu amo mim.
Mim ama eu.
Alguém dentro de mim é mais eu do que eu mesma.

34. Rita Lee & Roberto de Carvalho, "Eu e mim". *Balacobaco*. Som Livre, 2003.

GEORG LUKÁCS: AUTONOMIA E HETERONOMIA DA ARTE

ARLENICE ALMEIDA DA SILVA

Qual a atualidade de Georg Lukács? Que lugar essa obra vastíssima e por vezes incômoda reivindica no interior do pensamento alemão? Certamente o campo da filosofia, uma vez que durante todo o seu percurso intelectual Lukács refletiu sobre a formação dos conceitos e o modo de interrogá-los; uma reflexão que remonta aos pressupostos jamais de modo abstrato, haja vista que nele a filosofia surge em um contexto, como resultado de um debate, isto é, de cruzamentos, bifurcações e escolhas: o que a constitui em um ato de humanidade.

No interior da filosofia, Lukács elege um domínio específico, o da estética. Afinidades eletivas, certamente, pois a partir de então seu pensamento não se afastará da materialidade sensível. A estética reivindicava desde o final do século XVIII um campo autônomo, fundamentado na liberdade e espontaneidade de criação de um "eu" - gênio original -, conduzido pelas asas da imaginação e da fantasia. Lukács filia-se a essa tendência, mas a historiciza radicalmente; exacerba e leva ao limite tal postulado, provocando inúmeros debates e oposições.

Uma filosofia híbrida, uma vez que, como filósofo, não abria mão dos conceitos, da explicitação dos métodos, da clareza das definições e demarcação de seus limites; mas, como esteta, atava-se ao tempo, auscultava as contingências, buscava as tendências, os problemas específicos, a luta ideológica quase sempre escamoteada pelo discurso científico, enfim, a história. Daí reconhecermos hoje que sua filosofia, apesar de almejar coerência, era incomodamente móvel, repleta de mudanças, desvios de rota, "giros profundos", disso resultando como corolário escritos revisionistas com infinitas explicações e prefácios culpados.

A atualidade de Lukács reside, em um primeiro plano, na pertinência de uma filosofia fronteiriça, ligada à tradição racionalista e também ao tempo; um pensamento de matriz "iluminista", adensado em uma trama que descarta todo conceito vazio, dado como abstrato, em nome da apreensão do concreto; um concreto que só se realiza no humano e que cabe à filosofia reconhecer e expressar. Um itinerário no qual o homem percorre o "caminho para se conhecer e encontrar-se a si mesmo" que passa por uma grande via, nomeada "desenvolvimento da humanidade".[1] De modo que, fortemente influenciado por Herder e Hegel, entre outros, Lukács infere desdobramentos estéticos da ideia de que o percurso do gênero humano e o desenvolvimento individual não só se cruzam como constituem um ao outro. Sobretudo, a atualidade mais profunda de sua obra decorre da exemplaridade dessa simbiose entre percurso intelectual e o curso do mundo no século XX. Percurso que só agora se deixa ver em sua totalidade, com seus pontos positivos e

1. G. Lukács, *Arte e sociedade: Escritos estéticos* [1932-1967], trad. e org., Carlos Nelson Coutinho & José Paulo Netto. Rio de Janeiro: Editora UFRJ, 2009, pp. 33-34.

negativos, seja nas relações da filosofia com a ideologia, seja nos conflitos entre o intelectual e as instituições. Hoje, certamente, os textos mais interessantes e atuais são os que põem a nu essas tensões, revelando o que há de inorgânico nesse itinerário, e não aqueles que exibem um sistema orgânico aparentemente fechado e perfeito.

Os textos estéticos, que nestas linhas procuraremos apenas indicar, são um exemplo disso. Neles temos uma filosofia que desemboca por vezes em uma educação estética, em prol da especulação filosófica, mas contaminada com o sensível e, em decorrência, com aquilo que é móvel, os interesses, lutas, paixões. Assim, a estética, enquanto tal, não separa teoria e prática, produção e recepção da arte, reivindicando a possibilidade de poder dizer o mundo e o tempo. De modo que Lukács, ao articular arte, sociedade e política em língua própria, participa inexoravelmente da reformulação que a estética sofreu no século XX.

Um pensamento alicerçado em fortes premissas filosóficas: se o universo comporta acasos imprevisíveis, para Lukács ele não é caótico, como queriam os românticos, mas ordenado, diferentemente da natureza inorgânica. Por outro lado, a premissa de que em sociedades os homens criam valores e realizam escolhas autoriza, nele, a defesa de que há uma tendência formadora e unificadora nos homens pela qual a arte se constitui. Tal tendência une passado e presente, daí a possibilidade de pensar-se em uma evolução da humanidade; em seus termos, "a arte é uma tendência unificadora que restaura a realidade à consciência do homem", ou seja, por meio dela o passado continua no presente, de modo que as obras de arte "coincidem em um sentido largo e profundo com a evolução da humanidade";[2] em outras palavras, eternizam-se as obras que abriram e ainda oferecem uma perspectiva de futuro.

A obra de Lukács exige, assim, hoje um leitor atento, concentrado, com fôlego e perseverança, pois, se em algumas obras ou partes delas, o leitor impaciente poderá encontrar fórmulas fáceis de repetir ou condenar, encontrará, no entanto, mais além, parágrafos complexos e conceitos difíceis que pressupõem iniciação filosófica e amplas referências culturais e históricas. Exige, sobretudo, um leitor cuidadoso, nada ingênuo, que diferencia do debate teórico os expedientes táticos utilizados na luta política. Lukács confessa, por exemplo, que só pôde escrever com "liberdade" na revista *Literaturnyi Kritik* [Crítica literária], na União Soviética, na década de 1930, quando intercalava ao texto algumas citações de Stálin: "O leitor advertido de hoje pode certamente perceber o que os censores da época não notavam: que tais citações pouco tinham a ver com o conteúdo real, essencial, dos artigos".[3]

De fato, nada é tão simples: muitos leitores não entenderam e protestaram, e outros não entendem até hoje. Em sua defesa, pode-se objetar que para o filósofo Lukács o "eu" não é jamais a única base vital de autorrealização, mas o ser social e histórico em ação. Aristotélico, espinosano, hegeliano, sobretudo marxista, na língua lukácsiana a subjetividade não se separa jamais

2. Id., *Entretiens avec Lukács*. Paris: François Maspero, 1969, pp. 25-28, trad. nossa.

3. Id., ibid., p. 28.

da objetividade, a moral da ética, a obra de arte da "tendência geral do desenvolvimento da humanidade".

A PRIMEIRA ESTÉTICA DO JOVEM LUKÁCS

"Nesta época a Hungria era para mim os poemas de Endre Ady."[4] A relação de Lukács com a Hungria sempre foi difícil, marcada por distanciamentos e mediações. Basta lembrar que desde jovem, quando já escrevia em alemão, pretendia ser historiador da literatura alemã e foi em alemão que ele escreveu as últimas linhas de sua autobiografia. Uma vida nacional marcada por deportações, fugas, exílios, expulsões; sobretudo, incompreensões. Dos dados biográficos (1885-1971), cabe ressaltar sua origem judaica e social: o pai, um banqueiro, um judeu assimilado que comprara um título de nobreza (cônsul de Budapeste) para pertencer à incipiente burguesia industrial húngara; pai que era "anglófilo" e *self-made-man* na descrição cruel e fria do maduro Lukács. Já a mãe, cujas relações com o filho sempre foram "péssimas", ainda nas palavras de Lukács, dava o tom "protocolar" ao ambiente familiar.

Lukács doutora-se em direito (1906) e filosofia (1909) pela Universidade de Budapeste e já em 1910 vai para Berlim estudar filosofia alemã, lá se tornando discípulo de Georg Simmel. Entre 1913 e 1916 alterna viagens à Itália e à França e períodos de permanência em Heidelberg, aí frequentando o círculo de

4. Id., *Pensée vécue, mémoires parlés*. Paris: L'Arche Éditeur, 1986, p. 50 [ed. bras.: *Pensamento vivido: autobiografia em diálogo*, trad. Cristina Alberta Franco. São Paulo/Minas Gerais: Ad Hominem/UFV, 1999].

Max Weber, e conhecendo Ernst Bloch, Ferdinand Tönnies e Emil Lask. Em 1917, de volta a Budapeste, participa da Sociedade Dominical, ou Círculo de Budapeste, com o poeta Béla Balázs, e depois da Escola Livre das Ciências do Espírito com Karl Mannheim, e Arnold Hauser, Béla Fogarasi ou Eugene Varga.

Lukács pertencia, assim, à chamada geração húngara de Leo Popper, Béla Bartók, Béla Balázs, Endre Ady, entre outros, formada no final do século XIX e que constituía um movimento político e cultural de ruptura e questionamento da cultura oficial, isto é, do Império Austro-Húngaro. Tal geração repudiava a situação periférica que a Hungria ocupava no Império. Mas não assumia, contudo, uma postura regionalista, um nacionalismo húngaro; ao contrário, reagia ao isolamento geográfico por meio de uma visão trágica da história da Hungria, reconhecendo na cultura húngara que daí resultara uma liturgia imperial de segunda mão; uma tradição que misturava conservadorismo e nacionalismo de cunho clerical com o voluntarismo da classe burguesa industrial de modelo prussiano e que culminava numa ética do sucesso, de resultados. Assim, a situação familiar de Lukács e a da Hungria embaralhavam-se, seja na imposição de rígidas regras e protocolos artificiais, seja na agressividade daquela burguesia incipiente que adotava uma ética pragmática e utilitária.

Tal geração problematizava as contradições da modernidade em postura de anticapitalismo romântico, contrapondo ao protocolo dominante o apelo a uma cultura autêntica. Buscavam, assim, uma alternativa, uma terceira via na chamada *Deutsche Intelligenz*, isto é, um apoio teórico e político em uma cultura que para eles representava uma tendência moderna, urbana, internacional e, ao mesmo tempo, uma tradição crítica que aproximava filosofia e arte, a partir da qual poderiam interferir no cenário político e cultural da Hungria. Uma tendência que agrupava nomes como Weber, Simmel e Dilthey e sua *Lebensphilosophie*.

O jovem Lukács inicia sua carreira intelectual como crítico de arte em revistas culturais como *Nyugot* [Ocidente] e *Huszadik Század* [Século XX], nas quais se procurava tirar a Hungria da marginalidade. Uma crítica diretamente gestada no projeto teatral Thalia (1907-10), que almejava uma nova estética teatral, politizada, voltada para a conscientização e formação popular. Nessa direção estudaram, montaram e promoveram debates com base em peças de Ibsen, Strindberg ou Hebbel. Para Lukács, foi um período de estudos e assimilação de obras teóricas, especialmente com a descoberta do criticismo de Kant, o que lhe possibilitou o abandono de uma crítica impressionista por uma estética fundada sobre a "filosofia alemã".[5]

Lukács foi um alemão por eleição ao procurar inserir-se na filosofia germânica, mas permaneceu sempre uma figura desajustada no interior do pensamento alemão. Sentia-se um apátrida, desterritorializado, mas jamais excluído. Assim, a partir da experiência do Thalia e com a publicação em 1911 de seu primeiro livro, intitulado *Entwicklungsgeschichte des modernen Dramas* [Evolução histórica do drama moderno], começa a afirmar-se nele um estilo próprio de pensar a estética, que arti-

5. Id., ibid., p. 41.

cula especulação, crítica e história da arte, e que se constitui em torno de perguntas essenciais que aproximam prática e teoria. Do coração da arte teatral europeia Lukács pergunta: em que condições é hoje possível o drama moderno? A resposta decorre de análises formais e comparativas, uma vez que o verdadeiramente social na arte, nessa fase, é a forma, pois é por meio dela que se produzem efeitos no público. Ou seja, para responder, o texto adota de Simmel uma perspectiva histórica e sociológica, fortemente influenciada pelo sentimento da história apreendido na imanência de seu próprio movimento.

Mas é definitivamente com *A alma e as formas* (1908-10), que Lukács se faz conhecer no cenário alemão, especialmente pela inusitada forma literária adotada nesses ensaios. Talvez a sua última tentativa de cunho literário, antes de constatar desiludido que não tinha vocação para escritor. "Escritor, não. Filósofo, somente", anota em sua autobiografia, *Pensamento vivido*.[6] Em *A alma e as formas* temos dez ensaios independentes sobre obras de arte, artistas ou filósofos, nos quais Lukács confronta formalmente os limites da estética e da crítica de arte, num clima de experimentação muito próximo ao das vanguardas artísticas. Nesses ensaios, Lukács examina as relações entre a alma e as formas, abordando temas contemporâneos como formalismo, esteticismo, arte pela arte, arte pura, ou impressionismo de modo não sistemático, fragmentário, repleto de alusões e metáforas. Dito de outro modo, o problema da forma é equacionado em uma crítica imanente, caso a caso, com base

6. Id., ibid., p. 204.

nos vários indícios, em que se verifica a influência recíproca entre a individualidade do poeta e as circunstâncias de seu tempo. Em Teodor Storm, Stefan George, Paul Ernst, Novalis, Lawrence Sterne, Charles-Louis Philippe ou Kierkegaard, Lukács examina fraturas existenciais, isto é, cisões entre sujeito e mundo, que são resolvidas na e pela forma.

Para muitos *A alma e as formas* limita-se a exibir uma estética espiritualista, idealista, que resulta em uma ética individualista; um pensamento que toma por base uma visão de mundo trágica, pressupondo que o mundo e as ideias estão definitivamente separados, e, uma vez que não há reconciliação entre o eu e o mundo, só restaria apostar em uma pureza subjetiva. Se o texto é, contudo, mais metafísico que a *Evolução histórica do drama moderno*, ele é, sobretudo, mais complexo, pois nele Lukács quer superar os impasses da estética romântica, isto é, de uma crítica de arte vítima de uma subjetividade exacerbada que tão somente deduz a obra perfeita do fazer criativo de um gênio. De fato, Lukács articula uma concepção de forma em um fundo trágico: em linhas gerais, a forma é desejo de totalidade, de unidade perfeita, forma abstrata que busca diante de uma pátria perdida uma pátria transcendental. Contudo, a forma é aparência, puro campo ficcional que introduz um valor, uma diferença qualitativa na vida, única realidade substancial diante de um mundo insatisfatório e contingente. A forma, assim, apela para o universal: ela é um absoluto, mas também mediação própria ao vivido, que não suprime a imediaticidade do vivido. De fundo trágico, portanto, a forma sinaliza esse duplo movimento de afastamento e aproximação da vida. Nela é possível ao mesmo tempo escapar ao solipsismo e a ele retornar, uma vez que ela é sobretudo a consciência lúcida de que tal totalidade é irrealizável na vida. A forma é, nesse sentido, carência: pura busca pelo sentido, a lucidez de que só resta tal busca, "amor pela forma" como única possibilidade de viver uma vida plena, fechada em si mesma, perfeita, unívoca, pois ela é a única substancialidade, e só o é pela distância que estabelece da vida efetiva.[7]

Lukács, em um procedimento trans-histórico, rastreia uma nova metafísica da cultura, ainda tendo por base o formalismo neokantiano – menos o da Escola de Marburg (Cohen, Cassirer) e mais o de Rickert, Windelband, Lask. Uma teoria lukácsiana da forma já próxima de Simmel e de Walter Benjamin, que busca demonstrar como a filosofia da arte tinha até então, ao deduzir o fenômeno estético, esquecido a experiência vivida, em nome de uma espiritualização abstrata do pensamento. Assim, ao situar a cisão entre entendimento e vida como o problema contemporâneo da arte, Lukács articula uma estética pautada por uma "síntese entre um estruturalismo mais ou menos fenomenológico de matriz husserliana e um kantismo trágico", nas palavras de Lucien Goldmann.[8] Da primeira corrente fenomenológica, sobressai o conceito de "essência como estrutura

7. Id., *Die Seele und die Formen*. Berlim: Luchterhand, 1971, pp. 165-66.
8. Lucien Goldmann, "Introduction aux premiers écrits de Georges Lukács", in G. Lukács. *La Théorie du roman*. Paris: Éditions Denoël, 1968, pp. 162-63 [ed. bras.: *A teoria do romance*, 2.ª ed., trad. José Marcos Mariani de Macedo. São Paulo: Editora 34/Duas cidades, 2009].

significativa" ou de "forma significativa". Do kantismo conflui o método, na medida em que a reflexão conceitual do autor parte do procedimento crítico, ou seja, aquele em que a consciência pensa os limites do conhecimento e, radicalizando, afirma a opacidade e a impossibilidade de dizer uma verdade absoluta sobre o mundo. Da confluência entre essas duas tendências desponta uma estética que parte da consideração da obra particular, tomada como necessária, ou seja, à qual é atribuído um valor universal: a obra é um julgamento de valor, uma escolha ética, isto é, a busca de ordem e de harmonia em uma forma, com base em uma subjetividade. O kantismo trágico, portanto, refere-se a uma verdade instável fundada nessas formas particulares, problemáticas e dissonantes; formas, no entanto, significativas, que instauram uma diferença qualitativa em um determinado momento histórico, pois apontam dialeticamente para essa ruptura insuperável entre o homem e o mundo.

Com os ensaios de *A alma e as formas* constitui-se o quadro conceitual da primeira estética lukácsiana: um itinerário para a modernidade que passa obrigatoriamente pela lenta ruptura com a metafísica. O ensaio conquista o estatuto de gênero filosófico fundamental, um misto de criação intelectual e artística que é, sobretudo, expressivo da modernidade ao subtrair, com liberdade formal, de uma obra ou de um destino singulares, motivos para refletir sobre a existência humana ou sobre o tempo. O ensaio converte-se em uma forma precursora e a obra literária reveste-se, assim, do caráter de experiência vivida, pois o ensaio é a atividade especulativa e crítica que amplia as contradições entre o poeta e o mundo; o interior e o exterior;

o particular e o universal; o finito e o infinito. No ensaio, a obra de arte, entendida como forma expandida, ganha valor próprio, autonomia.[9]

Em *Filosofia da arte* (1912-14) e *Estética de Heidelberg* (1916-18) – obras inacabadas, cujos manuscritos foram encontrados na casa de Arnold Hauser em Londres e só publicadas pela Luchterhand em 1974-75, após a morte de Lukács –, o jovem filósofo estrutura um aparelho conceitual próprio para exprimir a autonomia e a natureza específica da arte e do fato estético. Em primeiro lugar, o ponto de partida não é o julgamento e sim a irredutibilidade da obra. Dupla ousadia: Lukács busca superar tanto a estética kantiana, ainda pautada na natureza, como as estéticas da expressão, presentes no neokantismo de Fiedler e Riegl. Ora, para o jovem Lukács uma estética imanente deve partir do seguinte dado, "as obras de arte existem", para em seguida interrogá-las criticamente: "Como elas são possíveis?". Se a pergunta decorre da problemática kantiana, o ponto de partida é também fenomenológico no sentido de propor uma investigação que almeja "dar voz ao objeto", ou seja, Lukács adota um ponto de vista metodológico híbrido para defender a ideia de que uma estética só pode ser edificada sobre o fato da existência efetiva das obras de arte.[10] Segundo ele, como em Kant o julgamento estético toma o lugar do fenômeno estético, a estética pós-kantiana continuou ou deduzindo uma metafísica do belo, ou partindo da análise

9. G. Lukács, *Die Seele und die Formen*, op. cit., pp. 20-29.

10. Id., *Heidelberger Philosophie der Kunst* [1912-14]. Berlim: Luchterhand, 1974, p. 9.

do comportamento dos homens em relação ao belo; ou seja, passando ao largo da obra permaneceu concentrada no conceito de belo. Para Lukács, mesmo as estéticas forjadas por artistas ou pesquisadores próximos ao "fazer" artístico, como Alois Riegl e Konrad Fiedler, caíram no "esteticismo", na acentuação dos traços psicológicos do artista, isto é, numa forma de "esoterismo de ateliê" – e, portanto, também não explicaram as obras.[11]

Em segundo lugar, Lukács defende a ideia de que há uma especificidade do estético, diferente do lógico e do ético. A obra é autônoma, uma vez que tem uma legalidade própria, daí a necessidade de assinalar a diferença entre o conceito de "forma" em lógica e em estética. Entre outras diferenças, Lukács sublinha que a lógica pressupõe uma "similitude interna de todos os sujeitos", enquanto o comportamento estético não suprime a diversidade dos sujeitos".[12] É preciso, assim, impedir a contaminação do estético pelo lógico, o que se fazia até então, por meio de um impulso para o concreto; se há aqui um certo empirismo, ele é menos a valorização do sensório-motor, e mais a da facticidade da obra, uma vez que a esfera da arte é diferente da realidade empírica.

Em terceiro lugar, a natureza única da arte decorre da articulação entre dois conceitos centrais na primeira estética lukácsiana: o de dissonância e o de mal-entendido. A dissonância é o "*principium specificationis*" da arte, a compreensão da realidade na perspectiva do "*non-sens*" (*Widersinn*) afirmado na forma,

11. Id., ibid., pp. 38-39.
12. Id., ibid., pp. 48-49.

cujo fundamento é a ideia do fracasso da comunicação.[13] Dito de modo mais brando, ela é o "conceito relacional que estabelece uma ligação entre realidade vivida e realidade utópica",[14] uma vez que a diferença entre signo e significado é irredutível. Toda tentativa de comunicar uma experiência encontra no limite um abismo entre as palavras e as qualidades vividas que se quer exprimir. Tal insatisfação é o que alimenta o desejo da obra, a busca pela arte. A obra é uma ordem conquistada sobre a irracionalidade das coisas, o caos do mundo, uma harmonia conquistada sobre a resistência ou a dissonância. Daí decorre a função autônoma da linguagem artística, pois ela é independente das intenções do enunciador.

A arte é constituída, assim, no jovem Lukács, por um duplo mal-entendido (*Missverständnis*), o da expressão e o da compreensão. A universalidade da arte não consiste em um ajuizamento que é "para qualquer um", nos termos kantianos, mas está na capacidade de suscitar o mal-entendido, ou seja, a universalidade do valor estético reside em uma relação negativa do sujeito com o valor. Em *Filosofia da arte* e depois na *Estética de Heidelberg*, Lukács efetua um quadro conceitual minucioso do qual vamos apontar aqui apenas alguns traços: do lado do criador, trata-se de estilizar a realidade imediatamente vivida, fragmentária e insuficiente, por um processo de abstração, que

13. Id., ibid., p. 186. "*Die Dissonanz is die Zusammenfassung der Wirklichkeit unter dem Gesichtspunkt des bejahten Widersinnes, auf welcher Bejahung die Form beruht.*"

14. Id., ibid., p. 161.

é também um afastamento dessa mesma realidade. Diz Lukács: "A obra não é um prolongamento do processo de comunicação da realidade vivida; ela não é puro meio de expressão, mas opera por meio de um duplo movimento de distanciamento e aproximação da realidade". Se há um abismo entre o sujeito criador e sua produção é porque o criador começa com um ponto de vista, depois hesita e, por fim, o problema é resolvido pela e na matéria, por um "salto" e não por uma vontade subjetiva; o "salto" é a solução encontrada pela forma entre as possibilidades materiais da obra, ou seja, no campo da técnica. A forma é um possível imanente à matéria, não uma significação imposta do exterior. Do lado do receptor, por sua vez, não há significação imediata nem compreensão imediata da obra, mas outro salto que se dá por meio de uma projeção, isto é, de uma disponibilidade que tem o espectador de evocar diante da obra um conteúdo utópico. Ou seja, trata-se de um comportamento de fundo negativo, pois é a partir da inadequação com o mundo empírico que o receptor se abandona diante de uma obra e de sua materialidade, relação que lhe permite suprimir as distâncias e, por meio de um poder de evocação, simbolizar uma experiência de alteridade, ou seja, a utopia. O espectador projeta na obra o seu desejo e o vive como a sua experiência. O conteúdo vivido pelo receptor não é, portanto, o mesmo conteúdo da obra. Ela não é redutível a uma mensagem.

A última inflexão dessa fase ocorre durante a Primeira Guerra Mundial, com o ensaio de morfologia cultural *A teoria do romance*, publicado em 1916, no periódico *Zeitschrift fur Ästhetik und Allgemeine Kunstwissenschaft*. Combinando as influências de Friedrich Schlegel, Kierkegaard, Hegel e Bloch, Lukács aproxima com originalidade forma do romance e história, confrontando a história literária e as teorias do romance da época. Comparando as formas trágicas e as épicas no tempo, Lukács eleva o romance a diagnóstico de uma época e consciência da modernidade: o romance, diz ele, é a forma épica que corresponde a uma situação trans-histórica de cisão entre o mundo e o sentido. Forma problemática, pois, se a totalidade extensiva da vida, que era central ao épico, não é mais possível, a totalidade permanece na modernidade como anseio, como desejo que agora é obtido abstrata e artificialmente; uma busca pelo sentido jamais alcançada, mas estranhamente perseguida. Como nós, modernos, somos solitários e apátridas, alimentamo-nos de nostalgia e esperança, buscando reencontrar a pátria; daí o romance ser a figuração da peregrinação em busca de uma pátria jamais alcançada. Como os caminhos inexistem ou parecem bloqueados, encontramos nessa peregrinação apenas a nós mesmos, de modo que o romance é inexoravelmente autobiográfico, ou seja, nele se dá apenas o processo de autoconhecimento de uma alma em direção a sua interioridade.

O tom geral do ensaio é, de um lado, pessimista, pois o romance é nostalgia de sentido, isto é, nele a filosofia é entendida como consciência da perda do mundo antigo: unitário, harmonioso, constituído por uma temporalidade feliz, na qual uma linguagem perfeita exprimia essa totalidade de forma imediata. Por outro lado, o romance é a lucidez profana: a "virilidade madura" de um sujeito que sabe que não pode mais respirar em sociedades fechadas como as antigas. Um sujeito que inventou a produtividade do espírito e, mobilizado pelos demônios, pois os deuses morreram ou se calaram, tenta exceder-se, sair da mera necessidade e contingência, incorporando ao tempo suas esperanças e desilusões. Por essa razão, ao final, *A teoria do romance* desemboca na aspiração de um novo mundo, no qual se pode entrever uma lenta transição da estética para a ética e daí para a revolução. Nas últimas linhas, Dostoiévski desponta com a promessa de ser um novo Homero: horizonte de possibilidade da gênese de uma nova totalidade épica.[15]

No plano pessoal o jovem Lukács vivencia muitas perdas: a morte dos amigos Leo Popper e Irma Seidler; a do pai, em 1928; a da mãe, morta depois de um câncer; e a de um irmão, morto sob o fascismo. Diante da guerra, contudo, a defesa radical da autonomia da arte parece não poder esgotar-se nela mesma, desdobrando-se em questões éticas e políticas. Para Lukács, viver a vida segundo princípios poéticos e não lógicos significava afirmar valores universais e coletivos, sustentando pontos fixos nas transições inconstantes da vida e diferenças qualitativas no caos dos matizes; e a salvação na história universal, na qual os pequenos e grandes horrores pudessem ser superados em nome da luta coletiva.

REVOLUÇÃO RUSSA E MARXISMO

A transição não foi rápida. Lukács observa em sua última entrevista que ela de fato durou doze anos. Ao final ele era um marxista, uma vez que, em suas palavras "não se experimenta

15. G. Lukács, *Pensée vécue, mémoires parlés*, op. cit., p. 66.

o marxismo, adere-se totalmente [a ele]".[16] Em 1918 Béla Kun volta da União Soviética e funda o Partido Comunista Húngaro. Lukács filia-se ao partido, tornando-se membro de seu comitê central e, juntos, lideram a Revolução de 1919, que provocou a queda da monarquia dos Habsburgos e a proclamação da República Soviética da Hungria. Como é sabido, a comuna húngara durou apenas 133 dias, nos quais Lukács assumiu o cargo de vice-comissário do povo da Educação e da Cultura. Com a derrota, ele é condenado à morte pela ditadura militar de Horthy, mas foge para a Áustria, permanecendo em Viena até 1930, de onde só não foi extraditado graças à mobilização de intelectuais alemães.

A partir de então, filosofia e política andam de mãos dadas. Lukács não se enquadra perfeitamente no paradigma elaborado por Perry Anderson para caracterizar o marxismo ocidental: ou seja, refúgio na filosofia e na arte e fuga da política.[17] Diante da urgência revolucionária, surgem exigências teóricas complexas para a arte que Lukács não se furta em tentar responder. Ao contrário, nessa fase ocorre um grande mergulho na política. Em 1919, publica *Tática e ética*, primeiro livro de inspiração marxista, no qual aprofunda seus estudos sobre Marx e Lênin; paralelamente, torna-se coeditor de *Kommunismus*, órgão teórico da II Internacional Comunista. E em 1923 publica *História e consciência de classe*, uma obra de grande fôlego teórico e prático.

16. Id., ibid., p. 86.
17. Perry Anderson, *Considerações sobre o marxismo ocidental*. São Paulo: Brasiliense, 1999.

Nela, Lukács busca sair dos impasses aflorados em *A teoria do romance*, reconhecendo que a necessidade de totalidade precisava ainda ser demonstrada dialeticamente. Nas obras anteriores, o mundo aparecia como não totalizado e as formas artísticas eram tentativas parciais de totalização; a forma romance era a lucidez suprema, mas apenas um indício parcial da fratura, pois não sabíamos por que nem quando havíamos perdido o sentido da existência. De modo que a saída ética para o indivíduo era, como vimos, sustentar um valor como essencial até o fim, por meio de uma obra de arte, uma ideia ou um gesto, já que era impossível vivê-lo no mundo. Agora, em *História e consciência de classe*, Lukács propõe que o indivíduo só pode transcender a si mesmo e sair da situação de solidão na própria sociedade; não é mais possível sustentar um princípio transcendental espiritual, uma vez que o essencial acontece no interior da própria sociedade, de indivíduo para indivíduo. Não se trata de sociologismo e de recaída no positivismo, mas de um grande passo em direção ao materialismo histórico e a Marx, evidentemente, ainda com a forte presença de Hegel. Pois, se, de um lado, Lukács adota o marcante postulado de Marx de que a sociedade é totalidade em devir, isto é, movimento no tempo e na história, por outro, assume a herança hegeliana, ao pensar a história como progressiva reconciliação dos indivíduos na sociedade. E, se as classes sociais eram responsáveis pela história a partir de diferentes concepções, restava à filosofia examinar o problema da consciência, ou seja, pensar em que condições uma classe poderia ter acesso a essa totalidade; precisamente, em linguagem marxista, em que condições materiais de produção e reprodução da vida real a conscientização poderia ser pensada.

Como primeiro passo, Lukács indaga se a separação entre vida e arte não seria histórica, isto é, uma realidade da sociedade burguesa, correspondente às antinomias do pensamento burguês. Fundado nesse questionamento, procura diferenciar o método burguês de conhecimento, ancorado na atitude contemplativa, do materialismo histórico e dialético, gestado na consciência de classe do proletariado. Em outros termos, nas antinomias do pensamento burguês, Lukács encontra o núcleo científico do racionalismo moderno, localizando aí a fratura entre teoria e prática. Incapaz de pensar a historicidade estrutural da sociedade, a burguesia encontra-se presa à significação imediata dos objetos, de modo que a ciência que daí decorre apreende de modo fragmentado a realidade, perdendo a visão do todo social.

A partir do conceito hegeliano de totalidade, da teoria da constituição da realidade social nos termos da teoria do valor de Marx e, em decorrência, do conceito de fetichismo da mercadoria, Lukács elabora o conceito de reificação. Ora, para ele, a reificação é o fenômeno por meio do qual os dados culturais e os fatos ganham vida própria, nos quais não se reconhecem nenhuma intenção humana nem finalidade universal. A cultura, a ordem simbólica ou a ciência aparecem, assim, como uma segunda natureza: uma objetividade independente, como se fossem coisas e não criações humanas, provocando o estranhamento (*Entfremdung*) do sujeito em relação ao mundo. Tal conceito de "segunda natureza", que já estava presente em *A teoria do romance*, permite que o mundo se apresente como evidente, onipotente; um mundo que se impõe como evidência necessária ao sujeito cognitivo, diante do qual o sujeito se torna apenas contemplativo.

Em contraposição, a saída para o problema estaria na concepção dialética da totalidade, uma vez que é a única capaz de compreender a realidade como devir social. Operando com os conceitos de "consciência possível" (*Zugerechnetes Bewusstsein*) e de possibilidade objetiva, Lukács reflete sobre a possibilidade histórica de uma coincidência entre sujeito e objeto, entre teoria e prática, com base na experiência do proletariado, que é diretamente confrontado com a essência da sociedade capitalista, isto é, com sua condição de mercadoria. Para Lukács, o proletariado exibe em si a realidade das relações capitalistas: ele é a consciência de si da mercadoria, haja vista que ao vender sua força de trabalho torna-se também uma mercadoria, uma coisa, permutável como qualquer outra mercadoria, na qual seu valor de uso é seu valor de troca. Assim, intrinsecamente, ele seria dotado de uma intenção para a totalidade da sociedade.

Em todo caso, o enorme esforço teórico de Lukács não foi bem recebido: a obra provocou estranhamento e debates ao exibir um marxismo ainda hegeliano; foi acusada de idealista pelo comunismo oficial, que então adotava Marx como pai, renegando Hegel e todo o idealismo alemão, de modo que essa obra acabou condenada, definitivamente, no v Congresso da Internacional Comunista. Em reação, ainda em Viena, Lukács não recua, publicando, em 1926, *Moses Hess e o problema da dialética idealista* e, em 1929, as polêmicas *Teses de Blum*, nas quais se afasta, acertadamente, de Béla Kun, apoiando Eugen Landler na proposta de organização de uma urgente frente antifascista. Lukács defende precocemente uma frente popular antifascista, o que significava na época a defesa de uma ampla aliança com as forças democráticas e o abandono do sectarismo doutrinário. Ele é derrotado, ameaçado de expulsão do partido e obrigado a fazer uma autocrítica. Entre 1931 e 1933 vive em Berlim semiclandestino; sob o pseudônimo de Keller, contudo, escreve ativamente na revista *Die Linkskurve*, órgão dos Escritores Proletários Revolucionários, vinculada ao Partido Comunista Alemão. Sem muitas alternativas, diante da ascensão do nazismo, parte então para Moscou, em 1930, onde, no Instituto Marx-Engels-Lênin, pesquisa as obras de Marx, em particular os *Manuscritos econômico-filosóficos* de 1844. Em Moscou torna-se membro do Instituto Filosófico da Academia de Ciências da União Soviética, escreve artigos e participa de debates nos quais se envolve a intelectualidade exilada, como Ernst Bloch, Bertolt Brecht, Anna Seghers. Em 1941, todavia, é preso pela polícia política stalinista, sob a alegação de que na década de 1920 teria sido trotskista.

Daí a importância da produção dos anos 1930 a 1945, realizada em Berlim ou Moscou, na qual Lukács, equilibrando-se em uma corda bamba, buscou aproveitar as disputas dentro do partido, no contexto da luta contra o nazismo, para dizer o que realmente pensava, desafiando os limites impostos pela oficialidade comunista. Nesses escritos, Lukács realiza uma reflexão estética em chave marxista, propondo para a produção e crítica cultural socialistas uma dialética entre autonomia e heteronomia da arte. Ao mesmo tempo, afasta-se do realismo socialista – tese vitoriosa no Primeiro Congresso dos Escritores Soviéticos, em 1934 – de Plekhanov e Mehring, e das tendências formalistas e experimentais, presentes no percurso da literatura ocidental, do naturalismo ao surrealismo, isto é, da arte moderna. O duplo distanciamento não agradava a ninguém e situava-o, curiosamente, em uma rota invertida que o conduzia ao século XIX e ao realismo burguês.

No lugar da polarização entre literatura proletária e arte de vanguarda, como o expressionismo e suas técnicas de montagem, Lukács defende uma literatura humanista e democrática. O resultado revela-se em obras como *O jovem Hegel*, *Goethe e sua época*, *O romance histórico*, *Balzac e o realismo francês*. No contexto da apropriação de Goethe e Schiller pelo nazismo como suporte ideológico e com a renegação, por exemplo, de Heine, Lukács realiza uma análise dialética da *Aufklärung* alemã, confrontando em chave histórica as tendências progressistas e reacionárias na literatura, salvaguardando Goethe e Schiller como grandes realistas e representantes da democracia revolucionária.

Ou seja, se a reflexão estética dentro do socialismo não poderia ignorar as questões políticas prementes, ela deveria então trilhar o caminho da continuidade, e não o da ruptura. A literatura clássica encarnava a ideia de organicidade histórica, complemento necessário à ideia de totalidade que Lukács perseguia com intensidade. A mera rememoração do passado permaneceria pura mistificação se não fosse crítica, orgânica e racional, ou seja, se não fosse postulado um sentido para a história que conectasse passado e presente. Daí a necessidade de não fazer tábula rasa do passado e pensar uma nova teoria do romance, o que foi realizado no monumental *O romance histórico*, de 1936.

Para Lukács a teoria geral da literatura sempre tratara o romance de modo marginal. Era necessário pesquisar as leis próprias de cada gênero literário e, especialmente, fazer a história do gênero romance. Assim, fazendo o percurso de Hegel a Marx, da estética clássica ao romance contemporâneo, combinando elementos históricos, estéticos e sociológicos, Lukács pensa historicamente a especificidade do romance. Se o romance mantém uma ligação orgânica com a arte narrativa da Idade Média, ele constitui-se enquanto tal como epopeia burguesa, em termos hegelianos, pela forma singular como nele figura a apreensão do tempo. Lukács localiza no romance histórico, em particular, o gênero que apresenta o passado como a pré-história do presente. Goethe, Schiller, Balzac, Walter Scott, Púchkin, Manzoni ou Tolstói são relidos e valorizados como exemplos de romances que apreenderam a totalidade, a direção do movimento da história, no sentido hegeliano, ou as contradições de sua época, no sentido marxista. São, portanto, herança literária, cânone, medida de referência, obras exemplares para a produção contemporânea.

Nessa obra, o auge do romance histórico se dá entre 1789 e 1848, no contexto da Revolução Francesa, no momento em que o problema da historicidade interna ao romance é percebido pela teoria da literatura. E o declínio ocorre a partir de 1848, com a perda da capacidade de narrar, agora substituída pela tendência à descrição; o realismo de Balzac cede ao naturalismo de Zola, em decorrência da acomodação burguesa, que deixa de ser revolucionária. Como resultado surge uma nova concepção de história, evolucionista, paralelamente ao declínio da filosofia hegeliana e do predomínio de um materialismo mecanicista.

Com rigor estético, e realizando análise formal histórica do gênero e das obras, Lukács pensa em uma nova teoria para a literatura. Para ele o romance é o produto da dissolução da forma épica, perceptível em sua contradição interna: uma forma épica que, ao mesmo tempo, destrói as possibilidades da criação épica. Com base no caso do romance, Lukács generaliza, sustentando que a cada momento em que uma classe põe dialeticamente na ação as promessas e barreiras de uma sociedade corresponde o surgimento de uma nova forma artística que reconhece e interioriza essa mudança, pondo as questões em perspectiva histórica, isto é, na perspectiva do devir que ela comporta. Ora, esse percurso feito de devires perpassa as obras de arte significativas, fazendo-as coincidir com a evolução da humanidade. As obras tornam-se, assim, momentos ontológicos dessa evolução da humanidade, eternizando-se as que coincidem, em um sentido profundo, com a evolução da humanidade exercendo, assim, um efeito no público.

Em *O romance histórico*, Lukács já antecipa a defensa do realismo em arte. O realismo, contudo, corresponde à grande curvatura que vai de Homero a Górki em obras nas quais os problemas imediatos de uma época imbricam-se na evolução geral da humanidade. Assim, o realismo não é empirismo ou positivismo, mas nutre-se da oposição entre naturalismo e realismo. É por meio dela que Lukács critica a arte moderna, que é, para ele, naturalista e não realista, e, na mesma chave, também o realismo socialista da época de Stálin, que permanece um "naturalismo agrário". O realismo só pode ser realizado quando o âmbito da realidade cotidiana média se amplia e o escritor alcança o *páthos* da vida privada; ou seja, o *páthos* significa a sublimação da realidade interior individual até o ponto em que ela se funde numa ideia, na vida, no conjunto social. A unidade entre o típico e o individual dá-se na ação, em situações concretas e não em abstrações. Vale ressaltar que a tipicidade, conceito fundamental de sua estética madura, pressupõe que é artisticamente necessário um distanciamento da realidade cotidiana para que surjam situações épicas, exigência também presente com muita clareza em sua primeira estética.

As teses de Lukács sobre o realismo atraíram, fatalmente, forte oposição, especialmente de Brecht, em 1940. A defesa da grande arte realista contra a arte de vanguarda, a oposição entre Thomas Mann e Kafka, a condenação de Joyce e Beckett geraram agudos afastamentos e rupturas definitivas. Para Lukács, as obras de vanguarda produziam um tipo de maneirismo profundamente esquemático; tão ou mais esquemático que o realismo socialista. Nelas o escritor apresentava uma imagem parcial, deformada, alegórica da realidade, imobilizando-se em um pavor cego diante da realidade. A forma não conseguia superar essa subjetividade imobilizada que se orientava na direção da dissolução do objeto, no nada transcendental; o realismo, como o de Thomas Mann, em contrapartida, criticava o dado imediato, ao situar o fenômeno no conjunto, ou seja, configurando-o artisticamente, organicamente, como totalidade. Se há méritos em sua teoria do realismo, os julgamentos sobre a arte moderna, hoje podemos afirmar, foram totalmente equivocados, o que explica em parte o mal-estar generalizado sobre sua produção futura.

AS GRANDES SÍNTESES: *ESTÉTICA* E *ONTOLOGIA*

E assim, passando por cima de túmulos, avante.

GOETHE

Em 1945, Lukács retorna à Hungria e engaja-se tanto no governo como na universidade: participa do Conselho Nacional da Frente Popular Patriótica, da direção da Academia de Ciências da Hungria e assume a cátedra de Estética e Filosofia da Cultura na Universidade de Budapeste. A situação dele é, todavia, ambígua: na União Soviética e na Hungria comunista começa o debate sobre o "caso Lukács". Ele é inquirido e obrigado a retratar-se várias vezes. Em 1956, explode uma forte mobilização popular, abrindo uma crise interna no Partido Comunista, que culmina na destituição de Rákosi, secretário-geral do Partido e primeiro-ministro, assumindo Imre Nagy, disposto a democratizar o país. Lukács participa do levante e, com a vitória, assume o Ministério da Cultura. A crise acaba, entretanto, com a invasão soviética, e Lukács é deportado para a Romênia, onde permanece prisioneiro, enquanto Imre Nagy é executado em 1958.

Lukács, por sua vez, obtém permissão para retornar à Hungria em 1957, mas perde a cátedra e é expulso do Partido. Uma nova campanha de descrédito é organizada contra ele: seus livros são proibidos e só serão publicados, a partir daí, na Alemanha Ocidental ou na Itália. Em 1962, na "Carta sobre o stalinismo", tentará mais uma vez mostrar-se contra o stalinismo e pela democratização; entretanto, somente em 1967 será reintegrado ao Partido Comunista Húngaro, voltando a ser publicado na Hungria, portanto, poucos anos antes de sua morte, em 1971.

Em seus últimos quinze anos Lukács dedicou-se com força redobrada a redigir suas duas grandes obras de síntese: *Estética* e a *Ontologia do ser social*; além de concluir um último trabalho sobre a democratização e organizar em uma densa antologia seus escritos sobre arte, de 1910 a 1960, sob o título de *Arte e sociedade*. Como entender esse enorme esforço sistemático em um ambiente hostil? Lukács resiste, insistindo em permanecer revolucionário até o fim, mesmo que essa palavra comece a ficar obscura, diante de uma época de acomodação que legitima as descontinuidades e irracionalismos. Como reação diante do irracional, que, a seu ver, vencia em todos os campos, defende uma filosofia ligada à racionalidade e à totalidade. Daí publicar em 1954 um livro aparentemente extemporâneo como *A destruição da razão*. Em lugar de ver na história da filosofia, como o fazia o *establishment* stalinista, o debate entre materialismo e idealismo, Lukács destaca outro conflito, mais premente, entre o racionalismo e o irracionalismo. Em dois volumes examina – em estilo polarizador e, de fato, pouco rigoroso – os fundamentos do irracionalismo em Schelling, Schopenhauer ou Kierkegaard, apontando Nietzsche como seu fundador no "período imperialista". No segundo volume examina elementos irracionais em Dilthey, Simmel, Splengler, Scheler, Heidegger, Jaspers, passa pela sociologia alemã de Weber, Mannheim ou Carl Schmitt, desembocando no darwinismo social de Gobineau e na visão de mundo nacional-socialista. Anos depois, em sua última entrevista, Lukács confirmará o acerto desse diagnóstico do pós-guerra, reconhecendo no stalinismo uma forma não de irracionalismo, mas de hiper-racionalismo, portanto, outra forma de destruição da razão.[18]

Revendo teses anteriores, ousa mudar de novo: após a leitura dos *Manuscritos econômico-filosóficos*, de Marx, Lukács já não identificará o conhecimento correto da história com a consciência do proletariado, mas com a essência genérica humana. É, portanto, como filósofo que procura rebater as acusações ora de materialismo vulgar, ora de hegelianismo, ou de sociologismo. A *Estética*, sobretudo, é uma renovada tentativa de responder a críticas, como a de Bloch, de que seria neoclassicista, com certa cegueira a respeito da natureza utópica de toda arte; ou de Adorno que em 1958 no artigo "Erpresste Versöhnung" [Reconciliação forçada] falava em desvio sociologizante e sacrifício da dialética; ou ainda de Sartre, que na introdução à *Crítica da razão dialética* também lamenta as mediações reducionistas de Lukács.

Para responder a tudo e a todos, a *Estética* adota uma pretensão enciclopédica, permanecendo, lamentavelmente, uma obra inacabada. Em 1956, Lukács redige um primeiro texto intitulado "Introdução à estética marxista, sobre a categoria da particularidade" e, entre 1957 e 1962, as 1700 páginas que constituiriam, segundo o plano original, a primeira parte. O texto só foi publicado em 1963, na Alemanha, pela Luchterhand Verlag. A primeira parte da *Estética*, a única concluída, propunha-se a fixar o lugar geométrico da atividade estética entre outros gêneros de atividade espiritual. A segunda parte seria uma análise con-

18. G. Lukács, *Pensée vécue, mémoires parlés*, op. cit., p. 145.

creta da estrutura da obra de arte. E só na terceira a arte seria analisada como fenômeno histórico-social.

Vale ressaltar, *grosso modo*, algumas características centrais desse último trabalho. Em primeiro lugar o papel central ocupado pela categoria da *mimesis*, evidentemente entendida não como um reflexo direto da realidade, mas como idealidade; ou seja, o pressuposto da *mimesis* é o caráter teórico da arte, haja vista que ela é reflexão e configuração, jamais transcrição direta da realidade. Em segundo lugar, elegendo o marxismo como doutrina filosófica da relação harmoniosa entre subjetividade e objetividade, Lukács busca enraizar a estética na vida cotidiana ao fazer do trabalho a categoria central na gênese do homem. Trata-se, assim, de pensar a gênese do estético a partir da constituição das formas da consciência imersas no mundo do trabalho.

Nessa primeira parte, Lukács não escreve uma história da arte, mas uma especulação sobre a particularidade do estético. Ou seja, em um esforço teórico férreo busca descrever as principais mediações que unem o plano empírico pragmático da vida humana, chamado de vida cotidiana, às objetivações superiores da consciência, tomando a arte em primeiro plano, quase sempre em contraste com a ciência. Em resumo, enquanto a *Estética* hegeliana partia de uma concepção da arte como manifestação sensível da ideia, Lukács, materialista, parte da vida cotidiana.[19] Ademais, no percurso categorial e historiográfico

19. Nicolas Tertulian, *Georg Lukács, etapas de seu pensamento estético*, trad. Renira Lisboa de Moura Lima. São Paulo: Unesp, 2008.

pelas formas de arte, Lukács acompanha como a arte se liberta da magia e da religião; ou seja, como a obra de arte, enfim tornada autônoma, possibilitou ao homem a dessacralização ao contemplar a sua criação e reconhecer-se nela. De modo que a arte é nessa fase afirmação ontológica: em seus próprios termos, "cada obra de arte tem uma intenção ontológica, isto é, de criar um mundo possível".[20]

No polo oposto, em correlação direta com a *Estética*, Lukács redige a *Ontologia*, traduzindo o "belo termo de ontologia"[21] em outra chave: "Uma ontologia marxista que deve preceder todas as ciências" e que deve ser um tipo de ciência fundamental: uma teoria social revolucionária de natureza ontológica. Se o homem é um ser prático e ativo, que responde às questões postas pela realidade social, é porque, para a *Ontologia*, nos atos cotidianos a realidade apresenta-se em uma unidade indissolúvel entre essência e fenômeno. A essência não é *a priori*, mas "o processo global em sua totalidade que faz continuamente surgir novas constelações reais nas quais a práxis extrai a cada momento um campo único de manobra real".[22] As categorias que daí decorrem são formas de existência, em oposição direta às categorias kantianas e mesmo hegelianas. Daí o imperativo metodológico da *Ontologia* de começar a reflexão de forma genética, a partir dos dados da experiência cotidiana; ou seja, a reflexão deve iniciar com as questões da

20. G. Lukács, *Entretiens avec Georg Lukács*, op. cit., p. 21.
21. Id., ibid., p. 17.
22. Id., ibid., p. 123.

vida cotidiana e então percorrer o caminho das formas primitivas às mais complexas, no intuito de abarcar o ser e suas transformações.

A RECEPÇÃO DO PENSAMENTO DE LUKÁCS NO BRASIL

A partir de 1945, intelectuais estrangeiros fugindo do nazifascismo, como Otto Maria Carpeaux, Anatol Rosenfeld e Paulo Rónai, divulgaram alguns textos lukácsianos no Brasil. Foram, todavia, os intelectuais ligados ao PCB, como Carlos Nelson Coutinho, José Paulo Netto, José Chasin, Leandro Konder, que introduziram suas ideias e divulgaram os textos entre nós. De modo que a primeira recepção mais sistemática da obra de Lukács é militante, ocorrendo a partir de 1957 no contexto da desestalinização, iniciada por Krushev. Esses jovens militantes buscavam elementos teóricos que renovassem e reorientassem novas práticas políticas e culturais. O clima era o do Cinema Novo e do CPC, no qual predominava a inquietação em torno de referências que ampliassem o debate filosófico e estético em torno do marxismo, estimulando a política cultural. Em função disso, nas leituras efetuadas predominava a dimensão militante, daí valorizarem os textos que falavam em renovação do marxismo, em luta ideológica contra o irracionalismo e na defesa do realismo na arte. Assim surgem as primeiras traduções de textos de Lukács que foram publicadas em revistas como a *Civilização Brasileira*.[23]

23. Cf. Celso Frederico, "Presença e ausência de Lukács", in R. Antunes & A. L. Rego (orgs.), *Lukács, um Galileu no século XX*. São Paulo: Boitempo, 1996.

A presença de Lukács na crítica literária brasileira merece uma particular atenção. Já em Antonio Candido a presença lukácsiana é sentida em alguns artigos escritos para a revista *Clima* (1941-44), mas é aí bastante periférica; em 1956 o crítico Fernando Pedreira, em um artigo para a *Revista Brasiliense*, foi o primeiro a reconhecer em uma publicação brasileira a contribuição de Lukács para a renovação da estética marxista; em 1961, no II Congresso Brasileiro de Crítica e História Literária, Adolfo Casais Monteiro sublinha que "pela primeira vez em toda a história do marxismo, com Lukács a literatura é abordada como literatura"; entretanto, é com o crítico Roberto Schwarz, discípulo de Antonio Candido, que a influência de Lukács pode ser notada com mais força. É a partir de *O romance histórico* de Lukács, mas também de outras obras, e do conceito de realismo, que Roberto Schwarz pensa a obra de Machado de Assis, na década de 1970. Alfredo Bosi, aproximando Lukács e Adorno, por sua vez, em *História concisa da literatura brasileira*, incorpora as noções de "consciência possível" ou de tipicidade, estabelecendo uma tipologia dos graus de tensão entre autor e realidade. Vale destacar que *A teoria do romance* e *Narrar e descrever* são textos lidos e discutidos ainda hoje nos diversos cursos de letras espalhados pelo Brasil.

Cabe destacar o papel seminal que Michel Löwy desempenhou na década de 1960 ao inaugurar o que se poderia chamar de estudos lukácsianos, baseados em documentação rigorosa e em textos inéditos, o que resultou em várias obras, entre as quais merece destaque um livro fundamental: *Para uma sociologia dos intelectuais revolucionários: A evolução política do jovem Lukács 1909-1929*.

Carlos Nelson Coutinho e Leandro Konder continuam traduzindo e divulgando com afinco textos inéditos de Lukács; todavia merecem particular aplauso a corajosa tradução da *Teoria do romance* feita por José Marcos Mariani de Macedo e a de *História e consciência de classe*, por Rodnei Nascimento. É de lamentar-se que, ainda, textos como *A alma e as formas*, *Estética de Heidelberg* ou *Goethe e sua época* continuem inéditos em língua portuguesa.

A geração atual continua examinando a obra filosófica de Lukács, numa perspectiva histórica, ressaltando as relações de sua filosofia com o tempo. São autores cada vez mais cientes do objeto polêmico que têm diante de si; daí ser difícil falar hoje em lukácsianismo, haja vista que sua obra tende a fazer cada vez menos discípulos ou seguidores e atrair mais estudiosos, o que talvez não signifique somente um refluxo da política diante da filologia. Por outro lado, inquire-se cada vez menos sobre qual seria o autêntico Lukács, se o jovem idealista neokantiano, se o marxista maduro ou, ainda, se o último, o da *Ontologia*, e mais sobre as zonas fronteiriças que sua obra contempla e amplia. Assim, nessa geração vale destacar três linhas de pesquisa principais. Há uma série de trabalhos sobre a relação entre Lukács e a Escola de Frankfurt: Ricardo Musse, Wolfgang Leo Maar e Marcos Nobre examinam a importância de *História e consciência de classe* para a elaboração da teoria crítica; Isabel Loureiro investiga a relação entre Lukács e Rosa Luxemburgo e, no campo da estética, Jeanne Marie Gagnebin pensa a influência de Lukács na obra de Walter Benjamin. Um segundo grupo examina com rigor seus últimos textos, sobretudo a *Ontologia* e a *Estética*, entre eles, José Paulo Netto, Sérgio Lessa, Celso Frederico, Ester Vaisman e Ricardo Antunes. Há ainda um terceiro grupo, no qual nos inserimos juntamente com Carlos Eduardo Jordão Machado, que se concentra em sua "primeira estética", aprofundando a discussão e o debate com outras abordagens, no contexto de elaboração de uma história da estética.

ROSA LUXEMBURGO:
NO PRINCÍPIO ERA A AÇÃO

ISABEL LOUREIRO

Com o fracasso da transição ao socialismo no século XX malograram também as ideias dominantes da esquerda marxista-leninista. Até segunda ordem, a concepção de partido-vanguarda, assim como a ideia de transição em duas etapas[1] – primeiro se toma o poder, depois se muda o mundo –, tornou-se obsoleta. A volta dos movimentos sociais à cena política nas últimas décadas trouxe consigo questões reprimidas pela esquerda no século passado: divisas como *democracia, participação e controle popular*, fundamentais para Rosa Luxemburgo, sobretudo no momento crucial da revolução alemã, entraram na ordem do dia.

E por falar em revolução alemã, lembremos o quanto a data 9 de novembro é emblemática na história da Alemanha. Todos se lembram do 9 de novembro de 1989, quando caiu o Muro de Berlim. Menos conhecido é o 9 de novembro de 1918, que assinala o fim da monarquia na Alemanha e o início da revo-

1. Immanuel Wallerstein, "Uma política de esquerda para o século XXI? Ou teoria e práxis novamente", in I. Loureiro, J. Corrêa Leite & M. E. Cevasco (orgs.), *O espírito de Porto Alegre*. São Paulo: Paz e Terra, 2002.

lução de que Rosa Luxemburgo tomou parte e durante a qual foi assassinada.[2]

No breve período que lhe foi dado viver depois de sair da prisão, onde passou os quatro anos da guerra, Rosa continuou defendendo ardorosamente a participação das massas na política. Ela apostava que a grande força popular concentrada nos conselhos de trabalhadores e soldados, espontaneamente surgidos no começo de novembro de 1918, contribuiria para transformar as estruturas autoritárias do império alemão. Como sabemos, isso não aconteceu; os conselhos e a revolução foram liquidados, o que preparou o terreno para o nazismo. Teria sido possível evitar esse desenlace catastrófico?

Uma resposta afirmativa é dada por historiadores como Eberhard Kolb e Peter von Oertzen cuja pesquisa, na década de 1960, sobre o papel dos conselhos de trabalhadores e soldados logo após o fim do Império, mostrou que a ascensão do nazismo não era uma "fatalidade alemã". Apesar das peculiaridades da formação social do país, o desfecho poderia ter sido diferente se os principais atores políticos tivessem querido aproveitar as brechas existentes para democratizar as estruturas autoritárias da ultraconservadora sociedade imperial. Mas a liderança do movimento operário, representada pela social-democracia (SPD), cujos maiores símbolos nesse momento eram os "comissários do povo" Friedrich Ebert e Gustav Noske, liquidou o ímpeto democrático corporificado nos conselhos, uma das

2. Para uma exposição detalhada desse tema, cf. I. Loureiro, *A revolução alemã [1918-1923]*. São Paulo: Unesp, 2005.

principais razões para que a república não se enraizasse na Alemanha. Essa interpretação hoje hegemônica mostra minuciosamente que os conselhos, dominados pelos socialistas moderados, reivindicavam, na linha do programa social-democrata, uma reforma radical da sociedade autoritária herdada do Império, não uma revolução nos moldes bolcheviques. Ou seja, contrariamente a uma versão muito difundida na época do nazismo e mesmo depois, a Alemanha não estava perante a alternativa bolchevização *ou* construção da democracia parlamentar. No entanto, a social-democracia no poder, temerosa de perder o controle da situação, e contrária a qualquer tipo de radicalização, empenhou-se em construir a democracia parlamentar, vista como alternativa à "desordem" revolucionária, não em aliança com os conselhos, mas com as elites tradicionais. Esse arco conservador, com altos e baixos, dominou os anos 1920 até que a ultradireita fanática, comandada por Hitler, chegasse ao poder.

O IMPÉRIO E A SOCIAL-DEMOCRACIA ALEMÃ

> *A Alemanha possui uma curiosidade anatômica: escreve com a mão esquerda e age com a mão direita.*
>
> KURT TUCHOLSKY

Para entendermos o pensamento político de Rosa Luxemburgo é preciso voltar brevemente à história do SPD e à história alemã dos séculos XIX e XX.

Em comparação com a Inglaterra e a França, a Alemanha teve um desenvolvimento peculiar. Após a derrota da revolução liberal e democrática de 1848, a unificação nacional foi feita pelas elites conservadoras da Prússia (nobreza, burocracia, militares) unidas em torno de Bismarck, por meio da diplomacia e da guerra. Com a vitória da Prússia sobre a França em 1871, a Alemanha se torna a principal potência da Europa continental, na forma de uma confederação sob a hegemonia da Prússia conservadora. Essa sociedade se caracterizava pelo compromisso entre os grandes proprietários de terra a leste do rio Elba e a burguesia. Os *junker* marcaram profundamente o Império que se caracterizava pela glorificação da força, militarismo, imperialismo e colonialismo agressivos por parte das elites, por traços de servilismo e obediência das classes subalternas. "Entrando no século XX dominava o Estado policial e militar, ao qual correspondia uma sociedade autoritária e uma mentalidade de súdito."[3]

Embora a Alemanha se modernizasse no plano econômico, permanecia presa às estruturas de poder herdadas do passado, autoritárias e semifeudais, que mantinham os privilégios das antigas elites. Nessa Alemanha economicamente desenvolvida, que se torna uma potência mundial a partir de 1890 e ultrapassa a Inglaterra, a pobreza crescente dos trabalhadores passa a ser um grave problema. A social-democracia surge precisamente problematizando a questão social. Bismarck, para combater a social-democracia, usa todas as armas ao seu alcance, desde re-

3. Ossip K. Flechtheim, *Rosa Luxemburg zur Einfuhrung*. Hamburgo: Junius Verlag, 1986, p. 9.

formas sociais limitadas (seguro contra doença, contra acidentes, amparo à velhice) até a lei de exceção contra os socialistas (1878-90).[4] Essa foi paradoxalmente a época áurea do SPD, sempre lembrada com saudade pelos dirigentes do partido.

Resumindo drasticamente a história do SPD, podemos dizer que ele foi, desde as origens, um partido dividido entre uma ala reformista (herdeira de Lassalle) e uma ala revolucionária (herdeira de Marx e Engels). Um compromisso entre as duas alas se manteve até a guerra de 1914, quando a falsa harmonia explodiu. Mas na prática, apesar desse compromisso, o reformismo dominava o SPD, cada vez mais voltado para uma política eleitoreira. Ele vivia de fato dividido entre um "radicalismo oficial" para discursos no 1º de maio e uma prática reformista cotidiana. Além disso, a partir de 1906, tem início o processo de burocratização do partido, quando homens de espírito prático, amigos da ordem e das reformas, patriotas como Ebert, Scheidemann e Noske chegam à direção. A ala esquerda, liderada por uma intelectual como Rosa Luxemburgo, começa a ficar isolada.

O sucesso eleitoral fez que o SPD se transformasse numa máquina destinada a vencer eleições, voltada para as reformas de curto prazo, o direito de voto etc., tornando-se assim um partido cada vez mais conservador. Isso ocorreu em parte pela própria estrutura interna da organização, em que havia total centralização das decisões por parte do comitê executivo e um

4. Essa lei proibia o funcionamento do SPD e suas publicações. Só os deputados social-democratas no Reichstag não foram tocados.

controle rigoroso dos funcionários do partido sobre os eleitos.[5] Os funcionários, uma espécie de "burocracia operária" recrutada na camada dos trabalhadores qualificados que constituía o coração do partido, eram pessoas que tinham subido na vida e que desejavam acima de tudo conservar sua situação privilegiada. Segundo o historiador Werner Sombart, o SPD "precisava tornar inofensivas as pessoas inteligentes, e pôr em seu lugar rotineiros hábeis [...] ele transformou-se no grande partido dos oportunistas e acomodados".[6] É igualmente significativo o testemunho do jornalista Kurt Eisner, pacifista e presidente da breve República dos conselhos da Baviera, a respeito do seu antigo partido:

> Faz quinze anos que combato essa organização monárquico-oligárquica de um partido de funcionários e empregados, de superlideranças e sublideranças, de negócios e dinheiro (*Kassen*), que na Alemanha antidemocrática oferecia a única carreira aos proletários mais inteligentes ou mais medíocres; [...] essa caricatura ridícula do Estado-caserna prussiano, que cultivava a pachorra (*Erschlaffung*) mediante o adestramento para a disciplina democrática, e que coagia com mão firme; essa desalentadora e sufocante desfiguração da democracia na qual os líderes, de maneira indigna, bajulavam as massas a que, em

5. Carl E. Schorske, *German Social-Democracy: 1905-1917*. Londres / Massachusetts: Harvard University Press, 1983, p. 40.
6. Werner Sombart, *Die deutsche Volkswirtschaft im 19. Jahrhundert*. Berlim, 1909, p. 301 *apud* Ossip K. Flechtheim, op. cit., p. 16.

segredo, desprezavam profundamente, e na qual as massas desconfiavam dos líderes, embora os temessem como antes – seus superiores.[7]

O conservadorismo do SPD tinha também outra origem. O partido se desenvolveu de 1890 a 1914, num período de grande crescimento econômico e paz social, o que contribuiu fortemente para a sua integração na sociedade imperial. Eis alguns dados: do início dos anos 1860 à virada do século, em parte devido à luta sindical, o salário real subiu um terço, e depois permaneceu estável; a jornada de trabalho diminuiu de doze horas nos anos 1870 para dez horas em 1914. Os problemas mais sérios referiam-se à moradia operária e à grande diferença entre as camadas da classe trabalhadora: uma camada superior com traços pequeno-burgueses, uma grande camada média e uma camada subalterna empobrecida.[8]

Os números são eloquentes a respeito da importância do SPD na época. Em 1913 a social-democracia era o primeiro partido do Reich: tinha 110 de 397 deputados no Reichstag; 220 deputados nos parlamentos locais; 12 mil vereadores. Em 1914: 1 milhão de filiados; 30 mil militantes profissionais; 10 mil funcionários; 203 jornais com 1,5 milhão de assinantes; dezenas de associações esportivas e culturais, movimentos de juventude; a central sindi-

7. Kurt Eisner, *Sozialismus als Aktion – Ausgewählte Aufsätze und Reden*. Frankurt am Main, 05/02/1918. Berlim: Suhrkamp, 1975, p. 63, *apud* Ossip K. Flechtheim, op. cit., p. 17.

8. Ossip K. Flechtheim, op. cit., pp. 10-11.

cal mais poderosa, com 2,5 milhões de filiados, era dirigida pelos social-democratas; *Die Neue Zeit* (revista teórica do SPD) tinha 8,5 mil assinantes (1908), e o *Vorwärts* (avante), órgão central do partido, tinha 143 mil.

A ala esquerda do SPD, liderada por Rosa Luxemburgo, começa a formar-se claramente a partir de 1913. Era uma tendência fraca e isolada dentro do partido, o que fica claro em 4 de agosto de 1914, quando a bancada social-democrata no Reichstag vota a favor dos créditos de guerra, ignorando todas as resoluções anteriores que se opunham à política militarista do império alemão: "[...] a decisão do SPD de 4 de agosto de 1914 [foi] uma das guinadas mais desastrosas da história mundial contemporânea".[9]

NOTA BIOGRÁFICA (1871-1919)

> *die rote Rosa nun verschwand.*
> *Wo sie liegt, ist unbekannt.*
> *Weil sie den Armen die Wahrheit gesagt*
> *Haben die Reichen sie aus der Welt gejagt.*
>
> BERTOLT BRECHT, "Grabschrift", 1919[10]

Rosa Luxemburgo nasceu em 5 de março de 1871, em Zamość, pequena cidade da Polônia ocupada pela Rússia, quinta filha de

9. Id., ibid., p. 26.
10. "A Rosa vermelha agora desapareceu./Onde ela está, não se sabe./Por dizer aos pobres a verdade/os ricos a expulsaram do mundo." (Bertolt Brecht, "Epitáfio", 1919).

uma família judia emancipada e culta. Em Varsóvia frequenta o liceu russo para moças, onde começa a participar do movimento operário polonês, ilegal. Para escapar à perseguição política, com dezoito anos incompletos, refugia-se na Suíça.

De 1889 a 1897 frequenta a Universidade de Zurique. Ali estuda ciências naturais, matemática, direito e economia política. Em Zurique conhece Leo Jogiches, jovem revolucionário da Lituânia (Vilna), na época com 23 anos, seu grande amor e mestre político na juventude. Tornam-se amantes no verão de 1891, um relacionamento intenso e conturbado que durará quinze anos; as relações políticas continuariam até o fim da vida. Com 22 anos, funda, com Jogiches e outros socialistas poloneses, a Social-Democracia do Reino da Polônia (SDKP), rebatizada em 1900 de Social-Democracia do Reino da Polônia e Lituânia (SDKPiL). Os dirigentes do pequeno partido decidem editar em Paris um jornal polonês, *A causa operária*. Rosa, encarregada praticamente sozinha da redação do jornal, passará longos períodos na cidade de 1894 a 1896. Em 1897, aos 26 anos, defende o doutorado sobre "O desenvolvimento industrial da Polônia", logo publicado por uma grande editora de Leipzig. Um ano depois vai para Berlim militar na social-democracia alemã (SPD), onde se torna conhecida com o escrito contra Eduard Bernstein *Reforma social ou revolução?* (1899).

Durante dez anos (1904-14) Rosa Luxemburgo representou o SDKPiL no Bureau socialista internacional em Bruxelas. De volta do Congresso da Segunda Internacional em Amsterdã (agosto de 1904), é encarcerada durante dois meses, acusada de ter ofendido o imperador Guilherme II em um de seus artigos.

No início de 1906 viaja ilegalmente para Varsóvia, a fim de tomar parte na revolução russa, que havia começado um ano antes. Detida com Leo Jogiches, passa quatro meses na prisão em Varsóvia. Libertada depois de pagamento de fiança pelo SPD, redige *Greve de massas, partido e sindicatos*. De volta a Berlim, começa a defender ardorosamente a greve de massas como nova tática revolucionária contra a inércia da social-democracia. Em 1907, Rosa rompe com Leo Jogiches e começa um novo relacionamento amoroso com Costia Zetkin, filho de sua amiga Clara Zetkin. Ela tem 35 anos, ele vai fazer 22. O relacionamento dura até 1912, interrompido por uma primeira crise séria em 1909. É um segredo muito bem guardado e ignorado dos companheiros de partido. De 1907 a 1914 leciona na escola de quadros do SPD. Desse trabalho como professora saem suas obras de economia política, *A acumulação do capital* (1913) e *Introdução à economia política* (1925). Com outros seis companheiros de partido, entre eles Karl Liebknecht, Clara Zetkin e Franz Mehring, funda, em 1914, em protesto contra a aprovação dos créditos de guerra pela social-democracia alemã, o Grupo Internacional, que em novembro de 1918 passará a chamar-se Liga Spartakus. Em 1914 tem um novo e breve relacionamento amoroso com seu advogado e companheiro de partido, Paul Levi.

Presa durante um ano (fevereiro de 1915 a fevereiro de 1916), acusada de agitação antimilitarista, ela escreve *A crise da social-democracia*, publicada em abril de 1916 sob o pseudônimo de Junius. Algum tempo depois de ser libertada participa da manifestação de 1º de maio de 1916, convocada pelos spartakistas. Devido à militância contra a guerra é novamente encarcerada em julho desse ano ("prisão preventiva"). Durante os anos de cadeia escreve cartas aos amigos que revelam uma mulher às vezes deprimida, abatida, doente, mas sempre com uma postura estoica que a impede de fraquejar. O importante é "ser sólida, lúcida e alegre, sim, alegre, apesar de tudo, pois gemer é coisa dos fracos".[11] Ela está convicta de que após o inverno da guerra virá a primavera da revolução, e isso lhe dá forças para suportar a prisão. Essas cartas serão publicadas postumamente.[12] O público, que só conhecia a militante, a oradora, a polemista, a teórica marxista, ficou boquiaberto ao descobrir que a "sanguinária Rosa" ("*die blutige* Rosa") era uma mulher fascinante, inteligente, sensível, sempre pronta a consolar os amigos, apaixonada pela natureza e pelas artes, uma intelectual sintonizada com a vida cultural do seu tempo. E também uma mulher divertida, irônica, cuja língua afiada não poupava ninguém, nem sequer a si mesma.

Na prisão, em setembro de 1918, ela redige as notas críticas aos bolcheviques publicadas por Paul Levi em 1922 com o título *A Revolução Russa*. É nesse opúsculo que aparece a famosa frase

11. Carta a Mathilde Wurm, 28/12/1916. In Rosa Luxemburg, *Gesammelte Briefe* 5. Berlim: Dietz Verlag, 1984, p. 151.

12. As cartas da prisão a Sonia Liebknecht (1915-18) foram publicadas na Alemanha em 1920 e, em pouco tempo, traduzidas para mais de vinte línguas. As cartas a Karl e Luise Kautsky foram publicadas pela primeira vez em 1923. Na RDA, a publicação das *Gesammelte Briefe*, em seis volumes, começou em 1982, tendo sido concluída em 1993. Depois da queda do Muro de Berlim, houve nova edição dos volumes 2 e 4, que contêm as cartas a Costia Zetkin, publicadas dessa vez sem supressão das passagens amorosas mais íntimas.

sobre a *Freiheit der Andersdenkenden* [liberdade de quem pensa de maneira diferente]:

> Liberdade somente para os partidários do governo, somente para os membros de um partido – por mais numerosos que sejam – não é liberdade. Liberdade é sempre a liberdade de quem pensa de maneira diferente. Não por fanatismo da "justiça", mas porque tudo quanto há de vivificante, de salutar, de purificador na liberdade política depende desse caráter essencial e deixa de ser eficaz quando a "liberdade" se torna um privilégio.

Esse pequeno texto teve uma trajetória polêmica no decorrer do século XX. Desde que veio a público, sempre foi considerado pelos marxistas ocidentais um manifesto do socialismo democrático, a ponto de Michael Löwy declarar que "essa brochura de 1918 é um dos textos indispensáveis não só para entender o passado, mas também e sobretudo para uma refundação do socialismo (ou do comunismo) no século XXI".[13] Em contrapartida, na RDA foi publicado apenas em 1975, acompanhado das habituais observações a respeito dos "erros" de Luxemburgo; e, em Moscou, o texto considerado "maldito" só veio a público pela primeira vez em 1990.

Rosa é libertada em 8 de novembro de 1918, no início da revolução alemã. Em Berlim é encarregada, com Karl Liebk-

13. Michael Löwy, "Prefácio" a Jörn. Schütrumpf (org.), *Rosa Luxemburg ou o preço da liberdade*, trad. Isabel Maria Loureiro. São Paulo: Expressão Popular, 2006, p. 10.

necht, da direção do jornal *Die Rote Fahne* [A bandeira vermelha], no qual escreve artigos ácidos contra o governo social-democrata de Ebert-Scheidemann, acusando-o de sufocar o processo revolucionário. No fim de dezembro de 1918 – início de janeiro de 1919 participa da fundação do Partido Comunista Alemão (KPD). É presa com Karl Liebknecht, durante o que ficou conhecido como "insurreição de janeiro". Ambos são brutalmente assassinados no dia 15 de janeiro de 1919 por tropas do governo. Rosa tinha 48 anos. Os assassinos não foram condenados.

NO PRINCÍPIO ERA A AÇÃO – ROSA LUXEMBURGO MARXISTA

Rosa Luxemburgo sempre foi uma personagem polêmica para a esquerda bem-comportada. Em vida, os companheiros de partido reservaram-lhe epítetos machistas e pouco lisonjeiros, como "materialismo histérico" ou "vaca venenosa". Depois de morta, foi considerada por Lênin uma águia que, quando erra, pode voar mais baixo que uma galinha. Uma adversária chegou ao cúmulo do mau gosto de comparar a influência de suas ideias no PC alemão ao "bacilo da sífilis". A verdade é que Rosa nunca foi querida pelo marxismo oficial em nenhuma de suas vertentes. Seus contemporâneos no SPD reclamavam que "a camarada Luxemburgo bagunça tudo". Eles tinham razão: tanto suas ideias quanto sua prática política e sua vida pessoal nunca couberam em esquemas prontos.

As críticas mais sérias que lhe foram endereçadas podem resumir-se ao seguinte: o determinismo econômico, a crença nas leis da história que levam inevitavelmente ao colapso do capitalismo, conduz ao voluntarismo político, a uma fé mística nas massas revolucionárias e à sua superestimação em face do poder constituído. Mas o que essas críticas não captam é a *originalidade* de Rosa em relação aos seus companheiros social-democratas, também deterministas, porém distantes do ativismo revolucionário. Para que lutar pelo socialismo se acreditavam, como Plekhanov, que "a vitória do nosso programa é tão inevitável quanto o nascimento do sol amanhã"?

Para entendermos o pensamento de Rosa Luxemburgo é necessário antes de mais nada examinar, ainda que brevemente, sua interpretação da teoria de Marx. Ela frisa sempre que o marxismo é uma doutrina na qual não se separam o conhecimento das leis objetivas que regem a sociedade e a política revolucionária. A análise do desenvolvimento capitalista mostra que tanto o colapso do capitalismo quanto a revolução proletária são "inevitáveis", porém a ação das massas é necessária para dar à luz o núcleo de racionalidade contido na história. Caso contrário, este permanecerá apenas uma possibilidade. Em outras palavras, sem a ação consciente do proletariado não há alternativa ao capitalismo. Mesmo durante a época mais dura e pessimista de sua carreira política – 1914-17 –, época de total refluxo do movimento operário organizado, Rosa continua vendo na futura ação revolucionária dos trabalhadores o eixo da política socialista e, na presente agitação do pequeno grupo de oposição à guerra no interior da social-democracia alemã, uma forma de despertá-los.

Mas como entender unidade entre teoria e prática na sua obra? O marxismo permite uma dupla leitura:

1. A teoria é entendida como teoria *para* a prática. Ou seja, o marxismo é interpretado como uma teoria que a classe operária adota e utiliza como guia para a ação (teoria que foi produzida por intelectuais fora da classe operária, tal como pensava o Lênin do *Que fazer?*, nesse ponto seguidor de Kautsky). Vejamos o *Manifesto comunista*:

> Na prática, portanto, os comunistas constituem a parte mais resoluta dos partidos operários de todos os países, a parte que impulsiona sempre mais avante; quanto à teoria, têm sobre o restante da massa do proletariado a vantagem de uma compreensão (*Einsicht*) das condições, da marcha e dos resultados gerais do movimento proletário.

2. A teoria é entendida como teoria *da* prática. Em outras palavras, o marxismo é compreendido como expressão efetiva do movimento da classe operária, de tal maneira que a classe pode reconhecer-se na teoria. Nessa perspectiva, escrevem Marx e Engels no *Manifesto comunista*: "As proposições teóricas dos comunistas [...] são apenas a expressão geral das condições efetivas de uma luta de classes já existente, de um movimento histórico que se desenvolve sob nossos olhos".[14]

Segundo alguns comentadores, isso revelaria uma relação "ambígua" entre teoria e prática já na obra dos fundadores

14. As duas citações são tiradas de Karl Marx & Friedrich Engels, *Manifesto do Partido Comunista*, trad. Leandro Konder e Marcos Aurélio Nogueira. Petrópolis: Vozes, 1988, pp. 79 e 80.

do marxismo, e Rosa Luxemburgo apenas reproduziria essa mesma ambiguidade sem ter consciência do problema, pois o socialismo para ela ora consiste no objetivo final *a priori*, posto pela teoria, ora na criação livre das massas em ação, em grande parte imprevisível.[15] Quer dizer, no pensamento de Rosa se combinam, de maneira muitas vezes problemática, uma teoria determinista do colapso do capitalismo com uma outra que aposta tudo na ação (tanto espontânea quanto consciente, a consciência sendo fruto da ação) das massas populares em luta contra a sociedade capitalista. É preciso entender como é possível, e se é possível, harmonizar uma teoria do social entendida como previsão e a defesa da criatividade das classes trabalhadoras que, ao agir, inventam o que a teoria não previra, tanto para o bem quanto para o mal.

Outra vertente interpretativa que começa com Lukács[16] também vê na unidade entre teoria e prática a categoria central – não ambígua, mas dialética – do pensamento de Rosa Luxemburgo. Nessa perspectiva, a obra de Rosa é atravessada por *duas linhas mestras*: a) análise do modo de produção capitalista com suas contradições. Trata-se de um modo de produção que cria necessariamente a desigualdade entre os seres humanos, entre

15. Para uma exposição detalhada desta questão, cf. Isabel Loureiro, *Rosa Luxemburg – os dilemas da ação revolucionária*. São Paulo: Unesp, 1995. 2.ª ed., 2004.
16. Cf. "Rosa Luxemburg marxista", in *Historia y consciência de clase*. México: Grijalbo, 1969. O exemplo mais recente de uma interpretação de Rosa Luxemburgo como marxista dialética encontra-se em Frigga Haug, *Rosa Luxemburg und die Kunst der Politik*. Hamburgo: Argument Verlag, 2007.

as classes e entre os países; que para se reproduzir precisa acumular indefinidamente, destruindo assim os antigos modos de vida, a natureza, os vínculos sociais etc. Dessa análise decorre logicamente a *necessidade* da transformação radical desse modo de produção, ou, em outras palavras, da *revolução socialista*; b) estudo da história da luta de classes, das revoluções, do protagonismo da classe trabalhadora, de suas vitórias e derrotas, para aprender tanto com as vitórias quanto com as derrotas. Aqui a ideia central é a da *experiência* como a grande mestra dos oprimidos. Nesse campo encontramos, por exemplo, as análises feitas no calor da hora da Revolução Russa de 1905-06, como *Greve de massas, partido e sindicatos*.

Haveria assim na obra de Rosa uma dialética entre lógica e história, necessidade e liberdade, que em termos políticos se traduziria na dialética entre reforma e revolução. O seu pensamento político resultaria do entrelaçamento desses dois fios. O trecho a seguir aborda o mesmo problema de um ponto de vista um pouco diferente:

> A polêmica entre Marx e Lassalle não decorre – parece-nos – da oposição entre a concepção idealista e a concepção materialista da história, mas antes de uma diferença no interior desta última, que é captada por ambos nos seus diversos momentos. Os homens fazem a história, mas não arbitrariamente, dizem Marx e Engels defendendo a obra da vida deles, a concepção materialista da história regida por leis. Os homens não fazem arbitrariamente a história, mas fazem-na eles mesmos, enfatiza Lassalle, defendendo a obra da sua vida, a "decisão individual",

> a "ação audaz" [...] perante a história, quem acabou tendo razão, Marx ou Lassalle? Ambos.[17]

Essa passagem permite esclarecer o seu conceito de *ação*. Numa peculiar leitura de Lassalle como adepto do materialismo histórico, Rosa não só enfatiza o papel da ação humana na história como sugere que as leis da história atuam por meio da decisão individual. Para usarmos uma formulação de Adorno: assim como a história relegou os indivíduos "ao plano de simples executantes, de simples participantes da riqueza social e do combate social, também, com não menos realidade, ela nada seria sem eles e a sua espontaneidade. Marx nunca deixou de frisar esse aspecto antinômico [...]".[18] Aspecto antinômico que Rosa procura captar recorrendo a Marx e a Lassalle, e que se exprime na sua teoria política da seguinte maneira: nos momentos revolucionários, a ação das massas populares é expressão das leis da história, há unidade imediata entre teoria e prática, e esta é entendida como teoria *da* prática; no período de refluxo de 1914 a 1917, as leis – Rosa usa a metáfora da toupeira da história – continuam seu trabalho até que a prática fique novamente de acordo com a teoria. Esta é o polo imóvel que conserva a verdade revolucionária contra o apoio das classes populares e da

17. Rosa Luxemburg, "Aus dem Nachlass unserer Meister", in *Gesammelte Werke* 1/2. Berlim: Dietz Verlag, 1979, p. 155. Segundo Rosa, enquanto Marx criou o "socialismo científico", Lassalle fundou o partido. Ela deixa na sombra os equívocos de Lassalle (estatismo, colaboração com Bismarck) para exaltar o homem de ação.

18. Theodor W. Adorno, *Dialéctica negativa*. Madri: Taurus, 1989, p. 302.

social-democracia ao imperialismo alemão. Aqui temos a teoria *para* a prática.

Entretanto é preciso observar que, independentemente desse dilema que se manifesta de maneiras diferentes dependendo da conjuntura, a ideia central da teoria política de Rosa Luxemburgo é a da criatividade histórica. A história não está predeterminada como se fosse uma espécie de destino a que os homens têm de se submeter, mas é criação, invenção da ação cotidiana e, sobretudo, da ação revolucionária das classes populares. Elas são o sujeito da história (*Massen-Ich*), que, nos períodos de ocultamento da revolução, passa a representar um papel secundário.

Na época da revolução alemã, os "dilemas da ação revolucionária" aparecem de modo crucial nas suas oscilações táticas – ora ela adota uma tática moderada, ora uma radical. Esses dilemas não são apenas fruto da situação conjuntural (da qual não posso falar aqui), mas decorrem da sua compreensão do marxismo nos dois sentidos assinalados, o que lhe permite ver a revolução que está começando de duas maneiras não excludentes: como "objetivo final" contido na teoria, guiando a prática da classe, e como processo que adquire sentido na luta de classes, "objetivo final" que se constitui pela própria ação da classe em movimento. Nessa segunda perspectiva não há teoria prévia a guiar a ação, a história está aberta para o futuro, a vanguarda não pode ser uma seita separada das massas, detentora da teoria, caso contrário a teoria vira ideologia.

Em outros termos, Rosa vê a revolução como um processo lento que, não se resumindo à troca de partidos no poder, só poderá efetivar-se por meio da ação consciente dos de baixo.[19] Ao mesmo tempo, nos artigos do jornal *Die Rote Fahne*, ela lança apelos exaltados às massas para agirem contra a moderação das direções, chegando a propor a destituição do governo Ebert-Scheidemann. Embora a portas fechadas desaprove a derrubada do poder constituído por uma minoria isolada em Berlim, continua no jornal a conclamar abstratamente à ação, sem conteúdo programático claro. Diz que é necessário agir, nada de deliberar, nada de negociar. Quando o operariado revolucionário sai às ruas (ele tinha ocupado a redação dos jornais burgueses, a agência de notícias Wolf e alguns prédios públicos), mesmo sendo uma minoria isolada, a direção spartakista-comunista decide não abandoná-lo, embora reconheça ter sido um erro lançá-lo ao combate. Não há, por parte da direção comunista, nenhum recuo tático; ela assume uma atitude heroica e suicida.

Eis resumidamente os dilemas enfrentados por Rosa nos meses de novembro-dezembro de 1918 e janeiro de 1919: ela defende a revolução socialista numa conjuntura em que não há condições objetivas para isso, do que se dá conta. Mas ao mesmo tempo espera que, com a agitação, forma de alcançar a maioria, os conselhos espontaneamente formados tomem a direção do socialismo, caso tenham tempo e liberdade para se manifestarem e desenvolverem suas atividades. Tempo é fundamental para que as massas aprendam com a experiência. Justamente o *handicap*

19. Em virtude dessa avaliação ela procura, no congresso de fundação do KPD, arrefecer o ímpeto dos jovens spartakistas que só querem saber de agir, mesmo sem ter base de massa.

do movimento revolucionário, pois a contrarrevolução se arma e é muito mais violenta que o punhado de esquerdistas que quer tomar o poder.

O comportamento político de Rosa Luxemburgo nessa época provoca até hoje polêmicas apaixonadas.[20] Os seus adversários conservadores, focados unicamente no papel da agitadora revolucionária, veem numa notória antagonista do terrorismo uma partidária da violência. Já os simpatizantes limitam-se a indicar sua reserva (e a da liderança comunista) no tocante à insurreição de janeiro. No meu entender, ambas as leituras são parciais. Se quisermos explicar o comportamento político de Rosa nesses três meses é preciso entender o seguinte: a teórica marxista convive com a agitadora revolucionária, Marx dá a mão a Lassalle. E mais: a revolução entendida como processo lento de amadurecimento de uma contra-hegemonia – ela era hostil ao golpismo – não se opunha à ideia da tomada do poder, desde que apoiada pela "vontade clara e inequívoca da grande maioria da massa proletária em toda a Alemanha".[21] Como revolucionária que era, acima de tudo, Rosa não poderia ter agido de outra forma. No momento da ação, o revolucionário aposta que o caminho escolhido por ele levará à vitória. *É uma aposta, não uma garantia.* Nesse

20. Cf. Ottokar Luban, "Die ratlose Rosa. Die KPF-Fuhrung im Berliner Januaraufstand 1919. Legende und Wirklichkeit", in O. Luban, *Rosa Luxemburgs Demokratiekonzept*. Leipzig: Rosa-Luxemburg-Stiftung Sachsen, 2008.

21. Rosa Luxemburg, "Was will der Spartakusbund?", in *Gesammelte Werke* 4. Berlim: Dietz Verlag, 1987, p. 448.

sentido, os dilemas existentes na esfera da prática não podem ser resolvidos por nenhuma teoria prévia, nem por nenhuma "dialética histórica".[22] Eles fazem parte do que Rosa, referindo-se a Marx, chama de "*Realpolitik* revolucionária":[23] uma política que não separa reforma e revolução, enraizada nos problemas do presente e, ao mesmo tempo, com os olhos postos na transformação radical da sociedade. Em outras palavras, que tenha por meta manter unido *o que é* e *o que pode ser*. A trajetória de Rosa Luxemburgo é exemplar nesse sentido, donde as justas palavras de Lukács: "É característico da unidade entre teoria e prática na obra de Rosa Luxemburgo o fato de que essa unidade de vitória e derrota, de destino individual e processo total constitua o fio condutor de sua teoria e de sua conduta".[24]

REVOLUÇÃO, SOCIALISMO E DEMOCRACIA

A hegemonia do marxismo-leninismo na esquerda do século XX produziu uma recepção controversa do ideário socialista revolucionário e radicalmente democrático de Rosa Luxemburgo. Os adversários dos comunistas faziam questão de ignorar que suas críticas ao autoritarismo bolchevique em *A revolução russa* eram feitas de uma perspectiva de "companheira de cami-

22. "Não há teoria [...] que [...] libere dos riscos do engajamento e das consequências não desejadas" (J. Habermas, *Théorie et pratique*. Paris: Payot, 1975, p. 64).
23. Rosa Luxemburg, "Karl Marx", in *Gesammelte Werke* 1/2, op. cit., p. 373.
24. Georg Lukács *apud* Isabel Loureiro, *Rosa Luxemburg – os dilemas da ação revolucionária*, op. cit., p. 53.

nho" e não podiam ser confundidas com a defesa da democracia liberal; já os comunistas usavam a seu favor a figura da mártir revolucionária e censuravam as ideias contidas no opúsculo não ortodoxo.

Nesse ajuste de contas escrito na prisão em 1918, em que Rosa discorda dos bolcheviques devido à dissolução da Assembleia Constituinte (entre outras questões), ela defende a ideia de que a tomada do poder e a instituição da democracia não são duas etapas separadas no tempo, mas duas faces da mesma moeda. "A democracia socialista não começa somente na Terra Prometida, quando tiver sido criada a infraestrutura da economia socialista, como um presente de Natal, já pronto, para o bom povo que, entretanto, apoiou fielmente o punhado de ditadores socialistas."[25] Nesse sentido, Rosa recusaria a estratégia típica dos partidos comunistas do século XX: primeiro se toma o poder, depois se muda o mundo. Direito de associação e de reunião, imprensa livre, espaço público são pré-requisitos indispensáveis para uma ampla circulação de ideias entre as classes subalternas, permitindo que amadureçam em termos políticos e que participem ativa e conscientemente da instituição de uma sociedade realmente democrática, que ela identifica com o socialismo. Com os olhos postos na experiência dos conselhos, Rosa apoia a democracia a partir da base no discurso de fundação do Partido Comunista Alemão quando diz que na revolução socialista

25. Rosa Luxemburg, "A Revolução Russa", in J. Schütrumpf, op. cit., pp. 121-22.

> a história não nos faz a tarefa tão fácil como nas revoluções burguesas, em que bastava derrubar o poder oficial no centro e substituí-lo por alguns homens ou por algumas dúzias de homens novos. Precisamos trabalhar de baixo para cima [...] conquistar o poder político não por cima, mas por baixo.[26]

Os conselhos são espontâneos, e não resultado de iniciativas partidárias (mesmo quando seus membros são militantes de partidos), não são hierarquizados nem centralizados. Para Rosa os conselhos têm antes de mais nada um papel pedagógico – "exercendo o poder é que a massa aprende a exercer o poder".[27] A democracia conselhista com suas assembleias, espaço público de discussão e de tomada de decisões diretamente pelos envolvidos permite a formação política das massas trabalhadoras e a criação de formas de sociabilidade mais solidárias, diferentes do individualismo possessivo da sociedade burguesa-capitalista. Em resumo, para Rosa o que importa é a transformação econômica, política e cultural da sociedade levada a cabo pela participação das classes populares (tanto organizada e consciente quanto espontânea).

Mencionei antes que "a liberdade de pensar de maneira diferente" não decorria de uma concepção liberal da política[28] –

26. Id., "Unser Programm und die politische Situation", in *Gesammelte Werke* 4, op. cit., p. 510.
27. Id., ibid., pp. 509-10.
28. Para uma interpretação de Rosa como republicana e não marxista, cf. Hannah Arendt, "Rosa Luxemburgo", in *Homens em tempos sombrios* [1955-68], trad. Denise Bottmann. São Paulo: Companhia das Letras, 1987.

defesa da tolerância, convivência de direitos políticos formais com desigualdade social e econômica –, mas era imprescindível para a criação de um espaço público popular onde as classes subalternas pudessem fazer suas próprias *experiências* e corrigi-las quando necessário. O papel exercido pela ideia de experiência das massas na obra de Rosa torna-se mais visível a partir da guerra de 1914. O viés determinista – o socialismo como algo seguro, garantido pelas leis do desenvolvimento histórico – aparece matizado e dá lugar à palavra de ordem *socialismo ou barbárie*: o socialismo só poderá tornar-se realidade se os trabalhadores fizerem autocrítica da sua adesão ao chauvinismo reinante e lutarem pelo socialismo:

> Os seus erros [do proletariado] são tão gigantescos quanto as suas tarefas. Não há esquema prévio, válido de uma vez por todas, não há guia infalível para lhe mostrar o caminho a percorrer. A experiência histórica é seu único mestre. O caminho espinhoso da sua autolibertação não só está juncado de sofrimentos sem limites, mas também de inúmeros erros [...] A moderna classe operária paga caro toda a compreensão da sua missão histórica. O gólgota da sua libertação está pavimentado de terríveis sacrifícios [...] Mas não estamos perdidos e venceremos, se não tivermos desaprendido a aprender.[29]

29. Rosa Luxemburg, "Die Krise der Sozialdemokratie", in *Gesammelte Werke* 4, op. cit., pp. 53 e 62-63.

Como vemos, o socialismo deixou de ser uma garantia para tornar-se uma *aposta*.[30] Depende do comportamento da classe trabalhadora, das lições que ela souber tirar da própria experiência, ou seja, da vida. Trata-se aqui de um processo lento de amadurecimento, da formação de *outra hegemonia* no interior da própria sociedade capitalista para a qual é indispensável a existência de liberdades democráticas. Em outros termos, trata-se de criar uma nova cultura, novos valores, novas relações entre os seres humanos.

No início da primeira revolução socialista no mundo, a Revolução Russa, ao dar seu apoio crítico aos bolcheviques, Rosa desenvolve a ideia de que uma sociedade socialista, no sentido de qualitativamente nova, só pode ser criada pela ação livre das massas trabalhadoras:

> O sistema social socialista não deve nem pode ser senão um produto histórico, nascido da própria escola da experiência, na hora da sua realização, nascido da história viva fazendo-se, que, exatamente como a natureza orgânica, da qual faz parte em última análise, tem o belo hábito de produzir sempre, junto com uma necessidade social real, os meios de satisfazê-la, ao mesmo tempo que a tarefa a realizar, a sua solução. E assim sendo, é claro que o socialismo, por sua própria natureza, não pode ser outorgado nem introduzido por decreto.

30. Uma apropriação frutífera da ideia de aposta para o marxismo encontra-se em Michael Löwy & Sami Nair, *Lucien Goldmann ou a dialética da totalidade*, trad. Wanda Caldeira Brant. São Paulo: Boitempo, 2008.

> Ele pressupõe uma série de medidas coercitivas – contra a propriedade etc. Pode-se decretar o negativo, a destruição, mas não o positivo, a construção. Terra nova. Mil problemas. Só a experiência [é] capaz de corrigir e de abrir novos caminhos. Só uma vida fervilhante e sem entraves chega a mil formas novas, improvisações, mantém a força criadora, corrige ela mesma todos os seus erros. Se a vida pública dos Estados de liberdade limitada é tão medíocre, tão miserável, tão esquemática, tão infecunda, é justamente porque, excluindo a democracia, ela obstrui a fonte viva de toda riqueza e de todo progresso intelectual.[31]

Numa famosa carta escrita da prisão a Sonia Liebknecht, mais ou menos na mesma época, Rosa também se refere à *vida*, que, assim como a "dialética histórica", por alguma espécie de

> segredo mágico [...] pune todo mal e as tristes mentiras, transformando-as em luz intensa e em felicidade [...] o segredo não é outro senão a própria vida; a profunda escuridão noturna é bela e suave como veludo, basta saber olhar. No estalar da areia úmida sob os passos lentos e pesados da sentinela canta também uma bela, uma pequena canção da vida – basta apenas saber ouvir.[32]

31. Rosa Luxemburg, "A Revolução Russa", in op. cit., pp. 117-18.
32. Id., "Uma carta da prisão a Sonia Liebknecht", in Schütrumpf, op. cit., pp. 75-76.

Nos dois casos, as ideias de *vida* e *experiência* remetem à criação, ao espontâneo, instintivo, ativo, em oposição ao que é codificado, mecânico, rígido, numa palavra, *burocrático*.

Rosa foi pioneira na crítica da burocratização das organizações partidárias. O exemplo que ela tinha diante dos olhos era o da social-democracia alemã, cuja deformação burocrática acompanhou de perto, temendo que esse procedimento se repetisse no partido russo, caso as liberdades democráticas fossem eliminadas no decorrer do processo revolucionário. Num texto notável em que reage contra o espírito burocrático que se apoderou do SPD, ela escreve:

> Mas é uma ideia estranha querer ocupar permanentemente milhões de homens só com deveres corriqueiros, discutindo o aumento das cotizações, a colocação de novos distribuidores de jornais, elegendo o presidente, o vice-presidente e o tesoureiro, ou, para variar, querer que se ocupem de todos os pequenos atritos locais entre os funcionários, inevitáveis onde muitas pessoas trabalham juntas. É uma ideia estranha pensar que bastaria aumentar em proporções gigantescas, mecanicamente, esse rame-rame burocrático para, como o passar do tempo, recrutar e manter nas organizações do partido dois, três ou mais milhões de membros.[33]

33. Id., "Taktische Fragen", in *Gesammelte Werke* 3. Berlim: Dietz Verlag, 1984, p. 253.

Rosa tinha horror a tudo que era rotineiro, mecânico, unilateral – *sem vida*. Assim a forma-partido era unilateral – ela está fundada no centralismo, na hierarquia, na disciplina, pois seu objetivo é a luta pelo poder; mais importante que partido e poder era a capacidade de ação das massas populares: "A matéria viva da história, apesar da social-democracia, continua sendo a massa popular [...]".[34] Por isso mesmo ela não acreditava que o partido fosse *a única forma* nem a *forma correta* de organização. Tanto que, em 1916, escreve: "A hora histórica exige a cada momento as formas correspondentes de organização popular, criando ela mesma novos e improvisados meios de combate, antes desconhecidos, seleciona e enriquece o arsenal popular, sem nenhuma preocupação com as prescrições dos partidos".[35]

Assim como os indivíduos só desabrocham se forem livres, também a revolução socialista exige mais democracia, mais liberdade, não menos democracia, menos liberdade.[36] Uma passagem do texto *O que quer a Liga Spartakus?*, adotado como programa do KPD, é bem sugestiva: "A essência da sociedade socialista consiste no seguinte: a grande massa trabalhadora deixa de ser uma massa governada, para viver ela mesma a vida

34. Id., ibid., p. 252.
35. Id., "Die Krise der Sozialdemokratie", op. cit., p. 149.
36. Cf. as críticas à falta de liberdade depois da tomada do poder pelos bolcheviques nas cartas a Julian Marchlewski, 30/09/1918, e a Adolf Warski, Berlim, fim de novembro. Rosa Luxemburg, *Gesammelte Briefe* 6. Berlim: Dietz Verlag, 1993, pp. 208-11.

política e econômica na sua totalidade, e para orientá-la por uma autodeterminação consciente e livre".[37]

Por fim, um outro ponto em que Rosa não seguiu o figurino da esquerda no século XX diz respeito à concepção de partido. No seu entender, a organização brota da espontaneidade, mas ao mesmo tempo vai além dela, num processo de educação ininterrupta e circular. Aqui encontramos um dos traços mais marcantes do seu pensamento político: o fim da dicotomia entre massa e vanguarda, dirigentes e dirigidos, organizados e não organizados. Ela sempre opôs à concepção leninista de partido-vanguarda uma organização centralizada e hierarquizada de revolucionários profissionais separada da base dos militantes, a ideia de partido de massas, que engloba "o conjunto dos interesses progressistas da sociedade e de todas as vítimas oprimidas pela ordem social burguesa".[38]

Desde cedo, ao criticar o voluntarismo golpista,[39] ela rejeitou a ideia de uma vanguarda que substitui as massas, insistindo, nos artigos poloneses da época da revolução russa de 1905-06, que a revolução somente pode ser obra das próprias massas populares, nunca de grupos armados, nem de vanguardas intelectuais que se põem no lugar delas. A "fabricação da revolução" ("*Revolutionsmacherei*") leva à substituição das massas, não só no decorrer da revolução, mas também depois.

37. Rosa Luxemburg, "Was will der Spartakusbund?", op. cit., p. 442.

38. Id., "Questões de organização da social-democracia russa", in Rosa Luxemburgo, *Textos escolhidos*. São Paulo: Expressão Popular, 2009, p.45.

39. Cf. id., ibid.

"Essa ideia, que representa uma parte importante de sua filosofia política, também a encontramos em trabalhos posteriores, entre outros, *A revolução russa*."[40]

ROSA LUXEMBURGO NO BRASIL

Em 1995, Michael Löwy assim resumiu o que se passou entre nós:

> Sempre existiu na cultura da esquerda brasileira uma corrente "luxemburguista", mas até há poucos anos ela era relativamente marginal. Isso começa a mudar com a fundação do Partido dos Trabalhadores, cujo primeiro aderente, simbolicamente, foi Mário Pedrosa. Muitos dos intelectuais e dirigentes do novo movimento reivindicam a herança de Rosa Luxemburgo, enquanto se observa a presença de alguns aspectos essenciais dessa herança – a democracia socialista, o élan antiburocrático e libertário, a busca de uma alternativa à social-democracia e às formas autoritárias do comunismo – na nova cultura socialista do Brasil.[41]

Desde o início de sua recepção no Brasil, Rosa Luxemburgo foi vista como símbolo do socialismo democrático. Mário Pedrosa, nosso maior pensador socialista e nosso maior crítico de arte,

40. Feliks Tych, "Die Revolution von 1905-1907 – Zur Entwicklung der politischen Philosophie Rosa Luxemburgs", in T. Bergmann, J. Rojahn & F. Weber (orgs.), *Die Freiheit der Anderdenkenden – Rosa Luxemburg und das Problem der Demokratie*. Hamburgo: VSA-Verlag, 1995, p. 85.
41. Michael Löwy, "Apresentação", in I. Loureiro, *Rosa Luxemburg – os dilemas da ação revolucionária*, op. cit.

foi o pai do "trotskismo" brasileiro e mais tarde do "luxemburguismo". Durante sua estada em Berlim e Paris no final da década de 1920, teve um primeiro contato com as ideias econômicas de Rosa Luxemburgo, embora nessa época ainda não tivesse lido sua obra. Grande conhecedor da história da revolução russa, ele se tornou, desde o fim dos anos 1920, um crítico incisivo da degenerescência burocrática do Partido Comunista, dos sindicatos e dos sovietes na URSS. Após 1945, passou a divulgar, entre outros autores de esquerda não ortodoxos, as ideias de Rosa Luxemburgo no jornal *Vanguarda Socialista* (1945-48). Num país periférico como o Brasil, onde os textos marxistas só começaram a ser traduzidos em maior quantidade na década de 1960, essa iniciativa era algo fora do comum. Um dos clássicos do marxismo publicados em *Vanguarda Socialista* foi a brochura de Rosa Luxemburgo "A revolução russa", verdadeira heresia numa época em que a URSS estava no auge da sua glória e em que a maioria da esquerda brasileira se encontrava sob a hegemonia do PCB.[42]

Em 1946, Mário Pedrosa estava firmemente convencido que "Rosa era no Ocidente a única figura capaz de se medir com aqueles dois gigantes [Lênin e Trótski] e de enfrentá-los com independência, num plano de igualdade. Sobrava-lhe, para isso, em valor moral e intelectual, em autoridade e em espírito

42. Cf. Paul Singer, "Mário Pedrosa e a vanguarda socialista", in Marques Neto (org.), *Mário Pedrosa e o Brasil*. São Paulo: Fundação Perseu Abramo, 2001, p. 147.

revolucionário".[43] A socialista polonesa, com sua defesa das liberdades democráticas,[44] da ação direta e da experiência das massas, voltava a ser ouvida no pós-guerra por

> todos os que querem reconstruir o movimento socialista internacional em novas bases que superem tanto o reformismo social-democrata carregado de crimes e de senilidade como o revolucionário bolchevista, não menos carregado de crimes e degenerado até a horrenda caricatura do que hoje, sob a forma stalinista, não é mais do que a máscara totalitária de um neobarbarismo.[45]

Vejamos resumidamente as ideias que Mário Pedrosa, e os socialistas brasileiros de modo geral, herdaram de Rosa Luxemburgo:

1. a defesa da concepção democrática de partido de massas contra a concepção leninista de partido-vanguarda, a qual implica uma separação antidemocrática entre vanguarda e massa e, como mostraram os partidos comunistas durante o século XX, a separação entre direção e base;

2. a defesa do socialismo democrático como criação autônoma das massas populares, que se organizam das mais variadas

43. Nota explicativa, "A Revolução Russa", in M. Pedrosa, *A crise mundial do imperialismo e Rosa Luxemburgo*. Rio de Janeiro: Civilização Brasileira, 1979, pp. 119-20.

44. Mário Pedrosa faz questão de frisar que a crítica de Rosa ao fechamento da Assembleia Constituinte pelos bolcheviques é feita "sem cair num democratismo pequeno-burguês abstrato e sem fazer o jogo da direita", id., ibid., p. 124.

45. Id., ibid., p. 129.

formas e se politizam por meio da luta cotidiana, com o objetivo de transformar o mundo capitalista dos interesses privados numa sociedade justa e igualitária;

3. a ideia de que não existe modelo de revolução a ser imitado, de que a esquerda em cada país deve encontrar seu caminho a partir da sua própria experiência e da sua situação concreta;

4. a crítica da democracia representativa e a ênfase na autogestão e na auto-organização da sociedade.

Essa tendência democrática e socialista manifestou-se na origem do Partido dos Trabalhadores. Mas com o passar do tempo ela foi abandonada pelo PT e substituída pela *Realpolitik* não revolucionária, com o fim único de ganhar eleições e fortalecer a máquina partidária. A perspectiva democrática e socialista de Rosa Luxemburgo deixou de fazer sentido para a esquerda governamental.

Os herdeiros de Rosa Luxemburgo estão hoje nos movimentos sociais como o MST, que, buscando ir além da democracia representativa e dos limites que lhes são impostos pelo capital, lutam por uma democracia centrada na *autonomia* das massas populares. À esquerda eleitoreira, institucionalizada e burocrática, os movimentos sociais opõem a construção do poder a partir de baixo – a democracia participativa.

E, por fim, há nas obras econômicas de Rosa Luxemburgo, *A acumulação do capital* e *Introdução à economia política*, uma perspectiva "terceiro-mundista" que atraiu e atrai os socialistas brasileiros (e latino-americanos). Independentemente das críticas técnicas a respeito da tese central de *A acumulação do capital* – o capital precisa de regiões não capitalistas, de "algo fora de si mesmo", para acumular –, o que chama a atenção é que Rosa Luxemburgo enfatiza a violência com que as culturas primitivas são aniquiladas pelo colonizador europeu e substituídas pela economia de mercado. Esta não representa progresso em relação ao período anterior, e sim a ruína econômica e cultural dessas antigas comunidades.[46]

Diferentemente de uma visão iluminista do progresso, em que a violência capitalista é encarada como um "mal necessário" no caminho para o socialismo, Rosa acredita que os povos primitivos podem ensinar aos "civilizados" formas de sociabilidade mais igualitárias (e, acrescentaríamos nós, não predadoras da natureza), determinadas pelos interesses da coletividade. Ainda hoje as comunidades indígenas e camponesas na América Latina continuam a ser vistas pelas classes dominantes como um obstáculo à "modernização" que precisa ser afastado à força do caminho do "progresso", entendido como mero crescimento econômico.

A ideia mencionada, de que o capital precisa de algo fora de si mesmo para acumular, é considerada de grande atualidade pelos socialistas brasileiros. A violência típica da "acumulação primitiva", que Marx restringia aos primórdios do capitalismo, para Rosa continua até a época atual, é inerente ao sistema capitalista,

46. Cf. P. Singer, "Uma discípula de Marx que ousava criticar Marx"; Michael Löwy, "A atualidade latino-americana de Rosa Luxemburgo", in I. Loureiro (org.), *Socialismo ou barbárie: Rosa Luxemburgo no Brasil*. São Paulo: Rosa-Luxemburg-Stiftung, 2008.

no que David Harvey chama de "acumulação por espoliação".[47] As novas fronteiras da expansão capitalista não são mais territoriais (embora também o sejam), mas econômicas: a estratégia do capital consiste em converter antigos direitos em mercadorias (serviços públicos, saúde, educação, cultura, sementes, patenteamento da vida humana etc.). É contra essa nova forma de acumulação do capital que resistem os movimentos sociais no Brasil e na América Latina.

Periférica na Europa do seu tempo, judia polonesa que era, Rosa tem *insights* que apontam para uma concepção de história distinta da do marxismo ortodoxo, com sua fé ingênua no desenvolvimento das forças produtivas.[48] Hoje a periferia do capitalismo sabe muito bem que o modelo de civilização oriundo da Revolução Industrial implica necessariamente a dicotomia entre ricos e pobres e a destruição da natureza. Embora seja discutível ver em Rosa uma precursora dos ecologistas,[49] seu grande amor à natureza é sem dúvida uma característica que a liga ao atual espírito do tempo. Vale a pena lembrar Walter Benjamin: "Não existem, nas vozes que escutamos, ecos de vozes que emudeceram? Não têm as mulheres que cortejamos irmãs que

47. David Harvey, *O novo imperialismo* [2003], trad. Adail Ubirajara Sobral. São Paulo: Loyola, 2004, p. 121. Cf. as entrevistas de Michael Löwy e de Paulo Arantes em *Socialismo ou barbárie*, op. cit.
48. Cf. Michael Löwy, "Rosa Luxemburg", in M. Löwy & R. Sayre. *Revolta e melancolia: O romantismo na contramão da modernidade*. Petrópolis: Vozes, 1995.
49. Gilbert Badia, "L'Essentiel, demeurer un être humain", in C. Weill & G. Badia (orgs.), *Rosa Luxemburg aujourd'hui*. Paris: Presses Universitaires de Vincennes, 1986, p. 144.

elas não chegaram a conhecer? Se assim é, existe um encontro secreto, marcado entre as gerações precedentes e a nossa".[50] Nesse sentido, gostaria de concluir com a comovente passagem de uma carta escrita da fortaleza de Wronke à amiga Sonia Liebknecht. A prisioneira, doente e deprimida, ao partilhar o sofrimento dos injustiçados deste mundo, revela um traço típico da sua personalidade – uma compaixão por todos os condenados da Terra, que não se esgota nela mesma, mas cria a coragem para resistir:

> Ontem li um livro sobre o desaparecimento dos pássaros canoros na Alemanha. A crescente exploração racional das florestas, o cultivo de jardins e a agricultura fazem desaparecer pouco a pouco todas as condições naturais de fazer ninhos e encontrar alimentação: árvores ocas, terras incultas, matagais, folhas murchas nos jardins. Fiquei muito triste lendo isso. E não é porque os homens deixarão de ouvir o canto [dos pássaros], mas a imagem do desaparecimento silencioso, irresistível desses pequenos seres indefesos dá-me tanta pena que chego a chorar. Isso me lembrou um livro russo, escrito pelo professor Siber, sobre o desaparecimento dos peles-vermelhas na América do Norte, que li ainda em Zurique. Assim como os pássaros, eles são pouco a pouco expulsos de suas terras pelos homens civilizados e abandonados a um desaparecimento silencioso e cruel. Mas devo estar doente, para que tudo isso me perturbe tão profundamente. Ou então, sabe o que é? Às vezes sinto que não sou um

50. Walter Benjamin, "Sobre o conceito de história", in *Obras escolhidas*. São Paulo: Brasiliense, 1986, p. 223.

ser humano de verdade, mas um pássaro ou algum outro animal que adquiriu forma humana fracassada; no fundo de mim, sinto-me bem mais em casa num cantinho de jardim como aqui, ou no campo, sentada na grama e rodeada de abelhas que num congresso do partido. Sei que posso dizer-lhe tudo isso tranquilamente, você não vai logo dizer que é traição ao socialismo. Você sabe, eu espero, apesar de tudo, morrer no meu posto – numa batalha de rua ou na prisão. Mas o meu eu mais profundo pertence antes aos meus chapins do que aos "camaradas".[51]

51. Carta a Sonia Liebknecht, Wronke, 02/05/1917, *Gesammelte Briefe* 5, op. cit., p. 229.

ERICH AUERBACH E A CONDIÇÃO HUMANA

LEOPOLDO WAIZBORT

A QUESTÃO

Erich Auerbach (1892-1957) é conhecido por seu livro *Mimesis. Dargestellte Wirklichkeit in der abendläendischen Literatur* [*Mimesis. A realidade exposta na literatura ocidental*],[1] publicado em Berna em 1946, e pode-se dizer que seus outros trabalhos gravitam em torno dessa obra.

O livro propõe-se a investigar nada menos do que a condição humana, mas a compreende como intrinsecamente histórica. Portanto, como algo que se altera ao longo do tempo, e o esforço de análise consiste em revelar essa historicidade, que é em mesma medida demonstrar a condição humana tal como se apresenta em diferentes épocas e situações. Essa tarefa, bastante complexa e talvez mesmo pretensiosa, foi encaminhada por Auerbach de maneira muito original, lançando mão de sua formação como filólogo e estudioso de obras literárias.

1. A tradução brasileira da obra, pela editora Perspectiva, adotou o subtítulo "A representação da realidade na literatura ocidental". Aqui, todas as traduções de *Mimesis* são de Leopoldo Waizbort. [N.E.]

Se a condição humana não é transcendente e fixa, examiná-la consiste em acompanhar as suas transformações. Auerbach buscou compreender como, em diversas obras literárias, os seres humanos, de alguma maneira, figuravam e fixavam uma imagem do homem. Arrolando diversas dessas imagens que se alteram ao longo do tempo, ele escreveu uma espécie de história da condição humana, isto é, dos diferentes modos como os seres humanos viam a si mesmos e o mundo no qual viviam em um determinado momento e situação histórica, figurando-os em obras literárias.

Pode-se argumentar que a condição humana não se confunde com a imagem do homem, ou com o modo como eles se percebem. Mas a assunção do caráter propriamente histórico da condição humana acaba por conduzir a essa aproximação, desde que se pretenda – como é o caso em Auerbach – evitar atribuir um conteúdo arbitrário ou extemporâneo à condição humana. Auerbach entende que a obra literária – assim como outras formas culturais – é uma espécie de depósito ou condensação dessa maneira de ver a si próprio e o mundo.

Desse modo, sua tarefa converte-se em investigar como as obras literárias revelavam uma imagem do homem e de seu mundo. Não se trata de atribuir, pelo investigador, um conteúdo a elas, mas algo bem diferente: descobrir como, a cada momento, os seres humanos viam e compreendiam sua condição humana, representando-a literariamente. Isso significava assumir a historicidade das formas de consciência, que se revela em mesma medida no modo como a condição humana é figurada na obra literária. Por essa razão o subtítulo da obra, que explica o que Auerbach entende por "mimesis", fala da realidade exposta. A obra literária expõe uma realidade, inerente e interna a ela, convertida em linguagem e estilo, e revela assim o modo como os homens veem a si mesmos e seu mundo. Esse modo está articulado a formas de consciência, ou seja, à capacidade que eles possuem e à modalidade que desenvolvem de perceber e figurar tudo isso.

Auerbach postula e procura desenvolver uma correlação enfática entre pelo menos três dimensões: como se concretiza uma forma expressiva (no caso, a literária), como os homens veem a si mesmos, e uma determinada situação histórico-social.

Ademais, sua perspectiva é enfaticamente histórica e a correlação é pensada em termos processuais: transformações no modo como os homens figuram a si mesmos e o mundo na obra literária estão conectadas a mudanças na maneira como se veem – portanto, a transformação nas formas de consciência, vale dizer nos próprios seres humanos – e também a transformações na estrutura social, no mundo histórico-social no qual vivem. O resultado é que, investigando como a realidade está exposta em uma determinada obra literária (ou seja: como aparecem nela os homens e o mundo no qual eles vivem), Auerbach vê como os homens daquele tempo e lugar concebem uma imagem do homem e do mundo, e é isso a condição humana, tal como percebida por aqueles, naquela situação. Se as formas de consciência estão vinculadas a situações histórico-sociais, as transformações na estrutura da sociedade implicam transformações nas formas de consciência, que por sua vez implicam transformações no modo como os homens veem a si mesmos e seu mundo e, por fim, como formalizam isso em literatura.

Auerbach não formula nem postula uma causalidade unívoca entre essas diversas dimensões, mas entende-as como uma totalidade histórico-social.

Nesse sentido, a obra literária oferece-lhe uma possibilidade, em virtude dessa articulação complexa de diferentes dimensões, de acesso às formas de consciência e, portanto, ao modo como a condição humana é percebida pelos homens em diferentes momentos e situações.

"REALISMO"

Auerbach empregou, na falta de termo melhor, a palavra (mas não o conceito) "realismo" para designar o modo como a realidade exposta aparece na obra literária. Mas empregou-a sempre adjetivando-a, de modo a especificá-la: não se trata de "realismo", mas sempre de uma modalidade particular de realismo, ou seja, de uma modalidade de exposição da realidade. Dessarte, o problema do realismo é convertido no problema dos realismos, e do seguinte modo: às diferentes maneiras de como os seres humanos percebem a si mesmos e o mundo no qual vivem correspondem diferentes modalidades de "realismo". Assim, o problema que apontei pode também ser formulado – desde que tenhamos em vista o que foi dito – como uma investigação acerca de diversas modalidades de realismo ao longo da história.

O uso dessa ideia de realismo, ademais, foi direcionado para uma circunscrição mais definida, pois se Auerbach estava interessado na condição humana, era necessário mobilizar a ideia para pensar o problema. Isso significou que, ao longo do livro, realismo visa designar o modo como o mundo concreto é figurado como algo sério, problemático, e mesmo dramático. Ou seja, realismo aparece como a conjugação de cotidiano e seriedade trágica.

No fundo, mais importante do que o realismo é o cotidiano, o mundo da vida, o mundo concreto no qual vivem os homens de carne e osso. O cotidiano é tão importante para Auerbach precisamente por isso: é o lugar onde os homens vivem e, portanto, é onde por assim dizer está assentada a condição humana, compreendida em sua historicidade intrínseca. Por essa razão, sua investigação procurou focalizar como o cotidiano aparecia e ocasionalmente desaparecia da realidade exposta na literatura. E também como, uma vez presente, com que intensidade ele aparecia, ou melhor, o quão impregnado de seriedade, problematicidade e dramaticidade.

O destaque dado à seriedade, problematicidade e dramaticidade tem a ver com a elevação da importância dada ao cotidiano; ou seja, ele é considerado importante na medida em que aparece como algo sério, e mais importante ainda quando aparece como impregnado de drama, como o ambiente no qual se desenrola um drama: a existência humana. Por outro lado, quando o cotidiano, o mundo da vida, aparece de forma irônica, satírica, idílica ou similar, isso significa que a ele não se atribui a maior importância: há outras coisas mais sérias.

MAS COMO AUERBACH VÊ?

Tal investigação acerca das transformações históricas da condição humana ou, formulando de outro modo, da autopercepção da condição humana pressupõe um sujeito cognoscente que seja capaz de compreender o que é outro e diferente. Auerbach professa um "relativismo perspectivista" (a expressão é dele), segundo o qual o conhecimento está inextricavelmente enraizado no presente do sujeito cognoscente. Não obstante, tal sujeito é capaz de um esforço de conhecimento, por meio do qual pode acessar outras épocas e outros povos – em última instância, porque todos os homens partilham de uma humanidade comum e porque o mundo histórico é o mundo criado pelos homens, e portanto possui uma raiz comum. Auerbach utilizou-se muito de Vico para fundamentar sua prática do conhecimento histórico – muito menos uma teoria do que uma prática –, retomando a ideia de que o mundo histórico é sempre uma configuração das possibilidades do ser humano, do espírito humano. Sobre um terreno comum, erguem-se as experiências específicas, que contudo sempre retêm um resto, ou melhor, uma camada do que é comum a todos os seres humanos – sua humanidade – e que estabelece um canal para o ato de compreensão, que é o ato cognitivo.

Há uma humanidade comum que se concretiza apenas historicamente: a condição humana. Assim, o objeto de investigação volta-se ao próprio investigador; também ele está imerso em uma situação histórico-social concreta, em uma determinada forma de consciência, revelando uma determinada visão do homem e do mundo no qual ele vive.

O CURSO DO ARGUMENTO, A ESCRITA DA HISTÓRIA (I)

O objetivo de Auerbach foi sempre escrever história. Pode-se afirmar que, em *Mimesis*, pretendeu escrever uma história das transformações no modo como os homens viam a si mesmos, utilizando para tanto a literatura: nesta, procurou desvelar a imagem do homem e do mundo. O livro constitui-se de análises de variados textos literários, que se iniciam por volta dos séculos IX-VIII a. C. (a *Odisseia* e o Antigo Testamento) e chegam até o seu presente, o momento em que escrevia o livro (1942-45). Nesse arco histórico de longuíssima duração, Auerbach selecionou alguns poucos textos – cerca de meia centena – e, lendo-os, buscou compreender e expor como a realidade aparecia neles, perseguindo variadas modalidades da conjugação (ou disjunção) de cotidiano e seriedade.

SEPARAÇÃO DE ESTILOS, MISTURA DE ESTILOS

Para operacionalizar analiticamente o problema da unificação (ou separação) de cotidiano e seriedade (que por sua vez é o modo de perceber como a condição humana era percebida e figurada em variados momentos e situações), Auerbach instrumentalizou a "regra da separação dos estilos", uma proposição da poética clássica segundo a qual os assuntos sérios e sublimes exigem uma linguagem elevada e transcorrem em um mundo elevado, enquanto os assuntos de pouca importância se deixam vazar em uma linguagem simples e são os assuntos do mundo comum, isto é, cotidiano. Entre o estilo elevado (do drama) e o estilo baixo (da comédia) há ainda um estilo intermediário, que nunca é plenamente sério, mas também não é completamente satírico: ocasionalmente tocante, sentimental, idílico etc.

A regra da separação dos níveis de estilo tem como contraparte a sua ausência ou quebra, quando as coisas mais sérias e sublimes podem aparecer entranhadas no mundo cotidiano e ser expressas em uma linguagem comum. E é isso, precisamente, o que interessa a Auerbach: uma vez que procura investigar a mencionada conjugação de cotidiano e seriedade, interessa-lhe a quebra da regra, a mistura de estilos. Ou seja, a investigação da condição humana pode ser conduzida utilizando como marco de orientação (mas não exclusivo) o rompimento da regra da separação dos níveis de estilo, uma vez que, enquanto operante, essa regra separa o cotidiano do sério, do trágico e do sublime: estes referem-se, então, a um mundo extra ou supracotidiano.

O CURSO DO ARGUMENTO, A ESCRITA DA HISTÓRIA (II)

Se a investigação se inicia analisando passagens do Antigo Testamento e da *Odisseia*, toma textos anteriores à formulação da regra da separação dos estilos, que é criação da poética clássica. De fato, a abertura de *Mimesis* objetiva estabelecer um movimento introdutório de investigação, de certo modo delineando duas tradições: clássica e judaico-cristã. O procedimento é comparativo, contrastando dois modos muito diferentes de figuração: na *Odisseia* homérica, tudo é exposto em primeiro plano, presentificado espacial e temporalmente com um máximo de clareza, para o que contribui decisivamente a utilização de uma linguagem altamente elaborada, com uso de recursos hipotáticos e de um discurso fluido e detalhado.

Já o Antigo Testamento é o oposto: muito permanece obscuro, tempo e espaço não são necessariamente presentificados, faltam descrições e há uma profundidade que se desdobra em vários planos, sobretudo na psicologia e no desenvolvimento da personagem, dimensões que faltavam na narrativa homérica, tudo isso somado a uma tendência paratática. Auerbach sumariza sua análise do seguinte modo:

> Comparamos os dois textos, e na sequência as duas modalidades de estilo que eles representam, com a finalidade de obter um ponto de partida para ensaios sobre a exposição literária do real na cultura europeia. Os dois estilos expõem, em sua contraposição, tipos básicos: de um lado, descrição modeladora, iluminação uniforme, ligação sintática sem lacunas, enunciação livre, primeiro plano, univocidade, limitação na dimensão histórico-desenvolvimental e na dimensão humano-problemática. De outro lado, destaque a algumas partes e obscurecimento de outras, incoerência, efeito sugestivo daquilo que não é dito, plano secundário, plurivocidade e necessidade de interpretação, pretensão histórico-universal, formação da ideia de um devir histórico e aprofundamento da dimensão problemática.[2]

Essa passagem é importante não somente pela sumarização, mas porque coloca em movimento uma dinâmica comparativa, que permeia e estrutura o curso do argumento e da narração. Deflagra-se um processo comparativo ininterrupto, no qual é inserido gradualmente cada novo material que é trazido à aná-

2. Erich Auerbach, *Mimesis – Dargestellte Wirklichkeit in der abendländische Literatur*. Berna: Francke, 1946, p. 29 [ed. bras.: *Mimesis – A representação da realidade na literatura ocidental*, 5ª ed., trad. equipe Perspectiva. São Paulo: Perspectiva, 2007, pp. 19-20].

lise, resultando em um movimento cumulativo de cascata que se amplia a cada novo texto analisado, que é confrontado com tudo o que o precede. No início de *Mimesis*, esse movimento é realizado explicitamente, mas à medida que o texto avança ele passa a exigir do autor uma seleção e é em parte deixado implícito, aos cuidados do leitor, dada a amplitude que vai ganhando. O livro assume a forma de um amplo movimento comparativo, no qual os textos vão se posicionando em suas similitudes e diferenças uns ao lado dos outros, e a escrita da história constitui-se por meio desse movimento, procurando mostrar o modo como, nos diferentes textos, o mundo concreto no qual os homens vivem aparece de maneira distinta.

Pode-se dizer que o comparatismo subjaz à lógica argumentativa e narrativa de *Mimesis*, estruturando o livro. A cada novo texto que é tomado para análise, buscam-se similitudes com os textos precedentes, para a seguir indicar diferenças. O jogo de similitude e diferença e a dinâmica de aproximação e afastamento resultam em uma trama cada vez mais complexa, embora exposta com clareza. Em parte cabe ao leitor, à medida que o argumento avança, reconstituir mentalmente essa trama passo a passo, pois sua acumulação e crescente complexidade repelem a reexposição, a cada vez, de todos os movimentos comparativos anteriores. Isso coloca o leitor em uma posição-chave em *Mimesis*, como instância de síntese, a cada etapa da exposição, de todos os passos anteriores.

A partir da contraposição entre as tradições clássica e judaico-cristã, apresentada no primeiro capítulo e desdobrada no capítulo seguinte, Auerbach estabelece os marcos de navegação do livro. A diferença e a similitude de ambas, seus afastamentos e aproximações oferecem um enquadramento de análise, que não se confunde, mas se aproxima de uma superposição com a questão da regra da separação dos estilos, dado que o estilo elevado é a modalidade privilegiada na figuração do sério, do problemático e do dramático na tradição clássica, enquanto a tradição judaico-cristã opera no registro da mistura de estilos (a rigor, ela está situada aquém da regra).

A figuração do movimento das forças históricas é central no argumento geral e aparece já no início do livro, como se nota na passagem citada acima. A tradição clássica é, o mais das vezes, refratária ao histórico, ao devir, apresentando as coisas tais como são, em uma ordem estabelecida e o mais das vezes fixa (mas nem sempre: Auerbach examina um caso-limite, Petrônio, no qual os personagens estão imersos em um mundo que se transforma; mas o movimento histórico é de superfície). Já a tradição judaico-cristã tende a dar espaço a uma dimensão de historicidade, na qual personagens e situações estão imersos em um devir, bem diferente da fixidez clássica. As coisas não são propriamente, mas vão sendo, vão se tornando, se alterando com o passar do tempo e da mudança das situações. Para Auerbach, é como se a imagem de mundo fomentada pela tradição clássica e exposta segundo o molde da regra da separação dos estilos tendesse a uma fixidez, enquanto a tradição judaico-cristã, situada fora do âmbito da regra, se abrisse para o movimento histórico profundo.

Essa abertura, ou fechamento, para o devir histórico está articulada à problemática da regra da separação dos estilos na justa medida em que, no entender de Auerbach, é no domínio do cotidiano, do mundo concreto no qual os homens vivem, que se desdobra e se revela o movimento das forças históricas. Uma exposição refratária ao cotidiano e à atribuição de seriedade, problematicidade e dramaticidade aos eventos que transcorrem no mundo da vida está, portanto, distante da possibilidade de apreciação e valorização da dimensão histórica, pois exclui o *locus* do devir histórico. Como o sério, problemático e dramático, no âmbito da regra, são prerrogativas de algo que está para além do domínio do cotidiano, isso significa na mesma medida um afastamento do domínio do histórico. É o que aparece no trecho citado, embora o problema ali se apresente em um momento no qual a regra ainda nem sequer havia sido formulada.

COTIDIANO E MOVIMENTO DAS FORÇAS HISTÓRICAS

Como argumentei, Auerbach atribui um papel central ao domínio do cotidiano. Isso decorre de um postulado seu segundo o qual o movimento das forças históricas situa-se no mundo concreto no qual vivem os homens. A escrita da história interessa-se por esse movimento e, portanto, ela necessariamente atribui ao domínio do cotidiano uma posição central. E trata-se, então, de ver como o cotidiano aparece ou desaparece, conforme o caso: como algo sério, problemático ou dramático, ou risível e de menor importância, ou se nem mesmo aparece.

A isso se conecta, ainda, a perspectiva sociológica segundo a qual na vida cotidiana encontramos o povo comum, qualquer pessoa, enquanto o estilo elevado se concentra somente nas camadas elevadas, nobres o suficiente para receberem os atributos de sublimidade, seriedade e dramaticidade.

Tudo isso está vinculado à já mencionada correlação de como se concretiza uma forma expressiva (no caso, a literária), o modo como os homens veem a si mesmos, e uma determinada situação histórico-social. A maneira como os homens se notam é, formulada por outro ângulo, uma determinada forma de consciência histórica, de sorte que Auerbach indaga pela transformação dessas formas de consciência: e isso pode ser vislumbrado, via análise, nas obras. Mas, como a situação histórico-social também participa dessa correlação, pode-se dizer que uma determinada situação (ou época) revela, no jeito como percebe e figura o domínio do cotidiano, uma determinada configuração histórica da consciência histórica dos homens – e isso é um elemento-chave nessa configuração determinada da condição humana.

Assim, pode-se dizer que as diferentes modalidades de realismo investigadas e desenvolvidas ao longo de *Mimesis* dizem respeito a diferentes formas de consciência histórica, que são distintos modos de como os homens percebem o mundo no qual vivem e o seu enraizamento nele.

Auerbach formulou tudo isso com clareza ao comentar um trecho do *Satíricon* de Petrônio: demonstrando como, moldado pela regra da separação de estilos, o cotidiano surge como algo risível, desprovido de fundamento histórico e de seriedade. Esse modo de figurar o cotidiano, uma determinada modalidade de realismo, está conectado a uma determinada modalidade de consciência histórica, enraizada em uma dada situação histórico-social.

É nesse sentido que as diversas modalidades de realismo analisadas em *Mimesis* se conectam a determinações histórico-sociais da consciência histórica, da qual depende como os homens veem a si mesmos e compreendem, assim, a sua conjuntura. A condição humana emerge em sua determinação histórica plena, revelada pelos próprios seres humanos em suas obras.

O CURSO DO ARGUMENTO, A ESCRITA DA HISTÓRIA (III)

Em virtude da vigência da regra da separação de estilos, na Antiguidade clássica o domínio do cotidiano ficou sempre aquém de uma exposição séria, problemática ou dramática. Isso alterou-se gradual e profundamente, à medida que a tradição clássica foi sendo permeada pela tradição judaico-cristã, na qual a regra não vigia e, além disso, tinha uma sensibilidade desperta para o entranhamento do histórico no cotidiano.

É com Agostinho, tratado no terceiro capítulo de *Mimesis*, que temos a conjunção das duas tradições e a criação de algo novo: um *sermo humilis*, uma fala, moldada principalmente pela Paixão de Cristo, na qual o mais sublime, sério e dramático aparece entranhado no cotidiano o mais simples e humilde. Mas, como Agostinho havia se educado na tradição clássica, ele não abandona os elementos que a caracterizam, sobretudo o uso da retórica. Ao contrário: ele os mobiliza como um elemento de enriquecimento e diferenciação, forjando uma espécie de "terceira via", que conjuga ambas as tradições. Nela, o cotidiano aparece como o lugar por excelência do sublime e dramático. Entretanto, em virtude das práticas interpretativas da tradição judaico-cristã, que buscavam cada vez mais sentidos extraliterais para os textos, visando articular coerentemente um corpus variado (as Escrituras Sagradas) e um público potencial muito diverso (os diversos povos a serem convertidos), essa conjugação das tradições acabou por se afastar do domínio do histórico, em favor de práticas interpretativas transcendentes. Assim, aquela sensibilidade da tradição judaico-cristã ao domínio da história definhou gradativamente. Um dos problemas que Auerbach vai perseguir em *Mimesis* é o reaparecimento da dimensão histórica no interior dessa conjugação de tradições.

Para as finalidades didáticas deste texto, o quadro a seguir apresenta, de modo esquemático e seletivo, o desenvolvimento apresentado em *Mimesis*.

Capítulo	Título do capítulo	Autores ou textos centrais abordados (séculos)	Comentário (parcial)
I	A cicatriz de Ulisses	Homero (IX – VIII a.C.) Antigo Testamento (IX a.C. – II)	Comparação entre os dois textos; deflagração do movimento comparatista.
II	Fortunata	Petrônio (I) Tácito (I) Evangelistas (I?)	Comparação de autores clássicos (regra dos níveis de estilo) e evangelistas (não submetidos à regra); compreensão moralista-retórica da realidade; compreensão da realidade como desenvolvimento histórico.
III	A prisão de Petrus Valvomeres	Amiano Marcelino (IV) Apuleio (II) São Jerônimo (IV-V) Santo Agostinho (IV)	Continuação da comparação anterior, indicando a síntese agostiniana: *sermo humilis*: uma mistura de estilos ou um novo estilo elevado, que mistura o mais elevado com o mais baixo, que incorpora por inteiro o domínio do cotidiano. Tendências interpretativas transcendentes do cristianismo: interpretação figural. Afastamento do mundo concreto e do sensível.

IV	Sicharius e Chramnesindus	Gregório de Tours (VI)	Imediatismo expressivo do latim de Gregório; a língua falada pulsa por detrás do latim: prenúncios das línguas vulgares.
V	A nomeação de Rolando como líder da retaguarda do exército franco	Chanson de Roland (XI) Tristan (XII-XIII) Épica germânica antiga (XII-XIII) Vie de Saint Alexis (XI) Fonte latina da vida de Santo Aleixo (X-XI)	Passagem para as línguas vulgares: indagar em que medida as novas línguas, oriundas do latim, vão incorporar seus cânones e alternativas e/ou irão desenvolver meios expressivos próprios. Novo estilo elevado: na língua vulgar. Passagem para a Idade Média; sentido da parataxe; fundamento social da canção de gesta.
VI	A saída do cavaleiro cortês	Chrétien de Troyes (XII) Castiglione (XVI) Ariosto (XVI)	Contraponto imediato ao anterior: desenvolvimento da língua vulgar: mais recursos, mais fluida, mais articulada, mais diferenciada. Descolamento do mundo concreto e cotidiano; limite estamental do estilo; tema do amor na literatura.

VII	Adão e Eva	Mystère d'Adam (XII) Bernardo de Clairvaux (XII) Santo Agostinho (IV) São Francisco de Assis (XIII) Jacopone da Todi (XIII)	Literatura religiosa: *sermo humilis*; retomada e reforço da mistura de sublime e humilde; valorização da dimensão cotidiana; contraposição da expressão em latim ou em língua vulgar (francês e italiano).
VIII	Farinata e Cavalcante	Dante (XIII)	Expressão completamente madura e diferenciada em língua vulgar: o italiano já "nasce" maduro, à diferença do francês. "Equivalente" a Agostinho no âmbito das línguas vulgares: fusão da vertente clássica com o *sermo humilis* somado à fusão das interpretações transcendentes com o concreto-cotidiano; figuração do devir plenamente histórico no além.
IX	Frate Alberto	Boccacio (XIV) Fablel (XIII) Novellino (XIII) Fra Salimbene (XIII) Romance da Antiguidade (I-II) Dante (XIII)	Passagens da Idade Média para a Época Moderna: secularização. Criação de um estilo intermediário posterior à Antiguidade: evitação do grave, sublime e problemático. Ritmos diferentes de maturação das línguas vulgares; diferenças no domínio expressivo.

X	Madame du Chastel	Antoine de La Sale (XV) Froissart, Deschamps (XV) Anônimo (XV) Villon (XV)	Elementos de um estilo elevado estamental e medieval, mas ao mesmo tempo elementos da mistura de estilos cristã: tragicidade e problematicidade em meio ao cotidiano: realismo criatural.
XI	O mundo na boca de Pantagruel	Rabelais (XVI) Relação com o sermão (cap. 7) Dante (XIII)	Abertura para um mundo novo (Época Moderna): elementos de realismo criatural fora do enquadramento cristão: secularização. Mistura de cotidiano e fantástico: mas sem problematicidade e tragicidade; multiplicidade; variedade; tipificação.
XII	L'Humaine condition	Montaigne (XVI)	O "método" de Montaigne como o "método" de Auerbach; mistura de estilos, mas sem tragicidade ou dramaticidade: permanece no domínio do problemático. Realismo da criatura dessacralizada; individualismo.

XIII	O príncipe cansado	Shakespeare (XVI) Tragédia grega Goethe (XVIII) Calderón (XVII)	Mistura de estilos e mistura de trágico e cômico; limite aristocrático-estamental para a mistura de estilos; liberdade de invenção e multiplicidade do mundo; Comparação com o século de ouro espanhol.
	A Dulcineia encantada	Cervantes (XVII) Flaubert (XIX)	Capítulo adicionado posteriormente ao livro (como cap. XIV, alterando a numeração posterior), insere Cervantes no curso geral do argumento.
XIV	O santarrão	La Bruyère (XVII) Molière (XVII) Boileau (XVII) Racine (XVII) Corneille (XVII)	Validade plena da regra da separação dos estilos: o estilo elevado da tragédia raciniana é refratário ao domínio da vida cotidiana; o cotidiano é totalmente banido; absolutização do sublime. Estilo intermediário da comédia de costumes.
XV	A ceia interrompida	Abbé Prévost (XVIII) Voltaire (XVIII) Saint-Simon (XVIII)	Estilo intermediário, com elementos de tragicidade superficial; valorização do sentimental. Saint-Simon: realismo que conjuga cotidiano e tragicidade, mas não figura o cotidiano como o *locus* das forças históricas.

XVI	O músico Miller	Schiller (XVIII) Goethe (XVIII)	Conjunção de cotidiano, problematicidade e tragicidade, mas limitação da dimensão histórica: melodrama. Afastamento do movimento das forças históricas.
XVII	Na mansão de La Mole	Stendhal (XIX) Balzac (XX) Flaubert (XIX)	Figuração do movimento histórico, abarcando as dimensões de passado, presente e abertura para o futuro. Cotidiano como história; tempo presente como história: encontro de seriedade e realidade cotidiana.
XVIII	Germinie Lacerteux	Goncourt (XIX) Zola (XIX) Alemães, ingleses e russos (XIX)	Mistura extrema de estilos: aparecimento do povo simples como objeto de tratamento sério, problemático e mesmo dramático. Radicalismo da mistura de estilos na França, comparada com desenvolvimentos similares em outros países europeus. Peculiaridade do realismo russo: fusão de cotidiano e dramaticidade como resultante da presença do cristianismo antigo.

XIX	A meia marrom	Virginia Woolf (XX) Proust (XX) Joyce (XX)	Trata do presente do historiador: diagnóstico de época. Novas formas de figuração: tratamento do tempo e exposição da consciência de vários personagens; perspectivismo. Romancista moderno e filólogo moderno.

Não é possível, neste texto, aprofundar cada passo da exposição, ainda mais se lembrarmos que o movimento comparatista que determina o andamento da análise articula cada momento com o conjunto dos outros retrospectivamente já percorridos ou prospectivamente a percorrer. Em contrapartida, posso oferecer mais uma simplificação, que retoma o argumento que procurei desenvolver nos itens anteriores.

Transformações no modo como os homens veem a si mesmos ("*Wandlungen in der Selbstanschauung des Menschen*")		
transformações	no modo como os homens veem a si mesmos	
historicidade	"imagem do homem" percepção da condição humana "vida comum dos homens sobre a Terra"	
historicidade da condição humana	os homens veem a si mesmos imersos no mundo: cotidiano, "*Lebenswelt*", vida terrena, vida comum > mundo histórico	contraexemplo: os homens veem a si mesmos fora do mundo cotidiano, em um "outro" mundo
	tradição judaico-cristã; síntese da tradição judaico-cristã com a tradição clássica (Agostinho)	tendências transcendentes de interpretação cristã, que afastam do domínio do sensível (interpretação figural); descolamento do mundo cotidiano-concreto (romance cortês, Racine)
	(apenas aproximadamente: "mistura de estilos")	(apenas aproximadamente: "separação de estilos")
seriedade, problematicidade, tragicidade, dramaticidade: atribuir importância e significado a essa vida imersa no mundo histórico		
realismo < > cotidiano ("*das Alltäglich-Realistische*")		
movimento profundo das forças históricas ("*in der Tiefe sich vollziehenden Werden*")		

Esse esquema, creio, sumariza o núcleo da empreitada de Auerbach em *Mimesis*, embora deixe de contemplar muitos outros aspectos relevantes. Note-se que a vertente indicada aproximadamente pela ideia da vigência da regra de separação dos níveis de estilo é refratária à conjugação de cotidiano e seriedade, de modo que não propicia a percepção do movimento das forças históricas. Seriam formas de consciência (ou "mentalidades") caracterizadas por uma limitação ou desinteresse na percepção da historicidade intrínseca à vida dos homens sobre a Terra, mas nem por isso de menor interesse ou de menor riqueza expressiva, além de não deixarem de ser modalidades (de percepção) da condição humana.

O PROBLEMA DA REALIDADE

Em *Mimesis*, Auerbach desenvolve uma concepção de realidade interna à obra de arte literária. É por essa razão que optou por formular o problema nos termos da "realidade exposta na literatura", e não da "representação da realidade na literatura". A diferença pode ser expressa nos seguintes termos: a "realidade exposta na literatura" enfatiza o caráter interno da realidade, tratando-se de uma realidade intraliterária. A "representação da realidade na literatura" enfatiza uma realidade exterior, extraliterária, que seria reproduzida pela obra literária com maior ou menor sucesso. O que ele entende por "mimesis" é precisamente essa capacidade da obra literária em forjar uma realidade própria, interna.

Não obstante, há momentos, no curso da argumentação, em que Auerbach parece adotar a concepção da realidade exterior, que seria mais bem ou mais mal reproduzida na obra. São passagens menos frequentes, mas que não deixam de estar presentes e indicam certa ambiguidade, de sorte que os leitores do livro podem mesmo optar pelas duas possibilidades. Creio, contudo, que, apesar da ocasional oscilação, Auerbach tende claramente à ideia da "realidade exposta", ou seja, da realidade intraliterária. E talvez se possa trabalhar com a hipótese de que, na medida em que figura o movimento das forças históricas, a literatura funde, na realidade intraliterária, a realidade extraliterária: o externo se torna interno.

ÉPOCAS

Auerbach sugere que, em sua escrita da história, o texto ou o conjunto de textos estudados a cada capítulo se refere a uma época. Isso diz menos respeito às circunscrições ou definições epocais do que ao problema, já mencionado, da articulação totalizante de estilo literário, forma de consciência e formação histórico-social. Época seria precisamente a totalização histórica que abrange o conjunto das manifestações histórico-sociais (políticas, econômicas, culturais, artísticas etc.) de um dado momento e que pode ser acessada, pelo filólogo, pela via da análise da obra literária. Mas essa é apenas uma das possíveis vias de acesso, pois o historiador da arte, para tomarmos um exemplo, poderia chegar à totalização analisando a pintura, e assim por diante. Como a totalização diz respeito a uma forma de consciência, em princípio, qualquer manifestação cultural – qualquer produto humano – cristaliza, a seu modo específico, os traços característicos de sua época.

Isso tem como pressuposto a unidade da época em todas as suas manifestações ou, para formular por outro lado, a ideia de que uma época não possui cesuras ou descontinuidades, simultaneidades desencontradas etc. Também nesse aspecto Auerbach deixou de procurar uma formulação unívoca do problema. Se por um lado, ao longo do livro, em diversos momentos fica sugerida a unidade da época, em outros momentos, as descontinuidades e a simultaneidade do que não é simultâneo chegam mesmo a ser tema de problematização. Basta lembrarmos o ritmo desigual de desenvolvimento das línguas vulgares, tematizado por Auerbach no confronto da língua italiana com a francesa: enquanto uma já nascia plenamente madura, isto é, diferenciada em uma multiplicidade de recursos formais e expressivos, a outra os conquista passo a passo no curso dos séculos XI ao XIX. Outro exemplo, extremamente sugestivo, mas apenas indicado, diz respeito ao realismo russo do século XIX, em movimento desigual e combinado com o realismo europeu ocidental seu contemporâneo. Dessa maneira, o problema das épocas é, antes de tudo, um invólucro para a totalização histórica, ela mesma diferenciada e em processo.

CONCEITOS

Se sugeri que "realismo" não é, para Auerbach, um conceito, é porque ele manifestou recorrentemente sua desconfiança perante conceitos: em geral, eles não dão conta dos processos e das dinâmicas, precisamente aquilo que pretendia investigar. Suas categorias precisam ser móveis, lábeis e plásticas, e é por isso que a ideia de realismo é substituída pela questão das modalidades de realismo. A leitura do original alemão revela essa questão com muita clareza, pois Auerbach tem uma certa predileção por compósitos de substantivos, que jogam os sentidos de cada um dos substantivos um contra o outro, por assim dizer, para tentar exprimir um nexo e uma dinâmica de sentido. Exemplo disso é o "*das Alltäglich-Realistische*", que citei no esquema acima, "traduzindo-o" como "cotidiano <> realista". Isso é recorrente na escrita de *Mimesis*, pois para Auerbach essas noções, que objetivam dar conta de um processo histórico, precisam elas mesmas acompanhar esse processo: pedem que sejam ao mesmo tempo sintéticas e dinâmicas, incluindo a ideia de desenvolvimento (o que, evidentemente, constitui um grande desafio analítico e expositivo).

O uso de realismo permite aquilatar esse problema: a partir de um certo momento da exposição, ele visa designar não somente a conjugação de seriedade e cotidiano, mas também passa a referir-se à incorporação de elementos da história contemporânea naquela conjugação, resultando em um adensamento do teor histórico, referido a uma transformação histórica, que a noção se viu forçada a acompanhar.

Uma das consequências de tal desconfiança perante os conceitos é que o pensamento e as análises de Auerbach não se deixam instrumentalizar, e quando se absolutizam ou mesmo apenas se isolam alguns de seus instrumentais – como por exemplo quando se dá muito peso ao problema da regra da separação dos níveis de estilo e suas rupturas –, corre-se o risco de perder a complexidade das articulações em jogo, que é o decisivo.

INTERPRETAÇÃO DE TEXTO

A desconfiança em relação aos conceitos tem como contrapartida uma confiança na análise concreta, na interpretação de texto. Pois todo texto possui uma singularidade própria, cuja decifração oferece uma possibilidade de síntese mais ampla. Entretanto, não se trata jamais de uma síntese baseada na completude, ou que a almeje. É, antes, fundada no intrinsecamente característico, cujos contornos adquirem nitidez na análise e no procedimento comparatista. A leitura atenta e a análise oferecem, segundo Auerbach, o mais das vezes resultados que extrapolam os limites estritos do texto, ganhando alcance mais geral e revelando-se índices da época, das formas de consciência e das dimensões sociais e históricas do contexto – o que se encaixa na correlação que Auerbach tinha em vista (estilo – consciência – sociedade).

Auerbach sempre partia de um fenômeno singular, mas com o trabalho de análise potenciava o seu poder de irradiação, com vista a iluminar toda uma época (independentemente da amplitude que se atribuísse a ela). O trabalho do "filólogo moderno" (como ele se autodenominava) consiste em, partindo de passagens selecionadas de obras literárias, às vezes uma única frase ou expressão, procurar uma interpretação que exponha gradualmente suas múltiplas dimensões de sentido: linguística, literária, social, histórica, filosófica etc. Conjugando micro e macroscopia, a filologia de Auerbach pretende-se um conhecimento histórico sintético, para além das diferenciações disciplinares das "humanidades". Há uma espécie de panteísmo terreno que permite ao estudioso, a partir de qualquer ponto, chegar à síntese, pois que o essencial está em toda parte. Para o perceber, contudo, é preciso saber ler; é preciso um juízo formado na experiência, que saiba formular as questões certas aos textos; é preciso, em última instância, uma intuição, que conduza para as questões certas – aquelas que dão rendimento analítico tal, que extrapolam o objeto do qual partem.

E é por essa via que se pode obter uma síntese, que não é jamais propriamente um resultado, mas sim o adentrar no movimento de um processo histórico, nomeadamente o das transformações na imagem do mundo e do homem.

DIAGNÓSTICO DE ÉPOCA

O capítulo final de *Mimesis* detém uma posição singular por referir-se, à diferença dos anteriores, a uma época que é precisamente o presente do historiador (enquanto todos os outros capítulos referiam-se ao passado). Por essa razão, a correlação estilo – consciência – sociedade que é ali tematizada diz respeito, de fato, à situação na qual o próprio autor do livro, Erich Auerbach, está imerso – assim como seus leitores. É por compartilhar o mesmo tempo histórico de seus objetos que o "filólogo moderno" (isto é, Auerbach) aproxima-se dos "escritores modernos" nas suas problematizações e procedimentos, nomeadamente na confiança de que se pode obter um conhecimento decisivo acerca de um fenômeno mais pela via de sua análise detida e singular do que pela via das grandes generalizações, mais em virtude do mergulho no característico do que da pretensão de completude.

É esse procedimento que encontra lugar em *Mimesis*, dado que as análises debruçam-se sobre textos singulares e a partir deles procuram sacar nexos mais amplos e gerais. Por outro lado, a opção pelos textos implica uma seleção, e portanto deixa lacunas. À diferença de uma escrita da história que pretende a completude, abordando seus objetos do início ao fim, trata-se de uma história que deixa muito de lado, ciente de que a pretensão de completude não pode mais se concretizar ou, se factível, redunda em um conhecimento geral e catalográfico, que pouco pode dizer acerca do que é peculiar, singular e verdadeiramente característico.

A assunção das lacunas perfaz um livro aberto e fragmentário, que convida seus leitores a completar suas lacunas e oferecer novos fragmentos. O próprio Auerbach, em trabalhos posteriores a *Mimesis*, procurou tampar algumas das lacunas que julgava especialmente significativas, mas o trabalho não se esgota jamais, pois as lacunas são infinitas: qualquer novo texto pode ser incorporado ao arcabouço de análise, e *Mimesis* pode se tornar um livro do mundo na mão de seus leitores.

O diagnóstico de época apresentado no capítulo final também assume a forma mais literal de uma caracterização crítica do tempo presente: Auerbach detecta um processo de estandardização e equalização do que é diferente, no qual a cultura mundial tende a se tornar única e menos diferenciada, porque padronizada. De certa forma, esse diagnóstico, embora formulado apenas ao final da narrativa, é um de seus impulsos geradores.

A argumentação do livro procurou demonstrar como a cultura ocidental, ao longo do tempo, caracterizou-se por uma enorme diferenciação e multiplicidade, e é o diagnóstico de uma transformação do que é diferenciado em uma cultura unificada e padronizada que move o autor a escrever história. Pois se trata justamente de uma síntese dessa multiplicidade no momento em que ela se desfaz, e transforma-se em unidade indiferenciada.

Pode-se dizer que Auerbach via como uma tarefa de sua disciplina – a filologia – e de sua geração, em seu momento histórico, a tentativa dessa síntese, como uma espécie de legado a ser deixado para as gerações futuras, que não mais vivenciariam a experiência daquela multiplicidade e diferenciação que se perdia.

Como se vê, Auerbach considerava viver em um momento histórico muito particular, não somente em função das duas guerras que vivenciou muito de perto. Em uma perspectiva de longa duração, entendia que vivia precisamente o momento histórico no qual uma cultura que se diferenciara durante cerca de três milênios tomava o rumo de um processo acelerado de simplificação, unificação e padronização. Daí o desafio de uma tentativa de prestação de contas do que foram esses três milênios, e disso nasce a escrita de *Mimesis*.

Em certo sentido, pode-se dizer que o livro de Auerbach é similar a vários outros livros, escritos por exilados alemães durante a Segunda Grande Guerra (ou logo após), que, no momento da catástrofe, veem-se forçados a um ajuste de contas com o seu tempo presente, mas esse ajuste, uma crítica do presente, supõe ou pressupõe uma perspectiva histórica de longa ou longuíssima duração. Podemos lembrar a *Dialética do esclarecimento* (M. Horkheimer e T. W. Adorno), *As origens do totalitarismo* e *A condição humana* (H. Arendt), *Ortsbestimmung der Gegenwart* [A determinação do tempo presente] (A. Rustow), *Ordem e história* (E. Voegelin), *Die Gesellschaftskrisis der Gegenwart* [A crise da sociedade contemporânea] e *Civitas humana* (W. Röpke), para ficarmos apenas em alguns dos mais conhecidos.

EUROPA, OCIDENTE, MUNDO

O título de *Mimesis* fala em Ocidente; ao longo da narrativa, muitas vezes surge a adjetivação "europeia", e o dignóstico de época apresentado ao final refere-se à vida comum dos homens sobre a Terra em um mundo unificado, padronizado e estandardizado. Europa, Ocidente e mundo são três registros que formam um contínuo visado por Auerbach. Ele não deixa de diferenciá-los, mas ao mesmo tempo trata de aproximá-los e intercambiá-los constantemente; sua perspectiva de abordagem, embora enraizada na cultura europeia, abre-se para o mundo, para o planeta Terra, pois é essa a unidade que vige, em seu juízo, em sua época, e é o planeta Terra a pátria dos homens, não mais as nações.

A vida em uma Turquia em processo forçado e acelerado de ocidentalização, durante os anos de exílio (1936-47), levou-o a potencializar o diagnóstico da unificação e uniformização da cultura em nível mundial. A unificação econômica, por sua vez, também lhe parecia em franco desenvolvimento, ainda mais se lembrarmos a preponderância norte-americana durante a guerra. É nesse contexto que deve ser situada e pensada a conexão Europa – Ocidente – mundo, de grande importância para a escrita da história de Auerbach.

SÍNTESE HISTÓRICA

A filologia românica, o campo de estudos no qual Auerbach formou-se, definiu-se, à diferença das filologias nacionais, pelo processo de desenvolvimento do latim e das línguas românicas, forjando uma experiência específica, que Auerbach julgava crucial: a ideia de uma multiplicidade articulada em uma unidade – a multiplicidade das línguas e literaturas oriundas do latim, articuladas em sua raiz comum. Ela era afim a uma consciência histórica e perspectivista, que tomava como tarefa apreender o processo de formação e desenvolvimento dessas línguas e de suas expressões literárias. E, por essas mesmas razões, desde sempre a romanística atuou em um domínio supranacional, congregando línguas e literaturas que se desenvolviam, no âmbito político, sob variadas nações. A ideia de um processo de desenvolvimento que se desenrolava para além das fronteiras nacionais facultou a Auerbach a perspectiva supranacional que concretizou em *Mimesis*, e que é um aspecto importante do livro: coube à romanística alemã abrir a senda, no campo das histórias literárias, dos enfoques supranacionais, uma vez que a história literária era usualmente escrita como história das literaturas nacionais. O reconhecimento do que é distinto, em conjunto com a percepção da coexistência do diferente, foi um elemento-chave para a concepção da escrita da história em *Mimesis*.

Pode-se dizer que a escrita da história em *Mimesis* depende dessa experiência da filologia românica, assim como depende do diagnóstico de época e da análise de texto que objetivava uma síntese que se caracterizava, como procurei indicar, pela exposição de um processo histórico: as transformações na imagem do mundo e do homem ou, em outras palavras, a condição humana imersa no mar da história.

Comentando a empreitada de *Mimesis*, Auerbach formulou o seu escopo do seguinte modo:

> O universal, que me parece poder ser exposto, é a visada de um transcurso histórico. Algo como um drama, que não contém nenhuma teoria, mas sim uma visada paradigmática do destino humano. O objeto, em sentido amplo, é a Europa; procurei abarcá-lo em investigações singulares. No melhor dos casos, o que pode ser obtido é uma compreensão das múltiplas relações de uma história, da qual nós proviemos e de que tomamos parte; uma constatação do lugar no qual estamos situados, e talvez também uma ideia das possibilidades que nos são mais próximas. E, como quer que seja, o mais radical interesse por nós mesmos e uma atualização da consciência: "nós, aqui e agora", com toda a riqueza e toda a limitação que isso contém.[3]

3. Erich Auerbach, *Literatursprache und Publikum in der lateinischen Spätantike und im Mittelalter*. Berna: Francke, 1958, p. 22.

Uma tal atualização da consciência é, pode-se dizer, a pretensão mais elevada do trabalho do historiador, e a ela Auerbach dedicou o seu esforço.

CONDIÇÃO HUMANA E EXPERIÊNCIA PESSOAL

Como o escrever história, em função do enraizamento do sujeito em seu presente, depende enfaticamente da experiência histórica e pessoal daquele que escreve, Auerbach inseriu na narrativa de *Mimesis* uma ampla série de referências ao seu presente histórico e à sua situação de vida. É nesse sentido que *Mimesis* é uma obra do exílio, escrita por um judeu alemão refugiado em Istambul durante os anos decisivos da Segunda Grande Guerra.

Referências a acontecimentos e fenômenos contemporâneos aparecem de tempos em tempos ao longo da narrativa em *Mimesis*, marcando sempre o presente do historiador que escreve a história. Mas, mais que isso, deve-se ressaltar que Auerbach emoldurou o texto, logo após a página de rosto, com a datação do momento preciso da escrita do livro, entre maio de 1942 e abril de 1945. As datas são muito importantes: maio de 1942 assinala o momento em que o perigo imediato de invasão da Turquia, onde Auerbach encontrava-se refugiado, pelas tropas alemãs deixa de existir, em virtude do fracasso da invasão da Rússia pelo exército alemão. Já abril de 1945 marca um momento no qual o desenrolar da guerra e a derrota alemã já estão definidos. A datação inscreve a escrita da obra no presente do autor, e há menções cifradas e explícitas a Istambul e ao exílio ao longo do livro.

Além disso, Auerbach entreteceu a narrativa com elementos pessoais cifrados, que possuem grande significação. Indicarei apenas um deles, de especial relevância. O capítulo que está situado bem no centro do livro (desconsiderando-se o capítulo acrescentado posteriormente), "Madame du Chastel", apresenta um casal e seu filho em uma situação de crise, causada por uma guerra – exatamente a situação da família Auerbach (ele, sua mulher e seu filho). A tríade pai-mãe-filho, de dimensão autobiográfica, possui grande importância na estrutura narrativa de *Mimesis*, aparecendo por vezes integralmente, por vezes em parte, e sempre em situação de crise. Assim, no capítulo inicial, encontramos pai e mãe (Ulisses e Penélope, filho ausente) e, sobretudo, mãe e filho: Euricleia, como ama, ocupa o lugar de uma mãe, cuidando de seu "filho", Ulisses, que retorna. A tríade aparece também na segunda narrativa analisada no capítulo, a história de Abraão e Isaac, sendo dessa vez a mãe quem falta. A narrativa do sacrifício de Isaac do primeiro capítulo reaparece no capítulo final, no interior de uma passagem de Proust. Esse capítulo final, por sua vez, retoma a tríade: Mr. e Mrs. Ramsay com seu filho James, assim como os pais e o narrador em Proust. Em outros momentos do livro a tríade também aparece; limito-me apenas a essa figuração de caráter estrutural, modulada no centro e nos dois extremos do livro.

A dimensão da experiência pessoal entretecida na narrativa histórica também aparece com pungência na ideia da cicatriz de Ulisses, que é de fato também a cicatriz de Auerbach: como soldado ferido na Primeira Grande Guerra, ele possuía uma cicatriz na perna, tal como Ulisses. A importância dessa cena na abertura do livro não deve ser subestimada, e deve-se notar que o capítulo final do livro repete exatamente a mesma cena visual, com outros personagens e em outra situação: a imagem de Euricleia agachada, lavando os pés de Ulisses, é a mesma imagem de Mrs. Ramsay agachada, medindo o comprimento da meia no pé de seu filho James.

Mimesis abre-se com a narrativa de uma chegada: Ulisses retorna a Ítaca depois de uma viagem aventurosa e cheia de perigos pelo mar, de modo similar à chegada de Auerbach a Istambul. O livro fecha-se com a narrativa de uma partida: o passeio ao farol de James é um atirar-se aventuroso ao mar, também cheio de perigos, assim como Auerbach, que almejava lançar-se ao mar para sair do exílio forçado.

As referências à história e às experiências pessoais não são curiosidades ou detalhes da narrativa de *Mimesis*, mas um componente estrutural e cognitivo da maior importância, carregando o texto de uma plêiade de sentidos. Auerbach afirmou mais de uma vez que a escrita da história depende da própria experiência do sujeito, e em *Mimesis* ele concretizou isso com uma maestria ímpar. O leitor atento encontra, a cada passo da argumentação, traços dessa experiência.

O LEITOR

Notamos a importância atribuída, pelo autor, ao leitor. Com efeito, já desde sua frase inicial, *Mimesis* interpela seu leitor, chamando-o para si e incorporando-o em uma comunidade imaginária: "Os leitores da *Odisseia* lembram-se...". Aqui,

Auerbach considera que o seu leitor é um leitor da *Odisseia*, e portanto ambos, Auerbach e seu leitor, fazem parte de uma comunidade que compartilha uma cultura comum. Esse tema reaparece várias vezes ao longo da narrativa, sugerindo inclusive diversas comunidades, como por exemplo a dos refugiados alemães em Istambul, com a qual a família Auerbach convivia.

Interpelações ao leitor aparecem ao longo do livro e, no parágrafo final, o autor assume a palavra para interpelar diretamente seu leitor, e dessa maneira concluir a narrativa.

Além disso, em outro aspecto o leitor assume um papel importante em *Mimesis*: como o livro apresenta uma série de lacunas, intencionais e reconhecidas como tais pelo autor, o leitor é um virtual preenchedor de lacunas e continuador da escrita da história deflagrada pelo autor. Talvez seja esse o sentido mais enfático do laço comum criado, na narrativa e na arquitetônica, entre autor e leitor.

E não somente nesses registros o problema do leitor aparece e é tematizado em *Mimesis*, mas também como problema da história literária, sobretudo na forma do público leitor. Auerbach foi um dos pioneiros na investigação do público literário e em vários momentos do argumento essa categoria sociológica é mobilizada como procedimento analítico.

NO BRASIL

A recepção e a presença do pensamento de Auerbach no Brasil, mormente de *Mimesis*, são antigas e fortes. O livro foi traduzido e publicado no país em 1971 e desde então é referência constante nas bibliografias de teses, dissertações e trabalhos, assim como em cursos variados na área dos estudos literários; mesmo antes da tradução brasileira, as edições norte-americana (1953) e mexicana (1950) já eram utilizadas pelos pesquisadores brasileiros.

Em geral, pode-se dizer que a recepção de *Mimesis* privilegiava o tratamento dado a autores específicos, enfatizando a leitura de capítulos avulsos e raramente o curso geral do argumento.

Situação muito distinta ocorreu no momento mais significativo da recepção de *Mimesis* no Brasil, no pensamento do crítico literário Antonio Candido de Mello e Souza. Tendo lido *Mimesis* ainda no final dos anos 1940, Antonio Candido estabeleceu, ao longo de sua obra, um diálogo extremamente forte e profícuo com o trabalho de Auerbach. Isso pode ser aquilatado em dois de seus mais importantes livros, a *Formação da literatura brasileira – Momentos decisivos: 1750-1880*, publicado em 1959, e *O discurso e a cidade*, publicado em 1993.

No primeiro deles, Antonio Candido desenvolve uma escrita da história literária que apresenta um importante ponto de contato com Auerbach: a ideia de uma totalidade que não é e não almeja a completude. Os momentos decisivos são os equivalentes às épocas analisadas por Auerbach, pois ambos entendem que podem abarcar uma totalidade histórica em processo investigando alguns momentos-chave, que revelam a estrutura profunda do processo histórico em tela. Esse procedimento analítico poupa-os de abordar a história no registro da completude, que era a tarefa que a história literária tomara para si. Auerbach desenvolveu, em *Mimesis*, esse andamento no registro de uma história literária intencionalmente supranacional, e Antonio Candido, do mesmo modo, no registro da história literária nacional. Essa é uma diferença central, que se articula com a similitude central da ideia da totalidade que não é completude.

Já em *O discurso e a cidade* encontramos, sobretudo em sua primeira parte, um conjunto de estudos que se apresentam como complementos às lacunas de *Mimesis*. Trata-se, então, da investigação de outras modalidades de realismo, que se encaixam sem esforço no quadro analítico desenvolvido por Auerbach.

Na verdade, pode-se supor que o impacto da leitura de *Mimesis* em Antonio Candido foi decisivo, deixando acompanhar, ao longo do trabalho do crítico brasileiro, um constante diálogo com Auerbach. Tendo adotado desde cedo *Mimesis* em seus cursos, não causa surpresa perceber como Auerbach também se tornou um autor importante para os alunos de Antonio Candido, como se pode aquilatar em Roberto Schwarz e Davi Arrigucci Jr., que ademais revelam como essa filiação pode resultar em enfoques e interesses bastante diversos.

Outra vertente significativa, mas mais restrita, da recepção de Auerbach no Brasil ganha corpo na obra de Luiz Costa Lima, que desde o início dos anos 1970 escreveu uma série de estudos sobre Auerbach, enfatizando – à diferença da recepção em Antonio Candido – mais a dimensão teórica da empreitada auerbachiana: *mimesis* e história são os conceitos centrais, que Costa Lima procurou esmiuçar, precisar e atualizar.

ATUALIDADE

Pelo que foi dito, a atualidade de Auerbach já foi justificada: se seu problema é a condição humana, ele permanece, e permanecerá, atual para todos aqueles que perseveram como humanos em meio a um mundo humano e histórico. Para os pós-humanismos e para os adeptos de uma condição pós-humana, contudo, seu esforço é datado, possuindo apenas valor histórico.

WITTGENSTEIN E A LÓGICA DA APRESENTAÇÃO DO MUNDO

JOSÉ ARTHUR GIANNOTTI

SOBRE A PROPOSIÇÃO EM GERAL

I

Em 1921, apareceu numa revista de pouca divulgação, *Annalen der Naturphilosophie*, um opúsculo, *Logisch-Philosophische Abhandlung*, assinado por Ludwig Wittgenstein. O livro é difícil, o autor era desconhecido, de sorte que não foi fácil sua publicação. A revista aceitaria o encargo se Bertrand Russell, no auge da fama, escrevesse o prefácio.

Wittgenstein nascera em Viena, de família principesca, mas se transferira para a Inglaterra, a fim de estudar lógica em Cambridge, com Bertrand Russell. Foi um aluno perfeito. Para ele um livro de lógica matemática como os *Principia* era música. Esse fascínio pelo rigor formal marcou seus primeiros trabalhos. Tinha o hábito de levar seus pensamentos ao limite. Numa discussão com Russell, chegou a sustentar que, nada sendo absolutamente cognoscível, não podia negar que um rinoceronte não estivesse na sala.

Não gostou do prefácio que Russell escrevera, sempre dirá a outros amigos que este nunca entendera o livro. Começou a escrevê-lo antes da Primeira Guerra Mundial, continuou o trabalho no fronte e o terminou em Viena, em 1918. Depois de publicado o texto, considerou que todos os problemas filosóficos tinham sido resolvidos e foi se dedicar a outros afazeres. Fez jardinagem, foi professor primário e construiu a casa modernista de sua irmã.

O livro foi traduzido para o inglês por C. K. Ogden, G. E. Moore sugeriu o título em latim: *Tractatus Logico-Philosophicus*. Fico contente em poder registrar que, em 1968, publiquei a tradução brasileira, a primeira depois da inglesa. Como estava intoxicado de fenomenologia, isso às vezes transparece no texto. Além disso, sabíamos muito pouco de Wittgenstein, cujos escritos posteriores ainda estavam por sair. Daí a necessidade de lembrar que Balthazar Barbosa Filho foi pioneiro ao escrever, em 1976, uma tese, apresentada em Lovaina, sobre os últimos textos do filósofo. No início dos anos 1990 era necessária uma nova tradução, da qual se encarregou Luiz Henrique dos Santos, publicada em 1993.

O livro alcançou enorme sucesso; de certo modo resumia e aprofundava toda a discussão despertada pela nova lógica matemática que estava sendo desenvolvida. A ideia de uma linguagem formal universal, uma característica tal como Leibniz a propusera, estava na ordem do dia. Não seria possível traduzir os problemas filosóficos nessa linguagem de tal modo que fossem resolvidos por um simples cálculo?

No início do século David Hilbert formalizara e axiomatizara a geometria. Se o mesmo acontecesse com a aritmética, em cuja linguagem os sistemas matemáticos restantes já podiam ser traduzidos, não seria possível traçar uma linha de continuidade entre a lógica formal e as ciências de tal modo que o sonho cartesiano de uma ciência unificada por fim pudesse ser realizado?

Os anos 1930 foram cruéis para a ilusão formalista. Um dos resultados mais surpreendentes foram os teoremas de Kurt Gödel. Um deles demonstrou que uma aritmética inteiramente formalizada, isenta de contradições, não poderia formar um sistema completo, vale dizer, haveria enunciados aritméticos corretamente formulados que escapavam desse sistema. Em contrapartida, se o sistema fosse completo sempre haveria a possibilidade de, nessa linguagem, construir contradições.

Convém ler o *Tractatus* tendo em mente que foi montado antes dessa crise. Dada a nova lógica, como a linguagem poderia ser pensada? Ora, se a partir dela se podem construir os limites do dizível, é possível ter algum acesso ao que extravasa a linguagem? Lógica e misticismo foi um tema querido de Russell e a universidade o tomava muito a sério. Uma vez, no México, G. E. M. Anscombe me contou como encontrou o *Tractatus* procurando livros na biblioteca. Foi como uma iluminação, a filosofia encontrava seu lugar. É bom lembrar que Anscombe era profundamente católica, respirava religião e foi uma das discípulas que cuidaram do espólio do mestre.

Cabe ainda mencionar a enorme influência do *Tractatus* na formação do movimento neopositivista de Viena. Wittgenstein lá nascera e se formara. Descendia de uma família ilustre e refinada. Maurice Ravel escreveu um concerto para piano para a mão esquerda a seu irmão, grande pianista, que ficara aleijado durante a guerra. Sua irmã foi retratada por Klimt, e Brahms frequentava sua casa, onde, às vezes, tocava suas últimas composições. E não se deve esquecer que, em Viena, as ideologias do século XX estavam se formando, da psicanálise à filosofia científica.

Uma última menção. São raras as citações na obra de Wittgenstein; no prefácio do *Tractatus* observa que pouco lhe importa que as ideias apresentadas tenham sido pensadas anteriormente. Isso pode dar a impressão de que o autor dispense uma análise cuidadosa dos textos clássicos. Pelo contrário, conhece muito bem Platão e Aristóteles, está enfronhado em Agostinho, e a primeira tarefa que se propunha, ao começar a orientar um novo aluno, era ler a *Crítica da razão pura*. E basta percorrer *O mundo como vontade e representação*, de Arthur Schopenhauer, para se convencer de que esse livro marcou profundamente suas investigações.

II

O *Tractatus* é composto a partir de sete proposições imperiais. O edifício pretende ser monumental:

1. *O mundo é tudo o que é o caso* (*Die Welt ist alles, was der Fall ist*). Traduzi para "O mundo é tudo o que ocorre", seguindo a tradução que, em suas aulas, lhe dava mestre Gilles Gaston Granger. Fui advertido por Vilém Flusser, argumentando que com isso estava tornando Wittgenstein um heraclitiano. Tinha razão na forma, mas não no conteúdo. Importa salientar que o mundo, sendo conceito transcendental, não pode ser considerado uma soma

qualquer, sendo que, no *Tractatus*, é configurado como a reunião dos casos de um sistema de regras demarcadas por um espaço lógico, onde as proposições e os fatos se encaixam pelo sim e pelo não. Daí uma concepção muito particular de existência, pois somente os fatos, a junção das coisas, existem propriamente. Por sua vez, para que se possa falar da existência com sentido unívoco, as coisas devem se resolver em objetos simples subsistentes.

2. *O que é o caso, o fato, é a existência de estados de coisa.*
O estado de coisa é uma ligação de objetos. A existência é entendida, pois, como se fosse uma figura formada por luzes que se acendem ou se apagam graças às relações com as outras, formando uma unidade de elementos discretos. Importa frisar que podemos construir fatos que afiguram outros fatos. Traduzi *Bild* por "figuração", para ressaltar esse lado construtivo da imagem e me aproveitar de uma palavra que pode ser transformada para seguir as variações da raiz alemã: figurar, afigurar, afigurante etc.

Minha geração enfrentou uma tarefa enorme: criar uma linguagem filosófica em português, essa língua "inculta e bela", que costumara traduzir alguns conceitos filosóficos tendo por trás o latim coimbrão. Montar uma língua capaz de transcrever os textos da filosofia contemporânea não tem sido fácil. Mas hoje em dia, quando se compara o que se tinha traduzido em 1950 e o que agora se apresenta nas livrarias, o progresso é enorme. Voltemos, porém, ao assunto.

Quando a figuração tem a mesma forma que a realidade ela é lógica.

3. *A figuração lógica dos fatos é o pensamento.*
Logra-se assim uma definição puramente lógica do pensamento, portanto, livre de qualquer psicologismo. Uma construção humana se eleva a um ponto de vista absoluto.

4. *O pensamento é a proposição significativa.*
Posto o pensamento, a linguagem o conforma em sinais mediante uma roupagem proposicional. A predicação "S é P" se reduz, assim, a uma junção de partes de uma figuração, sendo verdadeira ou falsa conforme o vínculo se dá ou não entre partes do real.

5. *A proposição é uma função de verdade das proposições elementares.*
Construída a proposição elementar, as outras proposições são compostas por elas na base do cálculo proposicional, isto é, daquele cálculo que liga as proposições segundo a composição de seus valores de verdade, verdadeiro ou falso.

6. *A forma geral da função de verdade é* $[p, \text{X}, \text{N}(\text{X})]$.
É a consequência imediata da proposição 5: proposição complexa resulta da aplicação do mesmo conectivo, a dupla negação, às proposições elementares. Um conectivo lógico como "e", "ou", e assim por diante, nada significa, apenas liga elementos significativos das proposições elementares. Já que as proposições lógicas, as equações matemáticas e os princípios naturais não podem ser montados dessa forma, eles nada afiguram, não são propriamente significativos. Mas servem de auxiliares indispensáveis para a representação proposicional do mundo.

As proposições filosóficas são contrassensos. A filosofia é transcendental.

7. *Sobre aquilo que não se pode falar, deve-se calar.*
Feita a rígida distinção entre proposição significativa e todas as outras, o silêncio é o comportamento adequado ao filósofo. Mas um silêncio expressivo, porque, de um lado, os limites da linguagem, limites de meu mundo, que é o mundo em geral, tornam presente o além do dizível, o místico. A linguagem pode exprimir *como* os fatos se juntam e se desjuntam, mas *que* eles sejam vai muito além dela. De outro lado, a todo momento estamos nos confrontando com os limites da linguagem, tentando ir além deles, de sorte que a filosofia vale como terapia que mostra, aos incautos e entusiasmados, que estão falando mais do que lhes é devido.

III

Não temos condições de examinar os furos que o *Tractatus* apresentou ao ser lançado para o mar aberto. Como exemplo, vejamos apenas um deles. Uma imagem, uma figuração (*Bild*), somente funciona na base de um método de projeção, de uma atividade, que translada partes da figura para partes do real. É o que vemos quando, andando de metrô, nos orientamos pelo mapa de uma linha, onde a sequência das bolinhas indica a sequência das estações.

Estamos acostumados a seguir as bolinhas na ordem da sucessão linear, mas nada nos impede de imaginar que um gênio maligno, nada cartesiano, embaralhasse os pontos de referência de tal modo que o trem fosse parando segundo as indicações alternadas a partir das duas pontas da linha. Atrás da figuração se encontram, pois, costumes ligados a formas de viver. Não é a própria noção de cálculo lógico que precisa ser repensada? Mas para que isso seja feito até a raiz as proposições precisam mostrar como se entranham na vida cotidiana, de sorte que a própria lógica matemática passa então a ser considerada como um sistema linguístico no nível de outros sistemas formais. A questão do *logos*, no sentido da origem grega da palavra, ressuscita sob novas feições.

Na base dos sistemas formais está o uso das variáveis. Desde a lógica de Aristóteles, estamos acostumados a substituir partes da proposição por letras. O cálculo proposicional, uma invenção do século XIX, substitui proposições inteiras por letras "p", "q", "r", e assim por diante. Cada uma vale, no cálculo, por seus valores de verdade, V, P; as proposições compostas sendo formadas pela combinação desses valores. A conjunção de "p" e "q", (p. q.), por exemplo, somente é falsa quando "p" e "q" forem falsas.

Mas esse procedimento, importantíssimo para a construção do cálculo, termina reduzindo a variedade das proposições ao seu comportamento no interior do cálculo, cuja base deve então ser formada por proposições elementares. Estas devem afigurar o modo de conexão dos dois objetos simples, compondo o fato elementar. Se a proposição predicativa elementar "S é P" se resolve na figuração de dois objetos simples que se ligam ou não para formarem um fato, se os conectivos não possuem sentido, a forma geral da proposição deverá ser "*Es verhält sich so und so*" (*Tractatus*, 4.5).

Desde Aristóteles sabemos que a proposição predicativa tem a forma "algo como algo" (*ti kata tinos*). Já que para o *Tractatus* os objetos simples se ligam ou não se ligam, o que importa é essa relação (*Verhältnis*) entre eles operando num mesmo plano, de sorte que os objetos são assim ou assim. As proposições complexas reiteram essa forma.

IV

Ao perceber que o *Tractatus* fazia água, Wittgenstein retoma os estudos filosóficos com dedicação total. Mas não deixa de considerar que sua primeira tentativa radicalizava uma forma tradicional de pensar a linguagem, por conseguinte os problemas filosóficos ditos por ela. O desafio era ir adiante, levando em conta os resultados já obtidos. O primeiro passo foi romper com a ideia de *cálculo* lógico, passando a compreender a linguagem a partir da ideia de *jogo*. Uma partida de xadrez se desenvolve segundo regras, mas seu resultado não está definido de antemão. A proposição declarativa "A rosa é amarela", do ponto de vista propriamente declarativo, só pode ser verdadeira ou falsa, mas dita por uma pessoa numa floricultura ou num palco passa por transformações de sentido ligadas ao contexto. Por que privilegiar este ou aquele contexto? Imaginemos que sempre fosse verdadeira, mas essa verdade afiguraria e se afiguraria de modo diferente conforme se esteja jogando com ela. Por que o entendimento de uma proposição precisa ser perscrutado a partir de um esquema rígido de uma forma lógica que, no fundo, não passa de uma fórmula?

A proposição funciona no contexto de outras proposições ligadas a práticas que jogam com a linguagem. Seu sentido está associado a seu uso. E um jogo não funciona melhor do que o outro porque é mais verdadeiro, mas porque satisfaz necessidades diversas. Um jogo de linguagem precisa inclusive ter seu *Witz*,[1] seu sabor próprio, sua graça. Para poder mostrar como funciona todo esse ambiente, no qual os sentidos se conformam, Wittgenstein começa as *Investigações filosóficas* examinando jogos de linguagem muito simples; naquele de número 2 um pedreiro e seu aprendiz trocam palavras e objetos de construção. Os vocábulos "pedra", "telha", "areia" não funcionam como conceitos comuns identificando objetos. Aliás, é um não senso lógico afirmar que um conceito identifica. Isso equivale a deixar de lado a prática da palavra que somente se exerce com outras, inserindo-se numa gramática, desenhando, ainda, um método de projeção e demarcando vários níveis de alteridade.

No jogo de linguagem número 2, "pedra" não significa tão só um tipo de material, mas, digamos assim, algo que o aprendiz aprendeu, usando signos, a separar no meio das outras coisas e a entregar ao mestre pedreiro depois de uma solicitação.

Nesse primeiro momento de sua nova investigação, Wittgenstein está tentando pôr em xeque aquela visão tradicional da linguagem que a pensa a partir de atos de nomeação. Agostinho de Hipona é tomado como representante dessa concepção. Desde logo, *mostra* que o ato de nomear, que sempre está ligado a uma prática específica, está, neste caso, vinculado ao ir buscar e a entregar.

1. Ludwig Wittgenstein, *Philosophische Untersuchungen*, #142, *Schriften*, v. 1. Frankfurt am Main: Suhrkamp, 1960.

Em resumo, nada nos obriga a partir de um ideal de significação, a ideia, a matriz, o modelo da pedra, e adicionar este ou aquele modo de seu funcionamento. E o próprio conceito de significação se mostra ambíguo:

> O conceito geral de significação das palavras envolve o funcionamento da linguagem com uma bruma que torna impossível a visão clara – dissipa-se a névoa quando estudamos os fenômenos da linguagem em espécies primitivas do seu emprego, nos quais se podem abranger claramente a finalidade e o funcionamento das palavras.[2]

Funcionamento que deve levar em consideração até mesmo o modo afetivo de as proposições se apresentarem.

Daí o uso sistemático de exemplos. Se para estudar a linguagem é preciso falar, em suma, usá-la, não há como transformar esse círculo em procedimento virtuoso, se não forem apresentados exemplos em que aos poucos se *mostrem* os aspectos da questão filosófica que se pretende discutir. O próprio discurso filosófico, em vez de ser uma sequência de proposições encadeadas, se transforma num álbum de reflexões.

No entanto, cabe distinguir, de um lado, a prática do jogo, de outro, o seu ensino, *Unterricht der Sprache*. Este vem a ser dos mais variados tipos. Um novo aprendiz pode simplesmente imitar o que faz o aprendiz treinado. Mas somente cabe dizer que os objetos estão sendo *nomeados de uma maneira peculiar*,

2. Id., ibid., #5, p. 291.

no caso, mediante um ensino ostensivo das palavras, quando se mostra como a palavra funciona no jogo: "Na *práxis* do uso da linguagem (2), um parceiro grita as palavras, o outro age de acordo com elas; no ensino da linguagem, porém, encontrar-se-á esse processo: o aprendiz *nomeia* os objetos. Isto é, ele diz a palavra quando o professor aponta para a pedra".[3]

Cada jogo é ensinado, mas, para tanto, suas regras precisam ser evidenciadas. Gritar "pedra" e receber uma pedra passa a valer como uma regra do jogo que o novo aprendiz deve dominar. Nada impede que o domínio de um jogo, de uma técnica, seja aprendido mimeticamente, mas para que a regra seja enunciada como tal o próprio jogo é *visto sob outro aspecto*, a fim de que dele se possam extrair enunciados a respeito de seu funcionamento. As regras do jogo são proposições de essência demarcando o que é permitido em cada partida.

Em geral se aprendem jogos e formas de se falar deles. Mas essas formas estão igualmente enraizadas em técnicas. Ao mencionar esse *Unterricht der Sprache*, o próprio Wittgenstein recorre a lições já aprendidas ao longo de sua vida, embora igualmente as modifique para capturar o novo. A mudança de aspecto do jogo para que dele se enunciem suas regras não se resolve numa alteração de perspectiva do investigador, numa reviravolta de sua percepção e de seu entendimento, pois se embasa numa forma de vida. No caso, aquela de um professor vienense de filosofia.

3. Id., ibid., #7, p. 292.

Estou insistindo nesse ponto porque está ligado ao funcionamento do círculo hermenêutico, que muito deu a pensar aos filósofos ligados à fenomenologia. Não há como evitá-lo: a análise da linguagem emprega a linguagem. A gramática da língua portuguesa é escrita em português ou noutra língua qualquer. Mas a construção de um jogo de linguagem, a apresentação de suas regras, de sua gramática, e de seu funcionamento, separa a práxis linguística de um de seus ensinos *possíveis*. Em vez de registrar os modos de aparecer de uma palavra, em particular de seu conteúdo visado, importa a maneira como uma ação falante está sendo ligada a outras para formar um jogo, complexo de ações ditas adequadas ou inadequadas diante da situação prevista. Previsão que deixa amplo espaço para a improvisação, para o novo e para resultados inesperados. Para captar esse domínio, cabe justapor exemplos, cenas reais ou fantásticas, pouco importa, em que personagens falam e mostram como estão se relacionando com regras linguísticas de significação e de verdade.

V

Se a nomeação somente funciona nesse contexto determinado e indeterminado, não há como manter o postulado de que ela se assenta em expressões elementares que dizem respeito a ligações de objetos absolutamente simples. Além do mais, mesmo quando as pessoas aprendem a falar nomeando e, em seguida, passam a seguir outros métodos de projeção de vincular as palavras e as coisas, não é por isso que todo enunciado deveria estar sob a forma de um dizer *de algo*, como ensina o *Sofista*, de Platão. Se eu disser "chove" não estou me referindo à chuva que chove, mas tão só a uma situação que envolve todo o espaço em que estou metido. O poeta, porém, pode nomear a chuva: "Chove chuva choverando...". E quando digo "sinto dor" essa dor não é *algo*, embora a nomeie. Nem sempre, portanto, os enunciados se apresentam sob a forma de "algo como algo", nem sempre podem ser postos sob a forma predicativa "S é P", sem que se destrua o jogo de linguagem no qual ganham sentido. O que deve ser analisado deve se encontrar na própria superfície da linguagem.

Aliás, a diferença entre a proposição e outras palavras não pode ser feita fora desse contexto dos jogos de linguagem em que estão operando. No jogo número 2, "pedra", "areia", "tijolo" valem como proposições, porquanto, quando proferidas, desencadeiam comportamentos *adequados* ou *não*. E um dos modos de identificar uma proposição é levar em conta que ela aparece como tal.[4] Não foi assim que o próprio Wittgenstein tomou a forma geral da proposição como uma proposição?

Seguem-se duas consequências. Primeiro, em vez de uma significação matricial, é preciso examinar a semelhança de família que circunscreve seu universo. Poderia haver uma tese mais antiplatônica? Segundo, a forma geral de uma proposição é igualmente um falso problema. Importa examinar as várias gramáticas embutidas nas várias formas de linguagem, da matemática à música. A ontologia reside na gramática e nada é mais estapafúrdio do que a mística da verdade. Esse engano se faz presente, sobretudo, na estética.

4. Id., ibid., #134, p. 348.

VI

A forma predicativa da proposição tende a falsificar os problemas que nela aparecem. Um modo de projeção pode esconder os problemas levantados pelo funcionamento das proposições. Suponhamos que vamos projetar as figuras de um plano I para o plano II. Podemos usar um método ortogonal de projeção de tal forma que as várias figuras de I são projetadas em círculos, quadrados e retângulos em II. Nada nos impede, contudo, de usar um método de projeção muito mais pobre, de tal modo que qualquer figura em I seja representada por um círculo em II.

As desvantagens desse segundo método são grandes. Examinando as figuras do plano II, é possível, graças ao primeiro método de projeção, inferir certas propriedades das figuras do plano I. Isso não é possível a partir do segundo método de projeção. Dos vários círculos quase nada se pode dizer das figuras do plano I. Projetar as proposições para a fórmula "S é P" não pode estar ocultando o real funcionamento das proposições da linguagem?[5]

Esse procedimento de ocultação me tem interessado sobremaneira. Não vale a pena tentar examinar a gramática do sistema capitalista, da linguagem da mercadoria, como dizia Marx, para verificar como ela projeta valores numa linguagem que oculta as desigualdades em que se assenta? Essa crítica da sociedade capitalista não será mais efetiva do que aquela que se baseia numa putativa diferença entre a razão técnica e a razão

5. Id., *Philosophische Grammatik*, in *Schriften*, v. 4. Frankfurt am Main: Suhrkamp, 1969, p. 205.

substantiva, que continua a usar uma ideia substancial da razão? Mais ainda, que a pensa invocando a ideia de substância, mesmo quando incorpora o conselho de Hegel de tomá-la como um sujeito?

VI

Mas reduzir a família de semelhança das expressões relativamente elementares a uma matriz independente de seu uso dá ensejo a um erro gramatical que atravessa toda a filosofia. Uma nuvem de questões pode resultar somente de um erro gramatical.

Tudo isso nos leva a repensar o estatuto da filosofia. Herdamos problemas filosóficos e tentamos resolvê-los. Transformamos essa tarefa numa profissão e nos engajamos moralmente nela. Logo percebemos que muitos desses problemas surgem conforme a linguagem deixa de funcionar normalmente. A filosofia aparece quando a linguagem entra em férias,[6] por isso a investigação se trava no nível gramatical.

Desse ponto de vista, uma sequência de parágrafos das *Investigações filosóficas*, do 90 ao 97, nos interessa demais. Ao mostrar como desanda a investigação gramatical, Wittgenstein termina apontando para os desvios que dão origem aos sistemas filosóficos, justamente porque pretendem ser *sistemas*, inclusive o sistema do *Tractatus*.

A tarefa é afastar os mal-entendidos, gerados quase sempre pelo uso inadequado das palavras, uso ancorado em analogias

6. Id., *Philosophische Untersuchungen*, op. cit., #38, p. 309.

que não têm fundamento real. Muitos deles são afastados quando se *analisam* formas de expressão, quando se substitui uma forma por outra. A própria análise, porém, cria a ilusão de que poderia chegar ao limite, a uma forma de expressão totalmente decomposta, cujos elementos simples se tornariam, então, transparentes. Não foi o que o *Tractatus* esperou do conceito de coisa ou de objeto simples?

A análise exata mostraria, então, a *essência* da linguagem, algo que se ocultaria sob seu funcionamento natural. Torna-se assim óbvio que cabem então novas perguntas: "*O que é* a linguagem?"; "*O que é* a proposição?". E as respostas se dividem, uns afirmando que a proposição é a coisa mais corriqueira do mundo, outros dizendo que é a coisa mais estranha. Qual é, então, a *essência*, o *ser* da linguagem?

O filósofo deixa, então, de examinar como as proposições funcionam, já que uma forma oculta haveria de responder por todas essas diferenças. Por causa de um mal-entendido parece que a proposição *faz* algo estranho. Para que esse fazer se torne possível introduz-se um intermediário entre a proposição e os fatos, entre o próprio *signo* e o que está sendo expresso. A investigação inventa *a questão do sentido*.

O parágrafo 95 toca no ponto nevrálgico e precisa ser comentado por inteiro, inclusive porque é de difícil tradução: "'Pensar deve ser algo estranho.' Quando dizemos (*sagen*), *queremos dizer* (*meinen*) que isso procede assim e assim (*es sich so und so verhält*), então não nos detemos onde queremos dizer, não num lugar qualquer diante do fato, mas queremos dizer que *isto e isto – assim e assim – é*".

Estamos traduzindo "*meinen*" por "querer dizer", seguindo uma indicação do próprio Wittgenstein. E "*meinen*" querendo dizer "significar" desempenha papel central na fenomenologia. Nos textos de Edmund Husserl, "*meinen*" equivale a "ter em mente". Essa intermediação de um fato de consciência não tem cabimento nos textos de Wittgenstein, que está evitando qualquer intermediário entre o signo e o fato. Não importa que o signo seja apenas psicológico, o que se deve afastar é a solução, tradicional depois de Aristóteles, fazendo as coisas serem representadas por estados da alma e estes serem representados pelos signos.

Essa solução, contudo, tende a dar um estatuto à questão do ser. Se toda proposição tem a forma de dizer "algo como algo", ou ainda é "isto e isto", equivalente a "assim e assim" ("*so und so*"), ou a "assim como" ("*so wie*"), então "algo como algo é". O que *é* esse *é*? Mas isso apenas é uma forma de dizer sem o lado de um dizer num jogo de linguagem. Quando falo "isto e isto é", no caso em que essa expressão seja falsa, parece um paradoxo: atribuo um ser ao não ser: "Mas se pode exprimir esse paradoxo (que tem a forma de uma coisa que se entende de per si) por: pode-se *pensar* o que não é o caso".

Um jogo de linguagem é um pensamento. Aplicar suas regras é pensar. Pensa-se, pois, o que é o caso e o que não é o caso. Quando falo que o caso *é*, isso advém de um *modo de falar* que nega que o caso não seja. Para captar a existência é preciso considerar a fala no interior de sua gramática, no seu jogo de linguagem. A gramática não cria o fato, mas que este apareça como caso ou não caso depende dela. Esse "é" apenas possui sentido porque ele "não é". A bipolaridade de seguir a regra adequada ou inadequadamente é anterior a qualquer questão do ser, somente nela é que o termo "*é*" tem sentido. Noutras palavras. Quando digo "x é", ou "x existe", simplesmente estou pronunciando uma frase exprimindo que "x" tem uma significação e que o "x" mencionado é o caso de uma regra. Mas sem especificar essa regra o correspondente de "x" se esfuma no ar. Não trata de algo nomeado por "x", mas simplesmente diz respeito ao *uso* dessa palavra.[7] Os lógicos modernos, depois de Frege, afirmam simplesmente que a existência é uma determinação do conceito, de uma regra.

Não existe a dualidade da linguagem predicativa e daquela outra antepredicativa. Um jogo de linguagem pode ser não verbal, como exemplifica um jogo de sinais de trânsito, a música ou a pintura. Cada um desses jogos possui seu tipo de verdade.

Mas, quando a diversidade das proposições é congelada numa forma, deixa de ser a expressão de uma regra de um jogo, *que está sendo visto da perspectiva de seu ensino*, e, por isso, as portas da metafísica se escancaram: "O pensar, a linguagem, aparece-nos agora como o correlato singular, a imagem (*Bild*), do mundo. Os conceitos: proposição, linguagem, pensar, mundo encontram-se numa série, um atrás do outro, um equivalente ao outro. (Mas para que são usadas essas palavras? Falta o jogo de linguagem no qual devem ser empregadas.)[8] Posto o falso problema do ser, a linguagem adquire aquela unidade sublime que

7. Id., ibid., #56, p. 320.

8. Id., ibid., #96, p. 339.

lhe permite se apresentar como imagem, figuração, pensante do mundo. Inclusive despertando o misticismo que se admira *que* o mundo *seja*,[9] quando podemos conhecer apenas seu *como*. Basta, no entanto, colocar essas palavras "linguagem" e "mundo" num contexto corriqueiro, quando se mostram os jogos de linguagem que lhes conferem sentido, para que se perca essa ilusão de totalidade, quer da afiguração, quer do afigurado.

Não se pode escapar dos jogos de linguagem. A sequência de exemplos nos mostra que as expressões cumprem funções diversas. E um problema filosófico, que torna sublime uma questão de diferença, deve ser tratado como uma doença incurável, porque estamos sempre procurando uma unidade no pensar quando ela não existe nesse nível. Não haveria, porém, outros modos de unificar, inclusive aquele que confronta modos diferentes de dizer? A persuasão pode unificar pontos de vista que primeiramente se apresentam como dissociados, visto que os homens têm um fundo de história prática mais ou menos em comum. A própria filosofia, para explicar a importância de um conceito, termina apontando para fatos naturais extraordinariamente gerais, nunca mencionados por causa de sua grande generalidade.[10] Desvendar a ilusão dos problemas filosóficos não nos joga no senso comum, mas nos faz lembrar de fatos primários que fogem de nossos olhos, que, porém, costuram certas formas de vida. Quanto mais simples melhores, porque escapam das ilusões grandiloquentes.

9. Id., *Tractatus*, 6.44.

10. Id., *Philosophische Untersuchungen*, op. cit, § 143 e 415.

E que não se conclua daí que tudo pode ser dito. A linguagem funciona demarcando terrenos do dizer. E, se os limites não são absolutos, não é por isso que tudo é relativo. Qualquer jogo de linguagem traz uma intenção de persuadir. A filosofia terapêutica é de suma importância porque descobre os absurdos e revela as contusões que o entendimento recebe ao ir de encontro às fronteiras da linguagem.[11] Mas também aponta para certas práticas comuns a todos os homens, que fazem de todos nós indivíduos capazes de nos entendermos. Pela filosofia ou pela política?

11. Id., ibid., # 119, p. 344.

KARL POPPER: AS VICISSITUDES DA RAZÃO

JÉZIO HERNANI BOMFIM GUTIERRE

Praticamente todo o espectro filosófico mereceu a atenção de Karl Popper: da epistemologia à ética, da filosofia política à filosofia da mente. E em todas essas áreas, suas propostas normalmente exigem consideração, mesmo entre aqueles que não as aceitam, e suscitam questões novas e imprevistas. A definição da agenda filosófica contemporânea, especialmente a epistemológica, é assim, não por acaso, influenciada por Popper: perguntas talvez sejam a mais importante matéria-prima do empreendimento filosófico – Kant é apenas uma das nobres instâncias que evidenciam isso – e ele foi um competente provedor dessa mercadoria. Entretanto, ao lado do relevo intrínseco das perguntas (e respostas) popperianas, deve-se acrescentar ainda outro elemento justificador da ubiquidade de Popper em meio ao cenário intelectual do século XX. Suas intervenções são quase sempre contundentes, substantivas, campanhas bélicas: Popper, consciente e doutrinariamente, por personalidade e princípio, não é autor de meios-tons. Não por acaso, identifica-se na sua trajetória um crônico evocador de polêmicas mesmo em círculos não afeitos ou inclinados ao debate filosófico. Também por esse caráter polêmico, Popper deixa de ser autor apenas relevante para se transformar em nome incontornável, um *big hit* filosófico que, paralelamente ao calor do confronto, traz também luz. Suas disputas são esclarecedoras tanto para a identificação de sua própria posição quanto daqueles que considera seus antípodas: Popper vs. neopositivistas, Popper vs. marxistas, Popper vs. freudianos, Popper vs. Wittgenstein, Popper vs. Kuhn, Popper vs. Escola de Frankfurt. Em todos esses casos, o mesmo tom de assalto, o mesmo estilo sem quartel, cortante e claro. Mas não há como negar que em cada um desses casos Popper suscitou esclarecimentos e definições importantes acrescentando lastro à nomeada de autor inevitável.

O objetivo perseguido a seguir é justamente o de se identificar uma das fontes seminais do universo polêmico popperiano, seu modelo de racionalidade científica e as tensões que suscita desde sua publicação original. A escolha não é gratuita. Boa parte dos conflitos entre Popper e seus críticos tem essa origem e pode-se compreender que seja assim: esse é o centro nevrálgico da proposta popperiana, resultado epistemológico, mas de consequências extensas o suficiente para influenciar e mesmo definir muito de suas demais contribuições em outras áreas. A obra popperiana é sistemática e a identificação da ideia de razão e racionalidade, dada a centralidade desse elemento, permite a obtenção colateral de um retrato abrangente, embora indistinto, do que se poderia chamar "popperianismo". Por esse motivo, pode-se também ver nesse artigo um pequeno passeio horizontal pela trajetória de Popper, passeio que tem seu ponto de partida e centro na questão da racionalidade científica, mas que permite menção, embora evidentemente muito limitada, à sua presença em outras áreas.

I

Karl Raimund Popper nasceu em 1902, em Viena. A data e o local são relevantes. Após a Primeira Guerra, em 1918, a antiga capital do Império Austro-Húngaro se transforma em centro do mundo, sede de uma efervescência inédita que se irradiava por todas as atividades artísticas e intelectuais.[1] A infância e adolescência de Popper foram vividas nesse ambiente extremamente rico em que todas as tendências se digladiavam num caldeirão que definiria a face do restante do século. Em pintura, Kokoshka, Klimt, Schiele abrem horizontes inéditos; em música, Schönberg inaugura a 2ª Escola Vienense; em literatura, Robert Musil e Schnitzler inovam temáticas e estilos; em arquitetura, Adolf Loos prenuncia as mais importantes correntes dominantes nas décadas seguintes; e fora das artes esse dinamismo não esmorece: Karl Kraus praticamente dá à luz o jornalismo contemporâneo; Sigmund Freud cria a teoria psicanalítica e clinica em Viena. Pode-se dizer, sem exagero, que todas as tendências científicas, artísticas e políticas[2] con-

1. O dinamismo vienense, do fim do século XIX ao começo do século XX, foi bem atestado por uma série de trabalhos notáveis. Carl E. Schorske, *Fin-de-siècle Vienna*. Nova York: Vintage, 1981; Dario Antiseri, *La Vienne de Popper*. Paris: PUF, 2004.

2. O caldeirão de ideias políticas na Viena do começo do século XX é particularmente impressionante. Ilustrando isso, lembremos que Lukács e Gramsci estavam exilados por lá no início da década de 1920, e Lukács – já autor de *História e consciência de classe* – frequentava os alojamentos estudantis em que vivia Popper. Cf. Malachi Haim Hacohen, *Karl Popper: The Formative Years 1902-1945*. Cambridge: Cambridge University Press, 2000.

vergiam para a Viena da época, e Popper interagiu com grande número delas.

Entretanto, segundo suas próprias notas autobiográficas,[3] de todas essas influências intelectuais, as mais marcantes para a sua formação e doutrina posterior foram a psicanálise de Freud, a psicologia individual de Adler, o marxismo e a teoria da relatividade. De maneira bastante precisa, Popper remonta ao ano de 1919, quando contava entre dezesseis e dezessete anos de idade, seu diagnóstico a respeito dessas discussões e teorias, uma definição que manteria inalterada por toda a sua vida. Ele havia, em diferentes momentos, se impressionado com a força dessas doutrinas e, de uma ou outra maneira, considerou-se simpatizante de todas e cada uma delas. No caso da teoria da relatividade, embora confesse que à época não compreendia todo o seu alcance e arquitetura, assistiu a conferências de seguidores de Einstein e apaixonou-se pela ambição e poder explicativo das suas teses. Quanto a Freud e Adler, sua aproximação desses dois autores foi sólida a ponto de levá-lo a se engajar concretamente como auxiliar em consultórios psicanalíticos nos arredores de Viena, voltados ao atendimento à população carente. Já em relação ao marxismo, pela influência, segundo seu próprio relato, de colegas ativistas, acabou admitindo seu fascínio e chegou a se considerar, "por dois ou três meses",[4] um marxista.

3. Cf. Paul Arthur Schilpp, *The Philosophy of Karl Popper*. La Salle: Open Court, 1974, esp. seção 8 da *Autobiography*. Consulte-se também o capítulo 1 de Karl Popper, *Conjectures and Refutations*. Londres: Routledge, 1998.

4. Paul Arthur Schilpp, op. cit., p. 25.

Para a psicanálise, o marxismo e a teoria da relatividade, esse foi um momento extremamente auspicioso. A resistência inicial a Freud havia sido superada, e o *establishment* médico finalmente parecia receber a psicanálise como um avanço seguro e científico na área da psicologia humana. O mesmo acontecia com o marxismo: a derrocada da Rússia imperial e a vitória revolucionária em 1917 prenunciavam avanço aparentemente inabalável do comunismo, e a conquista social-democrata da prefeitura de Viena – lembremos uma vez mais, a cidade intelectualmente mais influente da Europa de então – reforçava essa imagem triunfal. A teoria da relatividade, por sua vez, recebeu, em 29 de maio de 1919, aquela que pareceu ser, aos olhos da mais qualificada parcela da comunidade científica, seu apoio definitivo: os experimentos de Eddington na África (ao lado dos concomitantemente realizados em Sobral, no Rio Grande do Norte) atestaram que a luz era afetada pela força gravitacional, algo previsto pela teoria einsteiniana, mas rejeitado pela teoria clássica. Mesmo que historiadores da ciência contemporâneos (Gerald Holton,[5] por exemplo) tenham revisitado os feitos da expedição de Eddington e chegado a uma conclusão bem mais comedida, a opinião pública de então considerou os resultados obtidos um espetacular experimento crucial, instalando Einstein solidamente no panteão heroico da ciência.

Entretanto, Popper não via sem preocupação essa imagem indiscriminadamente vitoriosa das teorias de Freud, Marx e Einstein. A psicanálise e o marxismo, em particular, suscitavam-lhe

5. G. Holton, "Einstein and the 'crucial' experiment", AJP 37 (1969), pp. 968-82.

uma indistinta *malaise*, a sensação de que havia algo de errado no acúmulo de evidências positivas que amealhavam. Ainda em 1919 e provavelmente também influenciado pelo resultado de Eddington, Popper identifica afinal as razões de suas desconfianças em relação à psicanálise e ao marxismo e a justificativa para sua simpatia pela teoria da relatividade. De certa forma, a seu ver, psicanálise e marxismo sofriam de uma overdose de sucesso: não existia meio possível de desacreditá-los em seus respectivos âmbitos de atuação. Cada novo caso clínico ou comportamento anômalo, qualquer que fosse ele, seria obrigatoriamente um item a mais no rol de casos previstos pela psicanálise. Popper exemplifica: um indivíduo joga uma criança na água com a intenção de afogá-la e outro se sacrifica procurando salvá-la. Para esses dois casos a psicanálise não encontrará nenhum desafio explicativo notável. No primeiro caso, teríamos o efeito de algum tipo de repressão (talvez do Complexo de Édipo); e, no segundo, provavelmente alguma forma de sublimação.[6] E o mesmo se aplica, na área política ou sociológica, ao marxismo. Para um marxista, diz Popper, um jornal diário é em princípio um repositório de confirmações da doutrina que adota: qualquer revolução (ou ausência de revolução), greve, eleição, migração etc. implica trivial atestado da veracidade da teoria. Marxismo e psicanálise, nesse sentido, seriam teorias "blindadas" (ou "imunizadas", na terminologia posteriormente empregada por Popper), hipóteses sempre corroboradas por qualquer evento imaginável.

6. Cf. Karl Popper, *Conjectures and Refutations*, op. cit., p. 35 e passim.

Por oposição às anteriores, a teoria da relatividade, da maneira como foi originalmente proposta, era, segundo Popper, extremamente arriscada: fazia previsões ousadas que, se não confirmadas, a desacreditariam. O experimento de Eddington documentaria este fato: caso a experiência de 1919 apresentasse resultado contrário ao que a teoria previa, isso acarretaria seu abandono.[7]

Essa distinção radical entre as maneiras como marxismo, psicanálise e teoria da relatividade se relacionam com o mundo empírico faz que Popper atribua caráter científico apenas à relatividade. Ao contrário do que pode parecer à primeira vista, a impossibilidade de se refutar a psicanálise e o marxismo não evidencia sua força, mas sua fraqueza. Evidentemente, essa avaliação não decorre de uma gratuita preferência pelo risco ou pela coragem epistêmica. Quando se admite que essas teorias não são falsificáveis por eventos empíricos, o que se conclui é que elas não estão, em princípio, expostas à crítica empírica e, por isso mesmo, caem na alçada da mais abjeta rubrica do bestiário racionalista: o dogmatismo. Esse é um aspecto absolutamente central e invariavelmente presente em toda a proposta epistemológica popperiana madura: ao furtar-se à crítica, qualquer enunciado ou doutrina abandona, ou deveria abandonar, a

7. Cf. id., ibid., p. 36 e *passim*. Não deixa de ser divertido que o próprio Einstein, quando questionado sobre que reação teria se o teste de Eddington chegasse a resultado diferente daquele que previra, respondeu: “Nesse caso, teria sentido pena do caro Lorde; a teoria está certa”. [*Apud* George F. Kneller, *A ciência como atividade humana*, trad. Antônio José de Souza. São Paulo: Zahar / Edusp, 1980, p. 162.]

pretensão de habitar a arena cognitiva racional e aproxima-se do dogmatismo religioso. Isso não lhes elimina todos os méritos – até o fim da vida, Popper elogia a acuidade e as intuições de Freud, por exemplo –, mas as exclui do rol das teorias científicas, isto é, teorias abertas à crítica empírica racional. O marxismo e a psicanálise são assim explicitamente equiparados a mitos religiosos e a teorias pseudocientíficas, como a astrologia. A teoria da relatividade, por outro lado, retira de sua falsificabilidade – uma aparente fraqueza – seu atestado de salubridade crítica, de seu não dogmatismo, o que legitima, afinal, sua inclusão no reino da ciência empírica.

A "resposta de 1919", como podemos chamá-la, foi essencial para Popper, mas não imediatamente objeto de sua preocupação mais consequente. Somente anos depois é que voltou a ela, percebendo todo o seu relevo. De 1919 a 1928, quando da elaboração de seu doutorado, ainda não se pode distinguir nitidamente o Popper filósofo.[8] Ele permanece até 1925 trabalhando no ensino para crianças abandonadas e emprega seu tempo formativo, por certo período, à música – chega a estudar com afinco a obra de Schönberg e a ser assistente do compositor. Seu entusiasmo pelo dodecafonismo, entretanto, esmorece e ele se dedica à música sacra e à composição de cânones. Logo reconhece os limites de sua aptidão musical e gradualmente se afasta do conservatório, mas desde então nunca abandonará seus interesses pelos padrões de

8. Para a descrição do caminho de Popper desde 1919 até sua migração definitiva para a Inglaterra (1945), é indispensável a consulta ao livro de Malachi Hacohen, *Karl Popper: The Formative Years 1902-1945*, op. cit.

desenvolvimento da música e da arte em geral, algo que em anos posteriores explicitamente associará aos padrões de desenvolvimento científico e influenciará a obra de importantes teóricos da arte, como Ernest Gombrich.

Ainda durante seu período de formação acadêmica, encontra e convive com nomes como Karl Polanyi, Heinrich Gomperz e Karl Buhler e pesquisa, quase sem interrupção, até seu doutorado, a psicologia cognitiva, especialmente a psicologia da descoberta. Mas esse interesse também vai sendo aos poucos enfraquecido e em sua tese de doutoramento, significativamente intitulada *A propósito do problema do método na psicologia do pensamento*, já se identifica um gradual afastamento da psicologia em favor do método e da lógica.

Não foi senão em 1928, depois da obtenção de seu doutorado e de sua qualificação como professor de matemática e física para o ensino secundário, que se pode perceber em Popper uma sólida e consistente concentração sobre um tema, aquele que o acompanhará para o resto de sua vida intelectual: o método científico e a questão do progresso da ciência. Data também desse período sua crítica à indução e a retomada da resposta de 1919 para a definição de um critério de cientificidade. Esses foram resultados marcantes para sua trajetória não apenas pelo posto que assumiram em sua obra de maturidade, mas pela posição francamente crítica que exibia perante a mais formidável potência filosófica de então: o Círculo de Viena, que, depois de amplificado e transcendidas as fronteiras vienenses, passou a ser universalmente conhecido como neopositivismo ou positivismo lógico. Via Gomperz, Popper encontrou Viktor Kraft e posteriormente Herbert

Feigl, componentes maiúsculos do Círculo. Por estímulo de Feigl, iniciou a escrita de seu primeiro livro – *Die beiden Grundprobleme der Erkenntnistheorie* [Os dois problemas fundamentais da teoria do conhecimento] – que, nesse primeiro e mais extenso formato, só seria publicado integralmente mais de cinquenta anos depois.[9] O apoio e estímulo de membros do Círculo de Viena não pararam por aí: embora tenha afirmado nunca ter sido convidado a participar das reuniões centrais do grupo – as reuniões oficiais aconteciam às quintas-feiras no apartamento de Schlick e restringiam-se aos "escolhidos" –, vários outros seminários orbitavam em torno desses encontros e Popper foi chamado para ler seus artigos nessas ocasiões. As primeiras versões de *Die beiden Grundprobleme der Erkenntnistheorie* foram apresentadas para o grupo, lidas e comentadas por Carnap, Schlick, Neurath, Frank e Hahn – ou seja, o estado-maior positivista. A versão original foi, afinal, por pressão dos editores – editores exercem sempre função civilizatória... –, extremamente reduzida em mais da metade do que Popper pretendia, e finalmente publicada em 1934, com o nome de *Logik der Forschung* [*A lógica da pesquisa científica*], ainda hoje considerada a obra índice de Popper.

A relação de Popper com o positivismo lógico é obviamente muito próxima, e não apenas pelas relações pessoais. Certamente comungam ambos da mesma fé racionalista e enfrentam com igual denodo os perigos daquelas que consideravam hordas bárbaras filosóficas, tipicamente facções hegelianas e neo-hegelianas

9. Karl Popper, *Die beiden Grundprobleme der Erkenntnistheorie*. Tübingen: Mohr, 1979.

(na Inglaterra da época, representadas por F. H. Bradley) florescentes no princípio do século XX. Mas inimigos comuns e alguns propósitos genéricos semelhantes não impedem que Popper logo seja tachado, pelos próprios membros do movimento, como "crítico oficial do positivismo lógico", na frase de Neurath. De fato, com característica imodéstia, Popper sempre se considerou o responsável pela destruição dessa escola, embora, desde 1934 até hoje, assassino confesso e presumível vítima sejam insistentemente associados.

Após a publicação de *Logik der Forschung*, surgiram muitos convites para que proferisse palestras na Inglaterra. Popper aceitou vários deles, ensejando contatos com a nata intelectual britânica, incluindo-se aí Bertrand Russell – para Popper, provavelmente o maior filósofo surgido desde Kant –, G. E. Moore, C. H. Langford, Ernest Gombrich e Friedrich Hayek, que dirigia seminário do qual Popper participou repetidas vezes. Os contatos internacionais que cultivou lhe foram afinal bastante valiosos pela crescente influência nazista na Áustria. Ele não tinha ilusões em relação à proximidade do *Anschluss* e se preparou para emigrar. Em 1937, recebendo convite da Nova Zelândia, deixa Viena e se fixa em Christchurch pelos oito anos seguintes. Durante a guerra, morando na Nova Zelândia, desenvolve artigo originalmente elaborado para conferência que havia apresentado no seminário de Hayek e chega a uma "aplicação" (o termo é do próprio Popper) de sua posição epistemológica, tal como apresentada em *Logik der Forschung*, sobre a filosofia política. Tal "aplicação" consubstancia-se em dois trabalhos que Popper qualifica como seu "esforço de guerra": *The Poverty of Historicism*

[*A miséria do historicismo*] (1944) e *The Open Society and its Enemies* [*A sociedade aberta e seus inimigos*] (1945).[10] Nesses textos, especialmente em *A sociedade aberta*, os pressupostos e sustentação do que Popper considera historicismo, isto é, a crença em leis históricas imutáveis, e o pensamento político autoritário que julga ser associado a ela são ambos atacados sem complacência. Platão, Hegel e Marx, selecionados como os precursores clássicos das ideias historicistas e autoritárias, são analisados e jupiterianamente admoestados. É importante considerar que Popper nunca mais voltou a se estender tão intensamente sobre essas questões, sendo sempre explícito em considerar, como já foi dito, suas obras de filosofia política apenas como instâncias ou corolários de sua contribuição epistemológica.[11] Mas é plausível que se considere ser esse, dentre todos os quadrantes de sua produção intelectual, aquele que mais lhe trouxe aliados e desafetos.

Com o término da guerra, Hayek convida Popper a assumir cátedra na London School of Economics (LSE). Aceita o cargo e, em 1945, volta à Inglaterra e inicia sua longa trajetória na LSE, vínculo que persistirá pelo resto de sua vida. É gozando da estabilidade da London School que Popper pode se dedicar livremente ao cultivo de inimigos, antigos e novos. Talvez o mais ilustre deles, angariado pouco após sua chegada a Londres, tenha

10. Id., "The Poverty of Historicism", originalmente publicado em dois números da revista *Economica*, v. 11, n. 41-42 (1944); Id., *The Open Society and its Enemies*. Londres: Routledge, 1945.
11. Cf. P. A. Schilpp, op. cit., pp. 91-ss.

sido Wittgenstein. Em célebre debate público, os dois austríacos se enfrentam em torno de questões candentes, características da arena filosófica do pós-guerra. A tese de que inexistem problemas filosóficos genuínos, típica do positivismo lógico, do primeiro Wittgenstein e da maior parte da filosofia da linguagem inglesa de então, foi considerada e devidamente rebatida por Popper, que apresenta os problemas morais como exemplos reconhecidos de genuínas questões filosóficas. De imediato, Wittgenstein, empunhando um atiçador de lareira, o desafia a citar um exemplo de regra moral significativa, ao que Popper replica ironicamente: "Não ameaçar conferencistas convidados com atiçadores de lareira". Wittgenstein, furioso, abandona o recinto.

A fieira de polêmicas, como já foi observado, certamente não se circunscreve à travada com Wittgenstein. Os temas tratados em *A lógica da pesquisa científica* são apresentados ao público anglo-saxão (Popper visita os Estados Unidos pela primeira vez em 1949) com a costumeira contundência e rapidamente reúne um rol influente de admiradores e algozes. Durante esse período, elabora adendos e esclarecimentos pendentes a *A lógica da pesquisa científica*, com vista à preparação de uma reimpressão atualizada. Em 1959, finalmente, 25 anos após a publicação em alemão, vem à luz a edição inglesa, que firma Popper como um dos mais influentes filósofos do mundo. De fato, toda a geração subsequente de filósofos e epistemólogos, especialmente na Inglaterra e nos Estados Unidos, reconhece sua dívida para com Popper. A *jeunesse dorée* da filosofia analítica, de finais da década de 1950 e início da de 1960, Thomas Kuhn, Paul Feyerabend, Stephen Toulmin, Imre Lakatos, todos eles registram admiração e mesmo filiação a

Popper, ou ao menos reconhecem a centralidade das teses mais características de sua obra. O que mais os instiga é o abandono promovido por Popper de postulados positivistas canônicos como o progresso por acumulação e a atenção à estrutura da ciência, em detrimento de sua dinâmica. A ênfase à complexidade do progresso efetivo da ciência, aos seus agentes, à maneira como o método era efetivamente empregado e como parecia ser bem-sucedido era algo novo e atraente para toda a geração que se congregava em torno da obra popperiana. Entretanto, logo se verificou que algumas diferenças marcantes pareciam rondar a maneira como Popper e seus jovens sucedâneos encaravam a temática epistemológica.

Após a publicação de *The Structure of Scientific Revolutions* [*A estrutura das revoluções científicas*], de Thomas Kuhn, em 1962, as divergências ficaram mais nítidas e agudas e ensejaram o famoso encontro do Bedford College, em Londres, em 1967. Toda a base da comunidade epistemológica analítica esteve presente e participou dos trabalhos, mas o centro das atenções foi voltado para a inauguração explícita do debate Popper-Kuhn, debate que dominaria a cena anglo-saxã pelos quinze anos subsequentes e que esclareceria não só percalços e méritos desses autores, mas a própria situação-problema que enfrentavam. Ao menos de início, Popper e popperianos encararam o debate como um conflito entre racionalistas e irracionalistas, entre propostas normativas e descritivistas, entre a filosofia da ciência tradicional e uma tentativa de reduzir o empreendimento filosófico à história da ciência e/ou à sociologia do conhecimento. O que estaria em jogo seria a própria civilização ocidental na medida em que seu elemento mais característico, a razão, estaria sendo desalojada de seu lugar de honra. O alerta de Popper e aliados (tipicamente John W. N. Watkins)[12] reflete as mais profundas raízes do popperianismo: Popper é um racionalista clássico que admite a tarefa de preservar e estimular o avanço do conhecimento racional como indisputável e, da mesma forma que Descartes e Kant, abraça o ideal de uma filosofia primeira, um empreendimento que forneça os meios de consecução para o avanço seguro da ciência, um empreendimento normativo, portanto. Quando Kuhn traz para a cena a prática da ciência e promove a relevância filosófica da história da ciência, da práxis científica, como árbitro da decidibilidade racional, Popper reage com horror.

Esse é um horror semelhante àquele que expressou, mais ou menos pela mesma época, e por motivos, em última instância, bastante próximos, quando de outra querela conhecida e igualmente influente. O que o congresso do Bedford College representou para a filosofia analítica, a chamada "Disputa positivista na filosofia alemã", congregando Popper e expoentes da Escola de Frankfurt, significou para a filosofia continental. Após um início razoavelmente tépido, em que Adorno e Popper apresentaram suas respectivas posições em congresso realizado em Göttingen, em 1961, escaramuças mútuas se seguiram, cada vez

12. As contribuições de Popper ("Normal Science and its Dangers") e de Watkins ("Against 'Normal Science'") foram originalmente coligidas em I. Lakatos & A. Musgrave (orgs.), *Criticism and the Growth of Knowledge*. Cambridge: Cambridge University Press, 1970, volume dedicado às contribuições apresentadas no Bedford College.

mais candentes, particularmente entre Popper, Horkheimer e Habermas. Embora o ponto inicial e mais conspícuo de discórdia tenha sido a filosofia política professada por Popper, ao menos Habermas localiza o pecado básico do projeto popperiano em suas raízes epistemológicas, e infere daí o que a seu ver seria um vínculo ineliminável entre Popper e neopositivistas. O cientificismo positivista e o associado idealismo metodológico – regras metodológicas ideais –, que presumivelmente Popper e positivistas professaram em igual medida, cerceariam a livre comunicação e impediriam, nas palavras de Habermas, o indispensável "diálogo sem coação dos homens em comunicação",[13] fonte última do pensamento racional. Em contrapartida, Popper equipara a posição habermasiana à rendição a um relativismo sociológico incongruente com a preservação da razão. De maneira geral e mais agressiva, no ensaio "Razão ou revolução",[14] julga a Escola de Frankfurt "irrelevante", e sua influência "'irracionalista' ou 'destruidora da inteligência'" [*sic*]. Posição, notemos ainda uma vez, muito similar àquela que adota contra kuhnianos durante o debate do Bedford College: "[...] para mim é surpreendente e decepcionante a ideia de se recorrer à sociologia ou à psicologia [...] a fim de informar-se a respeito das metas da ciência e de seu progresso possível. [...] Pois não é claramente isso o que vocês estão fazendo ao recorrer à orla lunática [*sic*] sociológica (ou psi-

13. Jürgen Habermas, *Theorie und Praxis: Sozialphilosophische Studien*. Frankfurt: Suhrkamp, 2000, p. 254.

14. Karl Popper, *Lógica das ciências sociais*, trad. Estevão Martins. Brasília: UnB, 1978, p. 36.

cológica, ou histórica)?".[15] Como se pode atestar, nos dois lados do canal da Mancha as presumidas ameaças à razão e ao papel da filosofia como guardiã dos ideais racionalistas são enfrentadas com igual *panache*.

No período mais recente compreendido entre o final da década de 1970 até sua morte, em 1994, Popper restringiu-se a aperfeiçoamentos e comentários, notas de pé de página, por assim dizer, ao *corpus* principal de sua obra. É plausível afirmar que a mais robusta dessas contribuições tardias tenha sido *O eu e seu cérebro*, escrito com Sir John Eccles.[16] Neste livro, discute temas clássicos da filosofia da mente e defende o indeterminismo e o livre-arbítrio. Também constante dessa quadra mais recente, especialmente durante a década de 1980, é a explicitação de sua epistemologia evolucionista, que pretende traçar paralelos entre as teses darwinianas de seleção natural e o processo efetivamente assumido pela dinâmica da evolução cognitiva. Finalmente, entre suas últimas contribuições coligidas, pode-se encontrar seu comentário sobre os pré-socráticos em *The World of Parmenides* [O mundo de Parmênides], publicado postumamente em 1997,[17] em que são coligidos ensaios escritos desde seus tempos vienenses até 1992, em que se encontra a

15. Id., "Normal Science and its Dangers", in I. Lakatos & A. Musgrave, op. cit., pp. 57-58.
16. Karl Popper & J. C. Eccles, *O eu e seu cérebro*, 2ª ed. trad. Sílvio M. Garcia, Helena C. F. Arantes, Aurélio C. de Oliveira. Brasília/Campinas: UnB/Papirus, 1995.
17. K. Popper, *The World of Parmenides: Essays on the Presocratic Enlightenment*. Londres: Routledge, 1997.

sempre inquebrantável fé na razão e no modelo epistemológico que assumiu desde sua juventude.

II

Neste esboço de descrição da trajetória intelectual de Popper, ao menos um aspecto fica reiteradamente patente: a longevidade e persistência notáveis de sua adesão a determinadas teses. Por isso é que 1919 permanece sendo uma data relevante em sua biografia: ao menos pela reconstrução racional que ele mesmo empreende de sua própria trajetória, ao longo de toda a sua vida não existem abalos significativos de crenças centrais. E um traço muito bem delimitado é o de sua granítica obediência aos ideais do racionalismo clássico. É justamente a análise mais detalhada desse compromisso racionalista que considero promissora para a exibição de alguns pontos constitutivos do coração da obra popperiana e de alguns desafios imediatos a que deve responder. Popper mesmo considera o estabelecimento de uma teoria do conhecimento racional como o centro de toda a preocupação filosófica,[18] e seria justo – caso se pretenda expor algo dos contornos de seu projeto amplo – dar o devido relevo àquilo que, segundo seus próprios olhos, seria sua contribuição a esses problemas, isto é, ao que considera mais relevante em filosofia.

18. Essa é uma observação reiterada por Popper em várias ocasiões. Pode-se encontrar uma das mais contundentes subscrições dessa meta da filosofia em "Remarks on the Problems of Demarcation and Induction", in I. Lakatos & A. Musgrave (orgs.), *Problems in the Philosophy of Science*. Amsterdã: North-Holland, 1968, pp. 94-97.

Nesse sentido, parece proveitoso levantar as seguintes questões: qual seria a distintiva marca popperiana emprestada ao programa racionalista? Afinal, o que faz de um racionalista um racionalista popperiano e o que faz de um popperiano um racionalista? Na busca de um caminho de resposta para essas indagações, vale a pena voltar ainda uma vez ao problema de demarcação entre ciência e não ciência.

À primeira vista, o interesse popperiano por uma definição de ciência sugere um paradoxo. Popper é enfaticamente oposto a variantes filosóficas (que remonta a Aristóteles) que privilegiem definições seguras como base para o conhecimento, e se ocupa em mostrar que nunca obteremos esclarecimentos profundos a partir da busca de definições precisas.[19] Entretanto, ele mesmo reconhece que qualquer solução ao problema da demarcação não deixa de implicar uma definição de ciência. Por que, nesse caso, teríamos, afinal, uma definição relevante? Por que Popper atribui ao problema da demarcação (e à sua solução), aparentemente tarefa apenas classificatória, o *status* de chave para a resposta aos demais problemas da teoria do conhecimento?

Em tecla clássica, novamente em linhagem tipicamente kantiana, Popper admite ser a filosofia do conhecimento central pelo simples motivo de que todas as demais disciplinas e questões, sejam elas filosóficas ou não, dependeriam de uma resposta prévia ao problema do que podemos saber, de que forma podemos saber e como poderíamos saber mais. E essas metas deveriam ser

19. Cf. Karl Popper, *Conjectures and Refutations*, op. cit., pp. 262-ss., e *Open Society and its Enemies*, op. cit., pp. 240 e ss.

atingidas não pelo concurso da revelação, poder alheio à capacidade humana, mas pela razão. De fato, é patente que o pensamento racionalista clássico caracteriza razão de maneira muito próxima à determinação da aceitabilidade de enunciados. Basta lembrar a célebre passagem da parte I de *O discurso do método*, em que Descartes resume essa ideia: razão seria "o poder de se ajuizar corretamente e de se distinguir o verdadeiro do falso". [20]

Uma réplica adequada aos problemas da filosofia do conhecimento racional poderia se originar tanto da análise do conhecimento de senso comum quanto do científico, mas, desses dois, aquele que apresenta mais evidências de sucesso, de avanço e êxitos contínuos, é o conhecimento científico. Por essa razão, o exame deste último parece a Popper mais promissor de um ponto de vista metodológico ou metametodológico: parte-se da hipótese de que de sua análise poderemos inferir elementos que possam ser aplicados ao conhecimento em geral. Mas o que existe de mais intrínseco à ciência, o que a torna constitutivamente distinta de outros habitantes do mundo gnosiológico? De saída, Popper sustenta que os enunciados científicos devem responder a condições lógicas – eles devem ser, de um ponto de vista lógico, falsificáveis. Por isso, enunciados tautológicos, embora verdadeiros por definição, simplesmente não são admissíveis no reino da ciência. Entretanto, se essas condições lógicas são exigidas é porque são necessárias para o exercício do *método* científico, em outras palavras, do método de decidibilidade

20. René Descartes, *O discurso do método*, trad. Jacob Guinsburg e Bento Prado Jr. São Paulo: Abril, 1973.

(método de escolha interteórica) característico da ciência que, obrigatoriamente, deverá, de alguma maneira, fazer uso de evidências empíricas para a escolha teórica, para o processo de decidibilidade teórica.

Vê-se aqui finalmente por que a definição de ciência se reveste da importância que tem, segundo Popper. Na medida em que tal definição envolve a caracterização do método, um critério de demarcação tem como tarefa implícita desvendar aquilo que seria o Santo Graal da filosofia racionalista do conhecimento: a decidibilidade racional. Não é por outro motivo que Popper acredita que o problema da demarcação está associado ao da fundamentação da indução. Se a procura de um fundamento seguro para as inferências indutivas é, ao menos desde Hume, tarefa filosófica fundamental, isso se deve justamente a que são consideradas semiuniversalmente a base de sustentação do método científico, do processo de decidibilidade científica – como o presente no método confirmabilista neopositivista. Entretanto, se o traço que separa ciência e não ciência for estabelecido por fronteira diferente daquela que separa processos argumentativos indutivos e não indutivos, esvazia-se a própria relevância do problema da indução. Por isso que, dentre aqueles que Popper rotula como "os dois problemas fundamentais da teoria do conhecimento", o problema da demarcação precede o da indução e é, a seu ver, o mais relevante dos dois.

Mas qual seria a alternativa metodológica popperiana subjacente ao seu modelo de demarcação? Dado que Popper admite a absoluta solidez da crítica humiana à indução, uma resposta distinta da indutivista deve ser apresentada para a demarcação da ciência. Ele a encontra ao postular um cânon *dedutivo* de crítica racional associado ao que chama de método falsificacionista. Conforme esse modelo metodológico, a dinâmica de avaliação de teorias seguiria o seguinte trajeto:

1. Parte-se de um problema empírico qualquer [À guisa de ilustração e descurando as complexidades constitutivas de problemas e teorias científicas reais, poderíamos representá-lo por uma pergunta empírica qualquer, como: "Qual a cor dos cisnes?"].

2. Sugere-se uma hipótese conjectural, usualmente, na ciência, uma hipótese universal ["Todos os cisnes são brancos"].

3. A hipótese tentativa é testada com o uso de enunciados empíricos singulares (enunciados básicos, na terminologia popperiana) trivialmente admitidos pela comunidade científica.

4.a. Caso os enunciados básicos se choquem com a conjectura levantada [por exemplo, se um dos enunciados de teste for "Existe um cisne preto no zoológico de Nova York"], a hipótese é rejeitada e abandonada, reiniciando-se o processo a partir do passo 2, em busca de hipótese mais bem-sucedida.

4.b. Por outro lado, caso a hipótese resista aos testes e seja coerente com todos os enunciados básicos admitidos pela comunidade, ela é considerada corroborada e é provisoriamente admitida como candidata viável a solucionar o problema do qual se partiu.

5. Com a corroboração da hipótese, contudo, não se conclui o processo crítico. Após a corroboração, o método falsificacionista prevê que a busca de novos testes, mais exigentes ou focados sobre diferentes aspectos da hipótese analisada, será incessante. A hipótese, mesmo sendo corroborada, não é nunca admitida como definitivamente aceita ou verdadeira. Afastando-se de disseminada crença de senso comum sobre o conhecimento científico, Popper sugere que o processo metodológico característico da ciência é infindável e nunca dá lugar a certezas ou aferições definitivas de veracidade – afirmação que, conforme alguns, seria suficiente para qualificá-lo como cético.

A atividade científica é definida, assim, como uma prática que se desenvolve conforme o modelo descrito. Para que um enunciado/teoria seja caracterizado como científico, é necessário que possa ser efetivamente falsificado pelos testes promovidos pela comunidade científica. Caso essas teorias não possam, em princípio, ser falsificadas ou se a comunidade não assumir o compromisso de empregar o método falsificacionista e não se empenhar em falsificá-las, seu estatuto científico se fragiliza e, afinal, perece.

As consequências mais contundentes de uma definição como essa são, em primeiro lugar, a obtenção de um critério nítido e prático que permite julgar precisamente o pleito de teorias que reivindiquem *status* científico. Essa seria uma função quase política e, caso o critério seja de fato eficiente, permitiria alijar pseudociências que, espuriamente, se apresentem ao público cobertas pelo manto da respeitabilidade científica. Já a segunda consequência é bem mais relevante e dá conta – ao menos essa é a intenção popperiana – dos problemas recorrentes e centrais da epistemologia: formatação de metodologia de decidibilidade racional empírica.

Na sua obra tardia, Popper "generaliza" o método falsificacionista e argumenta que o modelo sugerido seria adaptável a todo processo de seleção teórica racional, não apenas àquele atinente à pesquisa científica. Essa é a alternativa aberta a Popper dado que, ao contrário dos positivistas, nunca excluiu a possibilidade de conhecimento genuíno mesmo em searas alheias à ciência. A filosofia, em particular, metafísica incluída, seria um campo certamente aberto à argumentação racional. Mas evidentemente não haveria aqui espaço para o emprego de enunciados empíricos de teste: o processo metodológico sugerido incorpora o perfil crítico e dedutivo, mas sem o concurso de enunciados básicos. Os passos de *qualquer* inquirição racional, de *qualquer* seleção racional de alternativas teóricas obedeceriam ao seguinte perfil:

1. Parte-se de um problema;

2. Apresenta-se uma conjectura como hipótese possivelmente eficaz para a solução do problema apresentado;

3. Elabora-se crítica – baseada em parâmetros como consistência interna, capacidade explicativa, coerência com outras hipóteses tacitamente aceitas, simplicidade, critérios estéticos e outros;

4. Conforme o resultado da crítica, a hipótese é abandonada ou é provisoriamente mantida até que argumento original mais sólido venha a destituí-la em favor de outra teoria mais qualificada.[21]

Com esse modelo, que descreve os contornos do racionalismo crítico – versão generalizada e tardia, como disse, da proposta falsificacionista original –, fecha-se o círculo do projeto epistemológico popperiano agora não mais circunscrito à sua origem, centrada na metodologia científica.

III

A mecânica racionalista e a demarcação falsificacionista, ideias básicas de Popper, embrionárias em suas intuições de 1919, parecem acompanhar o estilo simples e direto que sempre preconizou e honrou. Entretanto, temos aqui um exemplo típico de simplicidade enganadora. Evidentemente, desde 1934, o critério de cientificidade popperiano e o método que lhe é associado recebem críticas notáveis de todo o espectro filosófico. Pelo número e relevância dessas críticas, não seria nada sensato se se pretendesse fazer, nesse âmbito, um apanhado fidedigno e abrangente desses ataques ou das respostas que Popper e seguidores têm arquitetado. Cabe, entretanto, chamar atenção para um único ponto recorrente nesses conflitos. Reiteradamente, como vimos, Kuhn, Feyerabend, Habermas e vários críticos

21. Já em *Conjectures e Refutations* (pp. 198-ss.), Popper expõe esse quadro generalizado.

mais recentes[22] têm identificado o falsificacionismo popperiano a uma metodologia insensível à prática efetiva da ciência. A rigor, dizem esses interlocutores, não existem casos popperianos em toda a história da ciência. Mesmo, afirma-se, no caso da teoria da relatividade, tão cara a Popper, se, quando da formulação original de Einstein, a comunidade tivesse seguido rigidamente os ditames da metodologia popperiana, deveria ter falsificado a teoria que, à época, não possuía os elementos necessários para dar conta de todos os testes empíricos. E isso pode ser generalizado: *toda* teoria científica nasce falsificada no sentido popperiano, isto é, não é capaz de responder a todos os testes empíricos que lhe são endereçados. O falsificacionismo seria, portanto, um trabalho de ficção metodológica, consistente internamente, mas sem contrapartida real. Nesses termos, o método falsificacionista não seria capaz de cumprir a função a que se destinava: guiar a pesquisa científica, normatizá-la com o intuito de assegurar o conhecimento científico e o progresso do conhecimento.

Popper e aliados[23] evidentemente discordam do diagnóstico historiográfico de seus críticos e sustentam que a parcela mais significativa da história da ciência, Einstein incluído, procedeu conforme o modelo popperiano regular. Mais que isso, exibem o testemunho de cientistas substantivos – como Sir John Eccles e Sir Peter Medawar, ambos premiados com o Nobel – que afirmam ter obedecido à metodologia falsificacionista na consecução

22. Cf. J. Gray, *Straw Dogs: Thoughts on Humans and other Animals*. Londres: Granta, 2002.

23. Cf. Joseph Agassi, *Science in Flux*. Berlim: Springer, 1975.

de suas mais importantes descobertas. Entretanto, a talvez incerta batalha historiográfica entre Popper e seus críticos não esconde a maneira às vezes ostensivamente desdenhosa como ele se refere ao papel da história para a epistemologia: se existisse (o que não acredita) choque entre sua proposta metodológica e a história da ciência, tanto pior seria para a história! Se assim fosse, comprovar-se-ia apenas que lastimavelmente os cientistas não procederam de maneira racional durante o processo de escolha e seleção teórica.[24]

Afirmações como essa são, em certo sentido, esperáveis de um clássico. Lembremos ainda uma vez o papel que costumeiramente a tradição atribui à filosofia primeira, a "Rainha das ciências" – título que Kant lhe confere –, uma disciplina normativa que define o campo de legitimidade gnosiológica das demais áreas teóricas. Nessa acepção, Popper não pode aceitar a relevância de juízos historiográficos para suas postulações epistemológicas. E, assim, parece ele mesmo corroborar os ataques que sofre: fica mais plausível o diagnóstico de seu alheamento em relação à práxis, da equiparação da falsificabilidade a uma metodologia idealizada.

Entretanto, como tantas vezes acontece com a interpretação de autores complexos como Popper, diagnósticos apressados deixam passar nuances importantes que permitiriam avaliação mais acurada. O logicismo popperiano, a linhagem clássica da filosofia moderna, à qual explicitamente se filia, abriga hiatos

24. Cf. Karl Popper, *Postscript to the "Logic of Scientific Discovery"*. Nova York: Hutchinson, 1983, v. I, pp. XXVI a XXXI.

e qualificações que parecem muito mais próximos às variantes historicistas da filosofia da ciência. De fato, são esses indícios que levam Kuhn a arrolar "Sir Karl" como um de seus mentores e a alegar surpresa pela recepção das críticas que recebeu de seu predecessor.[25] O esquema lógico do falsificacionismo não esconde o reconhecimento do papel fundamental que teria o debate interno à comunidade científica para a definição de uma falsificação. Popper mesmo cita circunstâncias paradigmáticas de teste (a presumida "falsificação" da teoria da relatividade por Miller é lembrada nesse contexto)[26] para evidenciar como estes são momentos complexos e algumas vezes polêmicos, dando ensejo a caminhadas tortuosas que exigem esforço maiúsculo de toda a comunidade. A aceitação de um enunciado básico falsificador é processo difícil e, como toda escolha empírica, falível. O método falsificacionista não é um procedimento computacional que possa ser aplicado à parte de seus agentes maiores, seus protagonistas históricos, os cientistas. Popper, é bem verdade, é ensurdecedoramente silencioso quanto ao detalhamento do processo de decisão da comunidade em torno da seleção de enunciados básicos, mas, em linhas gerais, o que admite não é em absoluto distinto do funcionamento de um júri,[27] funcionamento que presume algo, ao menos à primeira vista, muito próximo ao "diálogo sem coação" a que Habermas faz referência.

25. Cf. T. S. Kuhn, "Logic of Discovery or Psychology of Research?", in I. Lakatos & A. Musgrave (orgs.), *Criticism and the Growth of Knowledge*, op. cit., pp. 1-2.
26. Cf. P. A. Schilpp, op. cit., p. 1093, nota 166.
27. Cf. Karl Popper, *Logic of Scientific Discovery*, op. cit., pp. 92-ss.

Por essa leitura mais liberal, a fissura entre Popper e seus críticos historicistas é menos significativa do que se apregoa. Mas as oscilações de Popper a respeito permitem interpretações não tão complacentes, que evocam retrato mais severo da discordância entre ele e a filosofia da ciência recente. Plausível também é ver em Popper uma epistemologia de transição, entre alternativas que privilegiam uma filosofia primeira e aquelas que quebram com o monopólio filosófico e abandonam a pretensão ao papel normativo que antes se pressupunha como essencial prerrogativa filosófica. Em qualquer dessas teclas é certo, contudo, que o interesse da proposta popperiana persiste, embora sem os desdobramentos candentes de que participou, como em seu conturbado debate com Kuhn.

IV

Esses últimos comentários remetem-nos a uma passagem rápida e conscientemente lacunar sobre a presença contemporânea de Popper e suas ramificações no Brasil. Sob esse aspecto, talvez seja interessante notar que a fortuna crítica popperiana no país não se distingue muito da que experimenta no exterior. Tomemos, por exemplo, a questão da influência positiva que Popper exerceu – e não apenas os inimigos que adquiriu – ao longo de sua extensa carreira. Vários filósofos, como vimos, reconhecem a importância de sua obra, mesmo entre alguns daqueles que normalmente seriam considerados seus antípodas – Feyerabend, lembremos, talvez o mais rocambolesco dentre os algozes da epistemologia tradicional, chegou a ser seu orientando e salpicava comentários positivos ao antigo mestre, mesmo em meio às virulentas agressões que lhe dirigia.[28] Mas se a influência é inquestionável e extensa, não se pode dizer, talvez com raríssimas exceções, que o racionalismo crítico ou o falsificacionismo, após a década de 1990, ainda tenha seguidores de estrita observância, mesmo no mundo anglo-saxônico. A exceção ficaria por conta do que se poderia chamar bolsão recalcitrante da London School, formado por John Watkins, William Bartley III, Alan Musgrave e (embora sem vínculo direto com a LSE) Brian Magee. Mas todos eles, de uma ou outra forma, criticam aspectos isolados das propostas popperianas, mesmo quando assumem seus pontos de partida. É bem verdade que Bartley e Watkins explicitamente desenvolveram em anos recentes o programa do racionalismo crítico e de uma epistemologia evolucionista propugnada por Popper. E também é verdade que Watkins chegou inclusive a receber (de Alan Musgrave) o epíteto de "buldogue de Popper". Mas mesmo seus buldogues não lhe foram sempre fiéis. Por um lado, a versão do racionalismo crítico apresentada por Watkins e Bartley apresenta distanciamentos significativos da linhagem popperiana ortodoxa. De outro, na guerra particularmente virulenta que Popper moveu contra Lakatos, Watkins foi intimorato o suficiente para detectar um erro lógico na argumentação de Popper e, assim, municiar Lakatos – razão suficiente para que nunca mais gozasse do favor do mestre...

No Brasil, algo muito parecido ocorre. Muitos autores reconhecem a importância de Popper e se debruçam sobre sua obra.

28. Cf. Paul K. Feyerabend, *Against Method*. Londres: Verso, 1996, pp. 260-61.

Mas apenas alguns trabalhos notáveis são elaborados especificamente sobre o filósofo vienense, e praticamente todos são críticos, nunca continuadores das propostas popperianas. A tese de doutoramento do professor Marcos Barbosa de Oliveira, *A Critique of Popper's Views on Demarcation and Induction*, defendida em Londres em 1981, e o livro de Wilson John Pessoa Mendonça, também de 1981, *Conhecimento e ação*,[29] obedecem a esse padrão. Menos críticos, mas nem por isso identificáveis a rigor como discípulos, são Maria Cecília de Carvalho, que em 1982 defende em Munique a tese de doutorado *Karl R. Poppers Philosophie der Wissenschaftlichen Erfahrung*; Eduardo Neiva, com *O racionalismo crítico de Popper*, de 1999,[30] e especialmente Sérgio Fernandes, com o livro *Foundations of Objective Knowledge*, publicado em 1985,[31] provavelmente a mais sofisticada análise disponível das raízes continentais da filosofia popperiana. Núcleo de estudos consistentemente dedicado a Popper e certamente simpático ao racionalismo crítico é formado pelo professor Luís Alberto Peluso, que, em 1995, publica *A filosofia de Karl Popper*.[32]

Tanto no Brasil como no exterior, portanto, temos parca filiação, embora número maior de aparentados e bem mais impres-

29. Wilson John P. Mendonça, *Conhecimento e ação: uma leitura de Popper*. São Paulo/Rio de Janeiro: Loyola/PUC-RJ, 1981.
30. Eduardo Neiva, *O racionalismo crítico de Popper*. Rio de Janeiro: Francisco Alves, 1999.
31. Sérgio L. de C. Fernandes, *Foundations of Objective Knowledge: The Relations of Popper's Theory of Knowledge to that of Kant*. Dordrecht: Kluwer, 1985.
32. Luís Alberto Peluso, *A filosofia de Karl Popper*. Campinas: Papirus/Puccamp, 1995.

sionante de relacionados. Mas essa é a visão que se pode aferir entre filósofos. Curioso é constatar a presença de Popper entre os não filósofos.

Vários cientistas no exterior alegam ter recebido essa influência e ter direcionado sua pesquisa conforme as sugestões de Popper. Mencionamos acima o caso de John Eccles e Peter Medawar. Mas, ao contrário do que acontecia em outros tempos, os cientistas estão circunstancialmente menos interessados em epistemologia, seja ela popperiana ou de outra cepa. Já lá vai o tempo em que os Schrödinger, Heisenberg ou mesmo Einstein se preocupavam em escrever e discutir a respeito do método e dos pressupostos filosóficos de sua atividade. No Brasil de hoje, esse é fato ainda mais claro.

A situação muda dramaticamente de figura quando consideramos políticos ou teóricos preocupados com a filosofia política. De fato, a jeremiada popperiana contra o pensamento autoritário e o que classifica como historicismo sempre foi abraçada e defendida com fervor por um sem-número de pensadores liberais, no Brasil e no exterior. No exterior, Popper é certamente saudado por filósofos conservadores, mas é no mundo não filosófico que alcança maior difusão. De Margareth Thatcher a George Soros – que financia um instituto para a difusão das ideias popperianas na Europa Oriental –, um sem-número de pessoas adota as teses liberais expostas em *A sociedade aberta*. E aqui também o paralelo com o Brasil é quase perfeito. Em filosofia política temos a explícita presença de Popper na obra de autores como Vamireh Chacon e José Guilherme Merquior. Roberto Campos sempre citou Popper como um de seus maiores mentores doutrinários, e vários políticos liberais conhecidos e influentes são estudiosos dedicados de sua contribuição.

Como afirmado na introdução a este texto, a herança popperiana é certamente notável e polêmica. Talvez mais do que ocorre com qualquer outro filósofo, os comentários sobre Popper são maniqueístas. Muitas vezes reduzida – indebitamente a meu ver – a instrumento auxiliar do conservadorismo; muitas vezes acusada de primarismo filosófico – acusação que também me parece injusta –, a obra popperiana permanece sendo um dos capítulos obrigatórios na definição contemporânea do quadro de problemas da filosofia analítica. Popper, como certos cactos ilustres, talvez seja intratável, mas não permite ser descurado.

WERNER HEISENBERG: RENOVANDO O ENTENDIMENTO DA NATUREZA

ANTONIO F. R. DE TOLEDO PIZA

> *As ciências exatas também partem da hipótese de que finalmente será sempre possível entender a natureza, até mesmo em todos os novos campos de experiência, mas que não podemos fazer suposições* a priori *sobre o significado da palavra entender.*
>
> WERNER HEISENBERG

No dia 16 de junho de 2000, representantes do Instituto Max Planck e da Sociedade Alemã de Física, em presença do burgomestre local, inauguraram, no planalto da ilha de Helgoland, uma pedra comemorativa da "formulação da mecânica quântica" por Werner Heisenberg, ocorrida ali 75 anos antes, com precisão de apenas alguns dias. Na pedra, em uma placa de bronze, estão gravados os dizeres:

> Em junho do ano de 1925, aqui em Helgoland, Werner Heisenberg, na idade de 23 anos, levou a cabo a ruptura que foi a formulação mecânica quântica, teoria fundamental das leis da natureza no domínio atômico, que influenciou profundamente o pensamento humano muito além dos limites da física. Instituto de Física Max

Planck (Instituto Werner Heisenberg) e Sociedade Alemã de Física, junho de 2000.[1]

O estabelecimento da forma de pensamento que se tornaria indispensável para a física dali em diante se deu portanto de forma relativamente abrupta, em um momento bastante preciso, por meio da ousadia e da exigência intelectual, bem como da capacidade de trabalho do jovem Heisenberg. Em suas próprias palavras,

> [...] Só quase às três horas da manhã o resultado final dos meus cálculos surgiu diante de mim. Não pude mais duvidar da consistência e da coerência matemática do tipo de mecânica quântica para o qual [ele] apontava. Fiquei muito assustado [...] Eu estava agitado demais para dormir. Assim, ao primeiro alvor da manhã, fui para o extremo sul da ilha, onde vinha ansiando por escalar uma pedra que se projetava sobre o mar. Foi o que fiz, sem grande dificuldade, e aguardei o nascer do sol.[2]

1. No original: "*Im Juni des Jahres 1925/gelang hier auf Helgoland/dem 23-järigen/ Werner Heisenberg/der Durchbruch/ in der Formulierung/der Quantenmechanik,/der grundlegenden Theorie/der Naturgesetze/im atomaren Bereich,/die das menschliche Denken/weit uber die Physik hinaus/tiefgreifend beeinflußt hat./Max Planck Institut fur Physik/(Werner-Heisenberg-Institut)/ und/Deutsche Phisikalische Gesellschaft/im Juni 2000.*"
2. Werner Heisenberg, *A parte e o todo* [1971], trad. Vera Ribeiro. Rio de Janeiro: Contraponto, 1996, pp. 76-77.

À época, Werner Heisenberg era docente recém-habilitado na Universidade de Göttingen, onde fora anteriormente assistente do professor de física teórica Max Born, após concluir seu doutoramento na Universidade de Munique, sob a direção do professor de física teórica Arnold Sommerfeld.

Muitos anos depois (1968), no Centro Internacional de Física Teórica, ao apresentar Heisenberg, que proferiria uma palestra de cunho histórico sobre *Teoria, crítica e uma filosofia*, seu colega nobelista Paul Dirac usou as seguintes palavras:

> Tenho a melhor das razões para ser um admirador de Werner Heisenberg. Ele e eu, quando jovens estudantes, nos iniciamos na pesquisa ao mesmo tempo, com quase a mesma idade, trabalhando com o mesmo problema. Heisenberg teve sucesso ali onde eu fracassei. Naquela época havia uma grande quantidade de dados espectroscópicos acumulados, e Heisenberg encontrou a maneira adequada de lidar com eles. Ao fazê-lo, inaugurou a idade de ouro na física teórica [...] Mais tarde, tive o grande privilégio de fazer algumas viagens longas com ele. No Japão, onde, hospitaleiramente, nos proporcionaram muitos entretenimentos, descobri como Heisenberg é bom em montanhismo e o seu maravilhoso sentido das alturas. Tivemos de subir numa torre alta, em cujo topo havia uma plataforma cercada por uma balaustrada de pedra. Em cada um dos quatro cantos havia uma pedra de cantaria um pouco mais alta. Heisenberg subiu na balaustrada e depois na pedra de cantaria, num dos cantos, e ali permaneceu, sem nenhum apoio, equilibrado numa superfície de cerca de quinze centímetros quadrados. Sem se perturbar em nada pela grande

altura, simplesmente contemplava todo o panorama à sua volta. Não pude deixar de ficar ansioso. Se houvesse ocorrido uma ventania, o resultado poderia ter sido trágico.[3]

ANTECEDENTES

Ideias "quânticas" por certo circulavam largamente pela física desde o ano de 1900, quando foram invocadas por Max Planck, com sucesso e talvez um misto de espanto, surpresa e embaraço, para obter uma descrição teórica da distribuição em frequência ("cor") da radiação emitida por um corpo aquecido a uma dada temperatura. O problema era, como é comum na física, devidamente idealizado para a conveniente padronização, e como tal era conhecido como o problema da radiação de corpo negro. A radicalidade da hipótese quântica de Planck era porém comensurável com o fato de que as ideias convencionais da física conduziam de modo firme e inexorável a resultados claramente absurdos; e o sucesso de suas consequências foi mais uma vez atestado recentemente, com excepcional precisão, na medida da distribuição da radiação de fundo do universo como um todo, pelo satélite COBE (Cosmic Background Explorer), em 1994. Os resultados dessa medida são perfeitamente ajustados pela fórmula de Planck, permitindo atribuir à radiação de fundo a temperatura de 2,7° K.

Um passo crucial na consolidação de tais ideias foi dado por Albert Einstein, em 1905, em um estudo cujo propósito era obter

3. Abdus Salam, Werner Heisenberg & Paul A. M. Dirac, *A unificação das forças fundamentais* [1990], trad. Maria Luiza X. de A. Borges. Rio de Janeiro: J. Zahar, 1993, p.69.

propriedades termodinâmicas de uma substância sujeita à distribuição de Planck. A análise levada a cabo por Einstein conduziu-o à proposta de que a própria radiação fosse constituída de "pacotes" irredutíveis, cuja energia E seria proporcional à frequência ν, sendo a constante de proporcionalidade igual à constante h introduzida por Planck na dedução de sua fórmula, isto é, $E = h\nu$. Embora discrepando, à primeira vista, do contexto da teoria ondulatória clássica da luz, devida a Maxwell, tal proposta daria conta de estranhos resultados experimentais então pouco mais que sugeridos, e em seguida amplamente verificados, relativos à emissão de elétrons por superfícies metálicas sob a ação da luz, o chamado "efeito fotoelétrico". Tão marcante foi a consequente comprovação do inesperado alcance das ideias quânticas que esse trabalho passou a ser conhecido como "o trabalho de Einstein sobre o efeito fotoelétrico", que em particular lhe daria o Prêmio Nobel em 1921.

Outros dois marcos capitais no caminho que Heisenberg trilharia rumo à sua descoberta datam de 1917. Eles foram um novo trabalho de Einstein sobre as bases quânticas da fórmula de Planck e a teoria atômica desenvolvida por Niels Bohr, com base em resultados experimentais obtidos por Rutherford em 1911, que indicavam a presença de um núcleo positivamente carregado contendo praticamente toda a massa nuclear, envolvido por uma nuvem eletrônica carregada negativamente.

Para dar conta das regularidades encontradas empiricamente nos dados espectroscópicos da radiação emitida pelo mais simples dos átomos (o átomo de hidrogênio), Bohr tomou como ponto de partida básico as teorias clássicas convencionais, introduzindo, no entanto, uma série de "regras quânticas" adicionais que, por um lado, restringiam, e de forma inconvenientemente "*ad hoc*", a dinâmica eletromagnética clássica "espontânea" do sistema atômico; e que, por outro lado, à revelia dos ditames do eletromagnetismo de Maxwell, prescrevia uma relação entre as energias dos estados atômicos permitidos e a frequência da radiação emitida análoga à relação proposta por Einstein no contexto do efeito fotoelétrico: a energia ΔE liberada em uma transição entre dois estados permitidos dando lugar à radiação de frequência ν, determinada pela relação $\Delta E = h\nu$, sendo h mais uma vez a constante de Planck. A teoria resultante realmente dava conta das regularidades empíricas envolvendo as frequências observadas no espectro do hidrogênio, e recebeu importante aval adicional do fato de que o valor ajustado de uma constante introduzida nas expressões empíricas (a "constante de Rydberg") era corretamente obtido, na teoria de Bohr, por meio de uma expressão envolvendo quantidades determinadas independentemente, a saber, a carga e a massa dos elétrons, a constante h de Planck e a velocidade da luz no vácuo. Ela era, no entanto, muito menos bem-sucedida no que diz respeito às intensidades observadas das diferentes transições. E foi justamente para esse ponto que Heisenberg voltou particular atenção, pouco antes de sua descoberta de 1925.

O trabalho de Einstein sobre as bases da fórmula de Planck, por outro lado, consiste em uma reobtenção dessa fórmula com base em um conjunto suficiente de hipóteses quânticas, que coincidem de fato com vários dos ingredientes da teoria atômica de Bohr. Notadamente, Einstein considera um conjunto de "sistemas atômicos" dotados de certos estados permitidos entre os quais ocorrem transições; estas se dão de forma espontânea ou podem ser induzidas por radiação já presente no sistema, com certas probabilidades, as propriedades necessárias das quais se revelam calculáveis a partir de princípios gerais; e as transições que ocorrem nos sistemas atômicos resultam na emissão ou absorção de radiação de frequência ν determinada pela relação (que veio a ser chamada "relação de Einstein-Bohr") $\Delta E = h\nu$.

A estranha, mas impositiva, dualidade estabelecida pelo trabalho de Einstein sobre o efeito fotoelétrico, entre uma descrição da luz em termos ondulatórios e outra em termos de "partículas", ou "pacotes", com energias proporcionais às respectivas frequências, foi em 1924 audaciosamente estendida por De Broglie (em sua tese de doutoramento), ao que classicamente era considerado como sendo partículas de matéria (p. ex. elétrons). A conexão entre propriedades de partícula (p. ex. massa m e velocidade v, ou seu produto mv, a "quantidade de movimento") e de onda (*e.g.* comprimento de onda λ) era mais uma vez fornecida pela constante h de Planck: $mv = h/\lambda$. Tais ideias receberiam uma confirmação experimental direta apenas anos depois, por meio da observação de efeitos de interferência ondulatória envolvendo elétrons, com comprimentos de onda associados correspondentes à hipótese de De Broglie, mas antes disso estimulariam o desenvolvimento de uma teoria ondulatória para a descrição da estrutura do átomo por Erwin Schrödinger, em 1926.

O problema que Heisenberg se propôs resolver baseava-se em obter uma teoria dinâmica consistente, válida à escala atômica, capaz de dar conta dos dados espectroscópicos existentes, e não contraditória à teoria clássica nos domínios onde esta se mostrava adequada. A teoria de Bohr, embora preenchesse esse último requisito, não satisfazia adequadamente a condição de consistência, por envolver recurso a "regras quânticas" especiais para restringir de forma conveniente as possibilidades inerentes à dinâmica clássica subjacente. Essa limitação não foi de fato afetada pelos resultados ondulatórios de De Broglie. Além disso, a teoria de Bohr se mostrava inadequada para o cálculo da intensidade relativa de radiações associadas a diferentes transições. Foi na realidade essa última questão, associada ao reiterado sucesso da relação de Einstein-Bohr entre energias e frequências, que levou Heisenberg a identificar o nível no qual seria preciso promover uma ruptura com as ideias clássicas que fosse capaz de levar a uma teoria consistente e adequada à escala atômica. De fato ele afirma, na introdução de seu trabalho pioneiro de 1925, que:

> a condição de frequência de Einstein-Bohr (que é válida em todos os casos) já representa por si mesma uma ruptura tão completa da mecânica clássica, ou antes (adotando o ponto de vista da teoria ondulatória), da cinemática que serve de base a essa mecânica, que mesmo para os problemas quânticos mais simples a validade da mecânica clássica simplesmente não pode ser mantida.[4]

4. Werner Heisenberg, "Über quantentheoretische Umdeutung kinematischer und mechanischer Beziehungen", *Zeitschrift für Physik*, v. 33, Berlim, 1925, pp. 879-93.

A teoria, de cuja consistência Heisenberg se convenceu finalmente em Helgoland, curiosamente mantém intacto o arcabouço dinâmico formal da mecânica clássica, embora alterando radicalmente a natureza de suas bases cinemáticas.

A RUPTURA ("DER DURCHBRUCH")

Tanto a teoria clássica como a teoria quântica podem ser pensadas como envolvendo, num primeiro nível, certos objetos básicos, designados como objetos cinemáticos, associados diretamente ao estado físico do sistema em estudo. No caso da mecânica clássica, esses objetos são posições e velocidades de corpos, descritas quantitativamente por valores numéricos associados a sistemas convenientes de referência. O conteúdo dinâmico da teoria, por outro lado, pode ser associado a um segundo nível, onde se situam correspondências, associadas a transcursos de tempo dados, entre diferentes valores dos objetos cinemáticos básicos do primeiro nível, ou, em outras palavras, a "operações" sobre valores iniciais que levam aos valores finais correspondentes. No caso da mecânica clássica, a dinâmica efetivamente prescreve posições e velocidades de corpos em outros instantes a partir de seus valores num instante inicial dado. Nesse contexto, posições, velocidades e também funções dessas quantidades (como energia, quantidade de movimento etc.) foram chamadas genericamente *variáveis dinâmicas* do sistema. Na mecânica clássica, portanto, as variáveis dinâmicas essencialmente se identificam com os objetos cinemáticos básicos da teoria, cujos valores numéricos dizem respeito diretamente à configuração (posições) e ao estado de movimento (velocidades) do sistema considerado.

Quadro 1

Níveis em uma teoria física	Mecânica clássica	Mecânica quântica
operações entre operações	...	$x, v \rightarrow x', v'$ dinâmica: $x_0, v_0 \xrightarrow{t} x_t, v_t$
operações	$x, v \rightarrow x', v'$ dinâmica: $x_0, v_0 \xrightarrow{t} x_t, v_t$	$\psi \xrightarrow{x,v} \psi'$
objetos (cinemáticos) básicos	x, v	ψ (novos!)

Dentro desse ponto de vista, resumido no quadro acima, a ruptura envolvida na teoria quântica de Heisenberg pode ser descrita como uma *promoção* das variáveis dinâmicas ao nível das correspondências ou operações, o que, por um lado, abre espaço para e requer a introdução de novos objetos cinemáticos; e, por outro lado, promove a dinâmica, que consiste na evolução das variáveis dinâmicas com o tempo, a um nível superior de novas operações entre as operações do nível anterior. Isso é feito, no entanto, sem alterar a forma das "equações de movimento" clássicas, isto é, as regras formais que determinam a dependência das variáveis dinâmicas, agora representadas por operações, com o tempo transcorrido.

Colocado nesses termos, esse esquema deixa claramente em aberto duas questões cruciais, cujo tratamento, de fato, marca profundamente o desenvolvimento posterior da teoria. A primeira delas tem a ver com a natureza e o significado dos novos objetos cinemáticos da teoria quântica, enquanto a segunda tem a ver com a forma de poder eventualmente associar valores numéricos às variáveis dinâmicas, agora promovidas a operações. É curioso notar, no entanto, que na formulação original de Heisenberg, de 1925, a primeira dessas questões era ocultada, em sua generalidade, por meio de uma identificação implícita dos objetos cinemáticos relevantes aos níveis de energia atômicos entre os quais ocorriam as transições radiativas, ou "saltos quânticos"; quanto à segunda, a promoção das variáveis dinâmicas ao nível das operações foi na realidade apenas a explicitação *posterior* do recurso formal utilizado por Heisenberg para tratar o problema das intensidades que desafiava a teoria de Bohr. Inicialmente, para tratar essa questão, Heisenberg optou simplesmente por associar à variável dinâmica "posição" do elétron, diretamente envolvida no cálculo clássico da intensidade da radiação emitida, valores numéricos dependentes de cada um dos *pares* de níveis de energia entre os quais ocorria o salto quântico. Essa opção na realidade altera o *status* da posição e, em particular, abole a existência de trajetórias, no sentido clássico, associadas à dinâmica do elétron. A motivação para adotá-la foram a "observabilidade" das frequências e intensidades, e a "não observabilidade" das trajetórias eletrônicas. Desse modo, também a velocidade e todas as outras variáveis dinâmicas derivadas passavam a assumir valores dependentes do par de energias envolvidas em cada um dos saltos quânticos possíveis.

A implementação dos ingredientes descritos até aqui, no entanto, resulta ser insuficiente para a determinação de todas as quantidades envolvidas na teoria que, desse modo, permanece *incompleta*. Esse fato foi, porém, utilizado por Heisenberg como trunfo para a construção de uma teoria completa e inteiramente *consistente.* Na realidade, a incompletude abre o espaço necessário para acrescentar condições adicionais, derivadas das condições de quantização introduzidas por Bohr, e que agora passam a ser *requeridas* para que a teoria se torne completa. A forma adotada por Heisenberg para as condições adicionais está intimamente ligada ao novo *status* de "operações" assumido pelas variáveis dinâmicas na teoria quântica. Embora tal fato não tenha sido reconhecido no trabalho pioneiro de 1925, as condições ali formuladas foram imediatamente traduzidas por Max Born e Pascual Jordan[5] em termos da diferença do resultado obtido na aplicação sucessiva das operações associadas respectivamente à posição e à velocidade quando a ordem de sua aplicação é trocada.[6]

Tal foi a teoria quântica cujo bom funcionamento e consistência Heisenberg pôde verificar em Helgoland. Seu arcabouço matemático era pesadamente algébrico, pouco palatável para a preparação habitual dos físicos da época. A verificação consistiu essencialmente em comprovar a possibilidade de calcular explicitamente todas as "posições" e "velocidades" dependentes de duas energias, bem como os valores dessas energias, a partir de "equações de movimento" semelhantes às da mecânica clássica e das condições quânticas adicionais introduzidas. Por ser ela própria uma variável dinâmica, à energia corresponderia também, em geral, uma série de valores "dependentes de duas

5. Max Born & Pascual Jordan, "Zur Quantenmechanik", in *Zeitschrift für Physik*, v. 34, Berlim, 1925, pp. 858-88.
6. Vale a pena lembrar que o resultado da realização de duas operações distintas sobre um dado objeto depende, em geral, da ordem em que elas são efetuadas.

energias"; a consistência da solução requeria, no entanto, que esses valores fossem não nulos apenas quando as duas energias fossem iguais entre si e iguais também ao valor calculado. Devido às dificuldades técnicas encontradas no tratamento do átomo de hidrogênio, o trabalho pioneiro de 1925 se limita a tratar a teoria quântica de um oscilador, que é um sistema simples e de uso frequente na construção de modelos físicos, inclusive no campo da teoria atômica e molecular. A aplicação da teoria quântica desenvolvida por Heisenberg ao problema do átomo de hidrogênio foi conseguida apenas meses após a publicação do trabalho pioneiro de Heisenberg, pelo seu colega e amigo Wolfgang Pauli.

O esquema resumido no quadro 1 serve de base para a construção de versões quânticas não apenas da mecânica clássica, mas também de teorias clássicas de outra natureza, como teorias de campos, cujo exemplo mais familiar é o eletromagnetismo (ver quadro 2).

Quadro 2

Níveis em uma teoria física	Mecânica clássica	Mecânica quântica
operações entre operações	...	$\Phi, \dot{\Phi} \to \Phi', \dot{\Phi}'$ dinâmica: $\Phi_0, \dot{\Phi}_0 \xrightarrow{t} \Phi_t, \dot{\Phi}_t$
	↗	
operações	$\Phi, \dot{\Phi} \to \Phi', \dot{\Phi}'$ dinâmica: $\Phi_0, \dot{\Phi}_0 \xrightarrow{t} \Phi_t, \dot{\Phi}_t$	$\psi \xrightarrow{\Phi, \dot{\Phi}} \psi'$
	↗	
objetos (cinemáticos) básicos	$\Phi_t, \dot{\Phi}_t$	ψ (novos!)

Nesse caso, os objetos cinemáticos básicos da teoria clássica são os valores assumidos pelos campos nas diferentes posições e tempos (representados genericamente como Φ) e suas taxas de variação no tempo (representados genericamente como $\dot{\Phi}$), que são por quantização promovidos ao nível de operações, cuja dinâmica é regida por regras formalmente idênticas às clássicas, e satisfazendo condições quânticas adicionais requeridas para o completamento da teoria.

MECÂNICA ONDULATÓRIA

No início de 1926, partindo das ideias lançadas por De Broglie, e estimulado a uma observação de seu colega Peter Debye, do ETH (Eidgenössische Technische Hohschule) de Zurique, Erwin Schrödinger, então professor na Universidade de Zurique, publicou um trabalho com pontos de vista inteiramente novos sobre a questão da quantização, baseados em ideias ondulatórias. O título do trabalho de Schrödinger (a rigor, título de uma série de trabalhos que se seguiriam desenvolvendo o mesmo ponto de vista) é bastante técnico, mas em um contexto muito mais amplamente dominado pelos físicos da época que os métodos algébricos utilizados por Heisenberg: "Quantização como problema de autovalores (primeira comunicação)".[7] A teoria de Schrödinger para a mecânica que descrevia o elétron no átomo de hidrogênio tinha na realidade uma estrutura do tipo correspondente a uma teo-

7. Erwin Schrödinger, "Quantisierung als Eigenwertproblem (Erste Mitteilung)". *Annalen der Physik*, v. 79, Berlim, 1926, pp. 361-76.

ria de campos clássica, envolvendo, porém, um novo campo, cuja amplitude é dada pelo que Schrödinger chamou "função psi" (ψ), o qual estaria associado de algum modo às "ondas de matéria" de De Broglie. A sua dinâmica é do tipo ondulatório, regida, no entanto, por uma equação "quântica", conhecida desde então como equação de Schrödinger, na qual as variáveis dinâmicas de posição e momento aparecem representadas por meio de operações sobre a função psi (ver quadro 3). Diferentemente do que acontece na teoria de Heisenberg, as operações associadas às variáveis dinâmicas não evoluem no tempo. Em vez disso, de acordo com o esquema-padrão das teorias de campo clássicas, a dinâmica é expressa em termos de uma evolução no tempo da função psi, que tem o papel de objeto cinemático básico da teoria.

A estrutura "de tipo clássico" dessa teoria pode também ser apreciada comparando a última coluna do quadro 3 com a segunda coluna (correspondente a uma teoria clássica) do quadro 2. A "quantização", que consistia em obter uma restrição dos possíveis estados ligados do átomo de hidrogênio a apenas um conjunto discreto, com energias compatíveis com as frequências espectroscópicas medidas por meio da relação de Einstein-Bohr, resultava, porém, naturalmente da dinâmica ondulatória prescrita pela equação de Schrödinger, com a mesma simplicidade com que as frequências de vibração de uma corda em um instrumento musical se restringem a um conjunto discreto de valores.

Quadro 3

Níveis em uma teoria física	Mecânica clássica	Mecânica quântica
operações	$x, v \to x', v'$ dinâmica: $x_0, y_0 \xrightarrow{t} x_t, y_t$	$\psi \xrightarrow{x,v} \psi'$ dinâmica: $\psi_0 \xrightarrow{t} \psi_t$
	↗	
objetos (cinemáticos) básicos	x, v	ψ (onda de matéria?)

As diferenças entre as teorias de Heisenberg e de Schrödinger eram à primeira vista suficientemente fortes para que elas fossem vistas até mesmo como teorias concorrentes. Pouco depois de tomar conhecimento da teoria de Schrödinger, Einstein escreveu-lhe dizendo: "Estou convencido de que o senhor contribuiu com um avanço decisivo na formulação da condição quântica, da mesma forma que estou convencido de que o método de Heisenberg-Born é enganoso". De fato, dada a forma essencialmente "clássica" da mecânica ondulatória de Schrödinger, ela se apresentava como especialmente promissora no sentido de evitar os embaraços relativos aos saltos quânticos diretamente envolvidos na formulação de Heisenberg. No entanto, Schrödinger pôde verificar, menos de três meses depois de sua "primeira comunicação", e já depois de uma segunda bem mais extensa, que a sua teoria ondulatória e a teoria algébrica de Heisenberg eram na realidade *matematicamente equivalentes*.[8] A propósito desse resultado, de certa forma surpreendente, Schrödinger observa o seguinte, em uma nota de rodapé no início do trabalho:

> Minha teoria foi inspirada por L. de Broglie [...] e por observações breves, mas infinitamente perspicazes, de A. Einstein [...]. Eu não tinha ideia de qualquer relação genética com Heisenberg. Naturalmente eu conhecia sua teoria, mas devido aos métodos de álgebra transcendental, que para mim pareciam muito

8. Id., "Über das Verhältnis der Heisenberg-Born-Jordanshen Quantenmechanik zu der meinen". *Annalen der Physik*, v. 79, Berlim, 1926, pp. 734-56. O grau de prontidão da física norte-americana com relação aos novos desenvolvimentos ocorridos na Europa, à época, é atestado pelo fato de que uma prova independente dessa equivalência foi ali obtida e publicada por Carl Eckart, do California Institute of Tecnology (Carl Eckart, "Operator Calculus and the Solution of the Equations of Quantum Dynamics". *Physical Review*, v. 28, Nova York, 1926, pp. 711-26). O trabalho de Eckart foi recebido para publicação em 7 de junho, enquanto o de Schrödinger o fora em 18 de março de 1926. O trabalho de Eckart inclui uma nota final, acrescentada por ocasião da revisão tipográfica e datada de 2 de setembro, fazendo referência à publicação de Schrödinger, que havia apenas acabado de chegar à margem ocidental do Atlântico. Em contraste com isso, as primeiras publicações no Brasil, referentes à mecânica quântica, são trabalhos de caráter pedagógico publicados por Theodoro Ramos (da Escola Politécnica de São Paulo) no boletim do Instituto de Engenharia a partir de novembro de 1931. Esses trabalhos foram reproduzidos mais recentemente pela *Revista Brasileira de Ensino de Física*, v. 25, São Paulo, 2003, pp. 326-32.

pesados, e por causa da falta de transparência, me senti inibido, para não dizer repelido, por ela.[9]

Uma consequência operacional dessa equivalência matemática, que foi de imediato reconhecida e amplamente adotada, é a de que todos os resultados que poderiam ser obtidos por meio do pesado esquema algébrico de Heisenberg podiam ser *igualmente* obtidos, e de forma bastante mais simples, pelo esquema ondulatório de Schrödinger. Ao mesmo tempo, a natureza dos objetos cinemáticos básicos da teoria quântica de Heisenberg, que permanecia de certa forma apenas implícita em seu esquema algébrico, é agora revelada explicitamente. Desse modo, o advento da mecânica ondulatória e sua equivalência matemática com a teoria de Heisenberg ampliaram consideravelmente o domínio prático de aplicabilidade dessa teoria.

Por outro lado, o contraste de natureza conceitual entre as duas formulações alimentou divergências importantes quanto à sua interpretação numa medida considerável. Um ponto proeminente nesse contexto consiste em que a teoria de Schrödinger introduzia explicitamente um novo campo, representado pela função psi, em termos do qual a evolução temporal se exprime com as propriedades de continuidade características das dinâmicas ondulatórias clássicas. Em contraste com isso, a ideia de saltos quânticos, originada da antiga teoria de Bohr, desempenhava um papel central na dinâmica tal como formulada por

9. Walter Moore, *Schrödinger, life and thought*. Nova York: Cambridge University Press, 1989, p. 209.

Heisenberg. O próprio Heisenberg, em *A parte e o todo*, após louvar os benefícios técnicos resultantes da formulação de Schrödinger, afirma que:

> [...] a interpretação física do esquema matemático trouxe-nos graves problemas. [...] Segundo [Schrödinger], as ondas de matéria seriam inteiramente comparáveis a processos que se desenvolviam no espaço e no tempo, como as ondas eletromagnéticas ou sonoras. Ideias obscuras como os saltos quânticos e coisas parecidas desapareceriam por completo. Eu não tinha confiança em uma teoria que contrariava inteiramente nossa concepção de Copenhague, e fiquei perturbado ao ver que inúmeros físicos saudavam precisamente essa parte da doutrina de Schrödinger com uma sensação de libertação.[10]

Uma intensa atividade com relação à interpretação da teoria quântica nascente se instalara de fato na conexão Göttingen-Copenhague, por meio da estreita ligação de Heisenberg com Niels Bohr, estabelecida desde os seus tempos de estudante em Munique. Ainda segundo o seu relato em *A parte e o todo*, o primeiro contato direto de Heisenberg com Schrödinger e suas ideias se deu nessa mesma cidade, no verão de 1926, quando Heisenberg assistiu a uma exposição de Schrödinger sobre a mecânica ondulatória, na qual o conferencista sugeria a possibilidade de interpretações do tipo das consideradas por Heisenberg como tendo "graves problemas". Tal situação foi

10. Werner Heisenberg, *A parte e o todo*, op. cit., p. 87.

em seguida denunciada a Niels Bohr, que optou por convidar Schrödinger para uma visita a Copenhague, a fim de discutir a interpretação da teoria quântica. A visita ocupou parte do mês de setembro, e as discussões quase permanentes entre Bohr e Schrödinger foram presenciadas por Heisenberg, que relata alguns dos pontos envolvidos:

> SCHRÖDINGER: O senhor decerto reconhece que toda essa ideia de saltos quânticos está fadada a terminar em absurdo [como uma série de violações inevitáveis das leis do eletromagnetismo].
>
> BOHR: O que o senhor está dizendo é correto. Mas não prova que não existam saltos quânticos. Prova apenas que não conseguimos imaginá-los, que os conceitos intuitivos com que descrevemos acontecimentos da vida cotidiana e experimentos de física clássica são inadequados quando se trata de descrever saltos quânticos. Tampouco devemos surpreender-nos ao constatar isso, pois os processos envolvidos não são objeto da experiência direta [...].
>
> [...]
>
> SCHRÖDINGER: Se toda essa maldita saltitação quântica realmente tiver vindo para ficar, vou lamentar muito ter-me envolvido com a teoria quântica.
>
> BOHR: Mas nós somos extremamente gratos pelo senhor ter feito o que fez. Sua mecânica ondulatória contribuiu tanto para a clareza e a simplicidade matemáticas que representa um avanço gigantesco com relação à forma anterior da mecânica quântica.

O comentário final de Heisenberg é que "era impossível esperar qualquer entendimento: na época, nenhum dos lados estava apto a oferecer uma interpretação completa e coerente da mecânica quântica".[11]

INTERPRETAÇÃO PROBABILÍSTICA, INCERTEZA E COMPLEMENTARIDADE

O ingrediente básico que conduziria ao que pode ser visto como uma "interpretação completa e coerente" da mecânica quântica apareceu, no último mês de 1926, em um trabalho de Max Born sobre a descrição quântica de processos de espalhamento de elétrons.[12] Como se tornara usual, o trabalho utiliza a linguagem da mecânica ondulatória e, como recurso para chegar ao seu propósito central, interpreta o (módulo) quadrado da função psi (para um elétron) como uma *densidade de probabilidade* associada à localização do elétron. De acordo com essa interpretação, portanto, o elétron pode se encontrar em diferentes pontos bem definidos do espaço, mas com probabilidades em geral diferentes para cada ponto, determinadas pelo quadrado da função psi. Embora na ocasião rejeitada por Schrödinger (talvez por seu caráter apenas probabilístico, além de enfatizar excessivamente a natureza corpuscular do elétron, pela referência à sua *posição*, e com isso efetivamente afastar a ideia da realidade física de um campo de ondas de matéria), essa in-

11. Id., ibid., pp. 91-ss.
12. Max Born, "Zur Quantenmechanik der Stoßvorgänge". *Zeitscrift für Physik*, v. 37, Berlim, 1926, pp. 863-67.

terpretação foi naturalmente adotada pela conexão Göttingen--Copenhague e logo consolidada e geralmente adotada, em vista da verificação de sua consistência com a dinâmica, bem como de generalizações, envolvendo distribuições de probabilidade para a obtenção de valores determinados de outras variáveis dinâmicas. Uma de suas consequências imediatas é uma reconfirmação da dissolução das trajetórias eletrônicas utilizadas no velho modelo quântico de Bohr. De fato, na nova teoria quântica, as funções psi associadas aos estados ligados do átomo de hidrogênio (obtidas já na "primeira comunicação" de Schrödinger) correspondem a distribuições de probabilidade tridimensionais, que têm valores apreciáveis que ocupam essencialmente todo o volume atômico.

A teoria quântica que emerge dessa interpretação possui pelo menos um par de características extremamente surpreendente: em primeiro lugar, os objetos cinemáticos básicos da teoria não prescrevem, em geral, valores definidos para as diferentes variáveis dinâmicas, mas apenas distribuições de probabilidade cobrindo toda a variedade de valores possíveis; e em segundo lugar, os objetos cinemáticos básicos têm, com relação às distribuições de probabilidade, o papel de "amplitudes", no sentido usual de uma teoria ondulatória, isto é, as probabilidades correspondem ao (módulo) quadrado das amplitudes. Da mesma forma que num processo ondulatório clássico superposições de amplitudes levam a fenômenos de interferência que se manifestam nas intensidades, na teoria quântica devem ocorrer fenômenos de interferência que se manifestam nas *probabilidades*.

O trabalho desenvolvido por Heisenberg em 1927,[13] tendo como base a interpretação probabilística de Born, é talvez o mais amplamente conhecido e divulgado. Curiosamente, esse trabalho se originou mais uma vez de uma conversa com Einstein, ocorrida imediatamente após a conclusão do trabalho pioneiro de 1925 e que envolvia um forte questionamento da validade dos pressupostos que haviam conduzido a ele. Nessa conversa, ao ouvir que Heisenberg optara por construir sua teoria de modo que nela interviessem apenas quantidades observáveis (como frequências e intensidades, com exclusão das órbitas eletrônicas, no sentido clássico), Einstein observara que essa posição não era correta, pois é à teoria que cabe determinar o que é e o que não é observável.[14] A partir dessa ideia, usando explicitamente as funções psi da mecânica ondulatória interpretadas probabilisticamente à maneira de Max Born, Heisenberg verificou que uma das consequências das condições subsidiárias requeridas na mecânica quântica para a caracterização das operações associadas à posição e à velocidade de uma partícula acarretavam a impossibilidade *teórica* de restringir *simultaneamente* a extensão do intervalo de valores prováveis de *ambas* as distribuições. A expressão formal dessa

13. Werner Heisenberg, "Über den anschaulichen Inhalt der quantentheoretischen Kinematik und Mechanik", *Zeitschrift für Physik*, v. 43, Berlim, 1927, pp. 172-98. A referência explícita à "transparência" no título seria uma resposta a repetidas alusões da parte de Schrödinger à sua falta na teoria de Heisenberg, especialmente na nota do trabalho sobre a relação entre as duas teorias.

14. Cf. id., *A parte e o todo*, op. cit., pp. 78 e 95.

impossibilidade constitui as chamadas "relações de incerteza". O trabalho de Heisenberg inclui ainda uma discussão idealizada de procedimentos experimentais visando à determinação experimental da posição de uma partícula, e mostrando que eles inevitavelmente introduzem perturbações incontroláveis nas velocidades. Foi aliás através desse prisma (o ato de observar perturba aquilo que é observado) que as relações de incerteza, eventualmente promovidas a "princípio", ganharam maior divulgação. Mais que isso, no entanto, elas são *consequências* da nova teoria quântica e parte constituinte de sua interpretação. Esse resultado implica também, definitivamente, inviabilidade *teórica*, no contexto da teoria quântica, das trajetórias eletrônicas, no sentido clássico, presentes na velha teoria de Bohr, pois tais trajetórias envolvem necessariamente a determinação precisa e simultânea de posições e velocidades.

À mesma época, e de forma independente, Niels Bohr explicitou sua posição, de natureza talvez mais filosófica que física, mas podendo também ser relevante para os objetos formais envolvidos na teoria quântica, a respeito das questões interpretativas colocadas pela nova teoria. A posição de Bohr diante de tais questões é a de que há aspectos únicos da realidade que resultam ser apreendidos a partir de pontos de vista, ou modos de interpretação, que são mutuamente exclusivos. No entanto, eles também se complementam um ao outro, e é preciso ter ambos em conta para expor completamente o conteúdo perceptivo do aspecto considerado da realidade. A dualidade partícula-onda foi de fato o caso emblemático desse tipo de complementaridade. Uma forma mais despojada, em termos de física, de colocar esse caso é a utilizada por Richard Feynman, em sua primeira aula sobre "comportamento quântico":

> Newton pensava que a luz era feita de partículas, mas depois se descobriu que ela se comportava como ondas. Depois, porém (no início do século XX), verificou-se que a luz, de fato, algumas vezes se comporta como partícula. Historicamente pensou-se que o elétron, por exemplo, se comportasse como partícula, e depois verificou-se que em vários aspectos ele se comportava como onda. Então ele de fato não se comporta nem de uma forma nem de outra. Agora nós já desistimos. Dizemos: "Ele não é nenhuma das duas coisas". Há, no entanto, uma boa notícia: os elétrons se comportam da mesma forma que a luz.[15]

A generalidade e abrangência que Bohr atribuía à sua ideia de complementaridade é ilustrada pelo fato de que ela era muitas vezes usada em contextos inteiramente desligados da física, e em particular da física quântica. Numa instância relatada pelo seu biógrafo Abraham Pais,[16] em 1949 Bohr concedeu uma entrevista sobre "o chiste e a seriedade na ciência" à revista dinamarquesa *Politiken*. À pergunta sobre o que seria complementar à verdade, Bohr respondeu imediatamente: "a clareza". Em um outro extremo, a própria relação de incerteza posição-velocidade de Heisenberg pode ser submetida ao tipo

15. Richard Feynman & Robert Leighton & Matthew Sands, *The Feynman Lectures on Physics*, v. 3, Boston, 1964, cap. 1, p. 11.
16. Abraham Pais, *Niels Bohr's Times*. Oxford: Clarendon Press, 1991, p. 511.

de escrutínio indicado pela complementaridade de Bohr: essas duas variáveis dinâmicas "se excluem mutuamente" quanto à sua completa definição, mas constituem facetas indispensáveis de uma mesma realidade.

A teoria quântica, resultante do amálgama da teoria de Heisenberg com a formulação ondulatória de Schrödinger, munida do esquema interpretativo baseado numa forma devidamente generalizada da interpretação probabilística de Born e incorporando ideias de complementaridade (o qual, em alguma de diversas pequenas variantes técnicas passou a ser conhecido como "Interpretação de Copenhague"), foi apresentada e discutida no congresso Solvay de 1927, no qual estavam presentes, entre outras celebridades, Einstein, Planck, De Broglie, Schrödinger, Bohr, Heisenberg, Pauli e Dirac. A este último se deve uma série de trabalhos, iniciada em 1926,[17] dos quais emerge o que seria essencialmente "língua franca" da teoria quântica nas décadas por vir. Ao lado do completo sucesso de todas as aplicações da teoria quântica, uma nota claramente discordante se fez ouvir pela posição de Einstein, que, não satisfeito com os rumos tomados pela teoria quântica, apresentou suas críticas do que chamava "a interpretação de Copenhague-Göttingen".

17. Paul A. M. Dirac, "On the Theory of Quantum Mechanics", *Proceedings of the Royal Society of London*, Series A 112, Londres, 1926, pp. 661-77. Trata, em particular, e de forma pioneira, de aspectos formais da aplicação da mecânica quântica a sistemas de muitas partículas.

A TEORIA QUÂNTICA É COMPLETA?

O teor geral das críticas de Einstein à teoria quântica, não obstante os sucessos obtidos, se liga à posição famosamente expressa um ano antes do congresso Solvay de 1927, em carta a Max Born. Nessa carta, talvez a primeira manifestação explícita de insatisfação com a teoria quântica, e em particular com o caráter probabilístico incorporado à interpretação que se tornara corrente, Einstein afirmava que, embora o seu grau de sucesso em aplicações fosse impressionante, algo o fazia pensar que ela ainda não era "a coisa"; e que, de qualquer modo, estava convencido de que "Deus não joga dados".

Essa posição se manteve ao longo dos anos seguintes, como pode ser inferido de sua retardada e elaborada eclosão final em um trabalho desenvolvido no Instituto de Estudos Avançados de Princeton e publicado em 1935 na *Physical Review*, juntamente com Boris Podolski e Nathan Rosen.[18] Nessa altura, entre os sucessos da teoria quântica estavam já a compreensão de diversas propriedades da matéria condensada (em particular, a existência do ferromagnetismo, que dessa forma se torna o primeiro fenômeno físico macroscópico identificado como sendo de origem fundamentalmente quântica, tratado por Heisenberg em 1928); a quantização do campo eletromagnético clássico e vários desenvolvimentos subsequentes no sentido de uma teoria quantizada incluindo também a matéria eletricamente carregada

18. Albert Einstein, Boris Podolski & Nathan Rosen, "Can Quantum-mechanical Description of Physical Reality Be Considered Complete?". *Physical Review*, v. 47, Nova York, 1935, pp. 777-80.

(eletrodinâmica quântica); o desenvolvimento (por Dirac) de uma equação de ondas quântica e consistente com os ditames da teoria da relatividade restrita, que levara à previsão da existência de uma nova partícula semelhante ao elétron, mas com carga elétrica positiva (de fato descoberta experimentalmente em 1933); e a construção (por Heisenberg em 1932) de um modelo para a estrutura nuclear envolvendo, além de prótons, os recém-descobertos nêutrons. O Prêmio Nobel de física de 1932, adiado por um ano, foi atribuído em 1933 a Schrödinger e Dirac, enquanto o de 1933 foi atribuído a Heisenberg.

O questionamento da teoria quântica por Einstein, Podolski e Rosen, cuja publicação não fora previamente anunciada, embora não pudesse ser tida como surpreendente, foi no entanto recebido com grande preocupação especialmente por parte do grupo articulado em torno de Copenhague, e monopolizou integralmente a atenção de Bohr durante várias semanas. Sua resposta foi de natureza a convencer os adeptos da interpretação de Copenhague mas não aqueles que, como Schrödinger, não consideravam questão fechada a interpretação da teoria quântica. Schrödinger foi de fato levado a desenvolver com grande detalhe, usando a interpretação de Copenhague, alguns aspectos e consequências da teoria diretamente envolvidos com a questão levantada. Ao fim desse desenvolvimento, escreve:

> Sem dúvida a situação descrita aqui é, na mecânica quântica atual, uma característica necessária e indispensável. Surge então a questão acerca de isso ser assim também na natureza.

> Eu não estou convencido de que haja evidência experimental suficiente para tanto.

O trabalho de Einstein, Podolski e Rosen por certo propunha uma resposta negativa à pergunta-título. A fim de evitar ambiguidades de linguagem, é dada uma definição bastante específica de "teoria completa": uma teoria é completa quando tem predições para todos os "elementos de realidade"; "elementos de realidade", por sua vez, são propriedades (quantitativas) que podem em princípio ser obtidas sem perturbar o sistema físico ao qual pertencem. No âmbito de tais definições, o trabalho considera um particular sistema físico de duas partículas correlacionadas mas não (mais) interagentes, descrito segundo as regras da mecânica quântica, e apresenta um argumento que mostra que tanto a posição quanto a velocidade de uma das partículas são elementos de realidade. Como a mecânica quântica não tem e não pode ter predições para ambos, ela não pode ser considerada completa. A resposta de Bohr, que não foi suficiente para convencer Einstein, invoca argumentos de complementaridade, apontando que o procedimento que conferiria à posição e à velocidade da segunda partícula o *status* de elemento de realidade de fato tem a ver apenas com uma "discriminação entre dois procedimentos experimentais diferentes que permitem o uso sem ambiguidade de conceitos clássicos complementares". E que, apesar da ausência de interação entre as partículas, com relação à escolha de um dado procedimento experimental sobre uma delas, "existe a questão de uma influência sobre as próprias condições que definem os tipos possíveis de predições acerca do comportamento futuro do sistema".[19]

Progresso real acerca dessa questão ocorreu apenas tardiamente, e como consequência da descoberta por John Bell, em 1964, de que *testes experimentais* para obter informação acerca da completeza ou não da mecânica quântica eram possíveis.[20] De fato, a característica da teoria quântica mais diretamente sugestiva de incompleteza é a natureza probabilística de suas predições, que poderia resultar da existência de variáveis adicionais, não controladas, ou "ocultas", cuja devida consideração levaria no entanto a predições unívocas. Em outras palavras, o valor efetivamente obtido numa medida feita em um sistema quântico *já estaria determinado de antemão*, e apenas não seria conhecida por meio do formalismo da teoria quântica pela omissão das variáveis ocultas. O progresso conseguido por Bell consistiu em mostrar que existem quantidades observáveis cujas propriedades estatísticas se veem sujeitas a restrições distintas das impostas pela teoria quântica, caso os valores obtidos em medidas já estejam efetivamente definidos de antemão, mesmo que de forma oculta.

Talvez o modo de expor o achado de Bell e seu funcionamento, minimizando requisitos prévios, seja por meio de um

19. Niels Bohr, "Can Quantum-mechanical Description of Physical Reality Be Considered Complete?". *Physical Review*, v. 48, Nova York, 1935, p. 696. O grifo é de Bohr.

20. Os trabalhos de Bell sobre o tema foram colecionados em J. S. Bell, *Speakable and Unspeakable in Quantum Mechanics*. Cambridge: Cambridge University Press, 1987.

exemplo particular, utilizado mais de uma vez para esse fim, embora sob fantasias diferentes em cada caso.[21] Sob uma terceira fantasia, o argumento pode ser colocado da seguinte forma: dois personagens, Alice e Beto, estudantes em campus muito distantes de duas universidades federais, participam de um jogo coordenado pelo ministério. Para isso, cada dia, cada um deles recebe um cartão com três quadrículas raspáveis, e o lance diário do jogo consiste em que cada um deles deve escolher, independentemente do outro, uma delas ao acaso, raspá-la e anotar o resultado, que pode ser G (ganha) ou P (perde), juntamente com a quadrícula escolhida e a data correspondente. Após um longo tempo, Alice e Beto se encontram e comparam os resultados acumulados. O que eles constatam como resultado da longa série de lances é o seguinte: (1) Sempre que Alice e Beto escolheram a mesma quadrícula, apenas um deles ganhou; (2) Quando Alice e Beto escolheram quadrículas diferentes, em 25% dos casos apenas um deles ganhou, e nos restantes 75% dos casos ambos ganharam ou ambos perderam. Eles passam então à etapa final do jogo, que consiste em descobrir como o ministério prepara os cartões.

O resultado (1) indica que o par de cartões é sempre preparado com inscrições opostas, como GGG e PPP, GPP e PGG etc. Para analisar o resultado (2), há na realidade dois casos a considerar: no primeiro, as três inscrições em cada cartão são iguais; no segundo,

21. Duas versões desse exemplo são Nathaniel David Mermin, "Bringing Home the Atomic World: Quantum Mysteries for Anybody". *American Journal of Physics*, v. 49, 940, 1981; e Edward Nelson, "Space, Time, Chance", disponível em: <www.math.princeton.edu/~nelson/papers/cti.html>.

uma das inscrições é diferente das outras duas. No primeiro caso, um dos dois jogadores perde e outro ganha também em 100% das vezes em que escolhem quadrículas diferentes. No segundo, há sempre seis modos distintos de escolher quadrículas diferentes, e destes as inscrições são iguais em quatro casos e diferentes nos outros dois. Portanto, escolhendo quadrículas diferentes, os resultados de Alice e Beto seriam GP ou PG em 33% dos casos. É claro que o ministério pode alternar entre os dois casos, mas isso só faz com que essa porcentagem aumente. O resultado obtido de 25% é portanto incompatível com *qualquer* preparação dos cartões em que os resultados estejam pré-registrados neles.

O ponto desse exemplo é que existe uma preparação quântica de um sistema com duas partes, e medidas independentes sobre cada uma das partes que correspondem exatamente ao jogo descrito, e para a qual o resultado estatístico previsto é o efetivamente obtido por Alice e Beto. A relação "porcentagem de GP ou PG em escolhas de quadrículas diferentes maior ou igual a 33%" é um exemplo das chamadas "desigualdades de Bell", cuja violação *exclui* a possibilidade de que os resultados sejam univocamente determinados de antemão. Testes experimentais efetivos das desigualdades de Bell, e mesmo de desigualdades resultantes de hipóteses menos restritivas com relação à natureza das variáveis "ocultas", obtidas mais recentemente por Anthony Leggett,[22] mostram, com precisão e confiança crescentes

22. Anthony Leggett, "Non-local Hidden-variable Theories and Quantum Mechanics: An Incompatibility Theorem", *Foundations of Physics*, v. 33, Berlim, Heidelberg, Nova York, 2003, pp. 1469-93.

com a sofisticação de técnicas experimentais, não apenas a sua violação, mas um acordo quantitativo extremamente preciso com as predições da teoria quântica.[23] Uma forma de exprimir isso seria talvez dizer que efetivamente Deus parece jogar dados, mas os dados são quânticos.

A SEGUNDA GUERRA MUNDIAL

A opção explícita de Werner Heisenberg por permanecer na Alemanha hitlerista apesar da situação ali instalada, segundo seu próprio testemunho, teria resultado, numa medida considerável, de um sentido de responsabilidade. Planck lhe dissera numa conversa: "Pense no tempo que se seguirá à catástrofe", sobre o que Heisenberg diz: "Senti que ele estava certo".[24] Os sinais próximos da catástrofe aludida por Planck eram muitos: como parte de um grupo de muitos outros professores ilustres, Max Born fora forçado a emigrar por uma Lei para a Restauração do Serviço Público, com o intuito de eliminar "judeus e socialistas" das diferentes carreiras, inclusive do corpo docente de universidades e institutos. O grupo de Heisenberg, então na Universidade de Leipzig, foi diretamente atingido pela demissão de seu "assistente brilhante" Felix Bloch.

Em 1937 o próprio Heisenberg foi alvo direto de ataque por parte de um reputado físico experimental alemão, Johannes Stark, ganhador do Prêmio Nobel de física de 1919, em um artigo

23. Para um teste muito recente, cf. S. Gröblacher et al., "An Experimental Test of Non-local Realism". *Nature*, v. 446, 2007, pp. 871-75.

24. Werner Heisenberg, *A parte e o todo*, op. cit., cap. 12.

publicado no *Schwarze Korps*, jornal oficial do partido nazista. O artigo era intitulado "Judeus brancos na ciência" e dizia:

> O comportamento do professor de física teórica de Leipzig permite que judeus brancos se sintam seguros em seus postos. Trata-se do professor Werner Heisenberg, que, em 1936, conseguiu de forma ilegal introduzir num órgão do partido um artigo em que considerava a teoria da relatividade de Einstein a "base lógica de pesquisas posteriores", e nela vê "uma das mais nobres tarefas para os jovens cientistas alemães no desenvolvimento continuado das concepções e sistemas teóricos".[...] Em 1933 Heisenberg recebeu o Prêmio Nobel, ao mesmo tempo que os pupilos de Einstein, Schrödinger e Dirac, uma demonstração da influência judaica na comissão Nobel contra a Alemanha nacional-socialista [...] Sua fama no exterior é o resultado de sua cooperação com judeus estrangeiros e com correligionários de judeus.

Para fazer face a um ataque de tal virulência, Heisenberg usou o fato de que Heinrich Himmler, chefe da polícia nazista, era filho de um ex-diretor do Max Gymnasium de Munique, à época em que seu avô materno era reitor. Uma carta exigindo retratação foi encaminhada em mãos por Heisenberg a Himmler, por meio de um pedido de Heisenberg à sua mãe para que a fizesse chegar ao chefe de polícia valendo-se do conhecimento entre as famílias. Heisenberg efetivamente recebeu de Himmler tal retratação um ano depois, após interrogatórios e o devido processo.

Apesar da interferência de tais problemas, a compreensão física de fenômenos ligados ao núcleo atômico, como novo domínio de aplicação da teoria quântica, continuou a registrar progressos importantes, e que em particular viriam a conferir à física uma relevância especial para as forças políticas que, então, se exerciam no mundo. Assim é que, em 1938, Otto Hahn e Fritz Strassmann identificaram uma transmutação nuclear surpreendente ao proceder à análise química de uma amostra de urânio (então visto simplesmente como o elemento mais pesado) bombardeado por nêutrons: a presença de bário, cuja massa é da ordem da metade da massa do urânio, foi detectada na amostra. A interpretação desse resultado foi dada por Otto Frisch e por sua tia Lise Meitner, com base em um modelo nuclear desenvolvido por Bohr. Naquele período, Frisch e Meitner se encontravam respectivamente em Copenhague e em Estocolmo, por terem tido suas posições na Alemanha atingidas pelo processo de depuração nazista. Segundo a interpretação, a presença de bário na amostra de urânio irradiada se devia a uma ruptura de núcleos de urânio atingidos por nêutrons em duas partes de massas comparáveis. Tal fenômeno veio a ser chamado *fissão nuclear*. O caráter fortemente exoérgico desse fenômeno, associado à presunção razoável de que os fragmentos nucleares dele resultantes estivessem suficientemente excitados para poderem, por sua vez, emitir novos nêutrons, sugeria imediatamente a eventual possibilidade, em uma amostra de urânio, de um processo fortemente exoérgico de "fissões em cadeia". E ainda no mesmo ano, nos Estados Unidos da América, Hans Bethe, outro jovem físico nascido em Estrasburgo, educado na Alemanha e excluído em 1933 pelo processo de depuração, identificou os processos nucleares responsáveis pela produção de energia em estrelas, e no Sol em particular. Tais processos, também exoérgicos, envolvem a aglutinação de núcleos leves em outro mais pesado, e foram chamados processos de fusão nuclear.

Heisenberg recebeu em 1939 ordens de mobilização que o encaminhavam ao Serviço de Armas do Exército, onde trabalharia com um grupo de outros físicos alemães na questão ligada à utilização da "energia atômica", que era na realidade energia de origem nuclear, cujas implicações tecnológicas haviam sido sugeridas especialmente pela descoberta da fissão nuclear. Heisenberg veio a chefiar esse grupo, conhecido como "grupo do urânio". O trabalho inicial de Heisenberg foi produzir um alentado relatório secreto, cujo título foi "Possibilidade de aquisição técnica de energia a partir da fissão do urânio", que concluía pela viabilidade de construção de um reator nuclear controlado, e indicava que uma das variedades, ou "isótopos" raros do urânio, poderia ser usada como um poderoso explosivo.

O envolvimento de Heisenberg com o grupo do urânio e a crescente percepção, por parte dos físicos, do risco iminente de corridas entre as forças em litígio, no sentido de viabilizar a utilização militar do potencial explosivo da energia nuclear, levaram-no, em 1941, a procurar um contato com Niels Bohr, numa Copenhague então ocupada. Tal contato foi viabilizado por meio dos bons ofícios de braços de "difusão cultural" das autoridades de ocupação em Copenhague. O objetivo, que seria discutir com Bohr, de forma supranacional, questões éticas ligadas à atividade dos físicos com relação à questão do urânio, foi porém inteiramente inviabilizado pela própria assimetria na posição dos interlocutores, cujos efeitos parecem ter sido fortemente subestimados por Heisenberg. O resultado foi um encontro extremamente tenso e improdutivo, sobre o qual os dois participantes nunca encontrariam acordo sequer sobre o local e as circunstâncias em que havia ocorrido.

A construção do reator alemão foi efetivamente empreendida na localidade de Haigerloch, mas não pôde ser concluída antes do fim da guerra, quando os físicos do grupo do urânio foram detidos pelos ingleses e encaminhados a Farm Hall, na Inglaterra. Ali não eram tecnicamente considerados prisioneiros de guerra ou réus em processo algum, mas apenas "*detained at His 19 Majesty's pleasure*", uma situação que contudo não podia se estender por mais de seis meses. Em janeiro de 1946, portanto, os detidos foram reconduzidos a uma zona de ocupação inglesa na Alemanha e libertados um a um.

UMA QUASE AVENTURA LATINO-AMERICANA[25]

Em meados de 1946, poucos meses, portanto, após seu repatriamento, Heisenberg recebe uma oferta de trabalho acadêmico da Argentina, na época governada por Perón. A oferta fora na realidade uma iniciativa ousada de Henrique Gaviola, cientista nacionalmente reconhecido, diretor do Observatório e presidente

25. Mario Mariscotti, *El secreto atómico Huemul: Cronica del origen de la energía atómica en la Argentina*. Buenos Aires: Sudamericana/Planeta, 1985, p. 181.

da Associação Física Argentina, e fora apoiada por Guido Beck, físico nascido de família judaica na Áustria-Hungria de 1903 e chegado à Argentina durante a guerra, em 1943. Guido Beck deu contribuições importantes à física teórica tanto na Argentina como no Brasil, onde também viveu e veio a falecer em 1988. A carta de Gaviola indicava a existência de todo um programa, e propunha a Heisenberg condições atraentes:

> O Ministério da Marinha e a Universidade de Buenos Aires [...] estão dispostos a oferecer a alguns pesquisadores de primeira linha bons salários e condições de trabalho, mediante um contrato de até cinco anos. Os salários podem chegar a 800 dólares mensais. Isso é mais de três vezes o que recebo como diretor do Observatório. [...] No seu caso pessoal, o Ministério da Marinha está disposto a aceitar as suas condições com relação a prazo [do contrato] e salário. [...] Seu salário e os gastos de viagem seriam pagos pela Marinha. O senhor poderia propor, também, o nome de um assistente. Suas obrigações seriam as normais de um professor de física teórica.

Heisenberg responde a Beck em novembro de 1946. A oferta é aceita em princípio, mas é mencionada a necessidade de obter o devido aval das autoridades de ocupação da Alemanha. Nesse mesmo mês, Beck concede uma entrevista a William Mizelle, correspondente do periódico norte-americano *New Republic*, mencionando a possibilidade da vinda de Heisenberg, além de também, possivelmente, outros cientistas importantes. O periódico, dedicado a questões de política internacional, era na época dirigido por Henry Wallace, ex-vice-presidente dos Estados Unidos da América, e o resultado da entrevista foi uma matéria de capa com rótulo de "exclusivo" e com título "Os planos atômicos de Perón". Ela dizia, em seu início:

> Com um convite ao mundialmente famoso cientista Werner Heisenberg por parte do governo de Perón, e com reservas uraníferas consideráveis recentemente descobertas, a Argentina está lançando um programa militar de pesquisa nuclear para abrir de par em par a caixa de Pandora da energia atômica.

Não obstante os veementes protestos de Beck encaminhados diretamente a Wallace, ele acabou sendo até mesmo admoestado pelo ex-vice-presidente:

> Aflige-me profundamente, doutor Beck, que cientistas como o senhor, talvez inconscientemente, se prestam, ou são forçados, a levar a cabo ações que facilmente podem resultar em uma catástrofe mundial em algum momento futuro.

RECONSTRUÇÃO

De volta à Alemanha, Heisenberg se estabelece em Göttingen e volta seu interesse para uma nova fronteira, a das concepções teóricas ligadas à física das partículas elementares. A chamada teoria da matriz S pode ter despertado interesse particular por envolver uma tentativa de obter uma descrição teórica fechada com base apenas em "quantidades observáveis", além de princípios gerais, que no entanto foi menos bem-sucedida que no contexto de 1925.

Em termos de atividade política, Heisenberg teve um papel importante na escolha de Genebra como local de construção para um grande acelerador de partículas, num esforço europeu multinacional do CERN (Conseil Européen pour la Recherche Nucléaire). Apesar da denominação do Conselho, talvez resquício dos aspectos mais salientes da física à época da guerra, a relevância desse projeto dizia respeito sobretudo às necessidades instrumentais da física experimental das partículas elementares. Em 1952, Heisenberg tornou-se presidente da Fundação Alexander von Humboldt, que tem até hoje um papel extremamente importante na promoção de intercâmbio de jovens cientistas de todo o mundo com a ciência alemã.

No inverno de 1956-57 Heisenberg foi o conferencista convidado para as Conferências Gilford, na Universidade de St. Andrews, Escócia. Essas conferências tinham como alvo o grande público e versaram sobre questões de mecânica quântica, física atômica, biologia e alguns de seus aspectos filosóficos, sem omitir também referências a aspectos políticos, como pode ser visto já na abertura da versão delas que foi posteriormente publicada sob o título *Física e filosofia*:

> Quando hoje em dia [1956] se fala da física moderna, o primeiro pensamento que ocorre é o que diz respeito às armas nucleares. Todos sabem da enorme influência dessas armas na estrutura política do mundo de hoje, e ninguém tem dúvida em admitir que a presença da física, na situação geral, seja maior do que jamais foi. Mas será o aspecto físico da física moderna o mais importante? Quando o mundo, em sua estrutura política, tiver se ajustado às

> novas possibilidades tecnológicas, que restará da influência da física moderna?[26]

No ano seguinte, Heisenberg muda-se para Munique, onde assume a posição de presidente do Instituto Max Planck, que era na realidade a nova denominação da antiga Sociedade Kaiser Wilhelm, posição essa que ocuparia por muitos anos, e que por isso era chamada Instituto Werner Heisenberg.

Heisenberg faleceu em Munique, no início de 1976.

SUMÁRIO

Em junho de 1925, Werner Heisenberg demonstra pela primeira vez, então apenas para si mesmo, a viabilidade e consistência do esquema teórico que imaginara para descrever fenômenos de natureza quântica à escala atômica. O engenhoso mas complexo esquema inicial foi logo esclarecido e desenvolvido num processo "a muitas mãos" que se beneficiou, em particular, de uma descoberta, sem dúvida, equivalente envolvendo técnicas que naquele tempo eram muito mais amplamente dominadas.

O resultado desse desenvolvimento foi uma teoria extremamente abstrata, em que as familiares variáveis dinâmicas da física clássica são transfiguradas por uma natureza matemática inesperada e cujos objetos cinemáticos básicos estão vinculados a um contexto probabilístico *sui generis*. Num trabalho de revisão recente, Anthony Leggett caracteriza a teoria quântica como "muito mais que uma 'teoria', [ela é] uma maneira com-

26. Werner Heisenberg, *Física e filosofia*. Brasília: UnB, 1981.

pletamente nova de ver as coisas".[27] Não chega portanto a ser surpreendente que um grande número de suas predições sejam exóticas ao extremo. No entanto, ela se mantém até hoje invicta, no sentido de que todas as suas predições que puderam ser testadas experimentalmente foram corroboradas pelos fatos. Uma ilustração do alcance e força de tal apoio pode ser apreciada no fato de que sistemas do tipo considerado por Einstein, Podolski e Rosen, para terem então suas propriedades dadas como "paradoxais", são hoje utilizados, precisamente em virtude de suas propriedades peculiares, como recursos experimentais indispensáveis em processos de manipulação quântica de sistemas físicos no laboratório.

Os caminhos da descoberta de Heisenberg em 1925 contêm, por outro lado, fatos relevantes para a questão do papel de um "método" nas ciências da natureza, em particular da física. De fato, não só é claro hoje como se tornou claro já por volta do congresso de Solvay de 1927 que os motivos e associações que orientaram a formulação inicial resultam imprecisos ou incorretos à luz da teoria delas resultante. Tal foi a sorte tanto da associação dos valores duplamente rotulados da variável posição (ou de seu módulo quadrado) com as intensidades como do papel central ocupado pela ideia de saltos quânticos. A observação feita por Einstein de que à teoria cabe determinar o que pode ser observado, que solapa a base da teoria inicial, de fato orientou a elu-

27. Anthony Leggett, "Testing the Limits of Quantum Mechanics: Motivation, State of Play, Prospects". *Journal of Physics: Condensed Matter*, v. 14, Bristol, Philadelphia, 2002, p. 7.

cidação de uma questão indispensável para a teoria resultante, e em particular para a sua interpretação. O papel crucial desempenhado nesse curioso processo de autodepuração, apesar de equívocos, pelo controle externo exercido em conformidade ou não do que é observado com o que é predito (ou simplesmente dito), não pode certamente ser superestimado.

O DIFÍCIL LEGADO DE EINSTEIN

CARLOS O. ESCOBAR

INTRODUÇÃO: OS ANTECESSORES DE EINSTEIN

Escrever sobre o pensamento de Albert Einstein apresenta logo de início uma enorme dificuldade para aquele que assim o intenta: sobre qual Einstein falar? O cientista, físico e cosmólogo, o filósofo ou o humanista e homem público? Certamente, a tarefa torna-se mais fácil se começarmos pelo cientista, já que foi na ciência que Einstein teve seu maior impacto, participando como criador das duas grandes revoluções pelas quais passou a física no século XX: o nascimento da física quântica e a dissolução das ideias clássicas sobre espaço e tempo, trazida pelas suas teorias da relatividade especial (1905) e geral (1915). Einstein será, talvez, o pensador que de forma mais dramática sofreu as dores da transição de um mundo clássico, descrito por leis deterministas e causais para um mundo regido por leis probabilísticas e, como consequência direta de sua relatividade especial, um mundo dotado de um conhecimento científico que abre as portas para mecanismos de destruição até então inimagináveis.

Einstein era profundo conhecedor da tradição filosófica e científica que caracterizava o pensamento ocidental ao final do século XIX e assim, para situarmos o contexto histórico em que se formou, vamos inicialmente examinar os seus antecessores.

GALILEO

Nada seria mais auspicioso que falar sobre Einstein e seu pensamento no ano de 2009, quando celebramos os quatrocentos anos das primeiras observações feitas por Galileo Galilei (1564-1642), usando um telescópio de sua própria fabricação, apontado para a Lua e para outros astros. Os resultados dessas observações, publicadas na obra *Sidereus Nuncius* [*O mensageiro sideral*], de 1610, a primeira publicação científica de Galileo, marcam o nascimento da astronomia moderna e permitem antecipar a grandeza de sua obra científica que culmina com o *Diálogo sobre as duas novas ciências*, terminado em 1636, quando se encontrava Galileo em regime de prisão domiciliar imposto pelo Vaticano.

Galileo é justamente considerado o fundador da ciência moderna e do método experimental: confrontar teorias com resultados experimentais em condições que estejam sob controle. Galileo reconhece também o papel central da matemática na formulação das leis da natureza, dizendo que "o livro da natureza está escrito em linguagem matemática". Esses são dois temas que irão preocupar Einstein durante toda a sua vida: o papel dos fatos empíricos *vis à vis* o pensamento matemático abstrato no estabelecimento das teorias científicas.

Em *O mensageiro sideral* Galileo compara a superfície da Lua, com suas montanhas e vales, como sendo semelhante à da Terra, servindo assim para desfazer a ideia, então predominante, de duas formas diferentes de matéria e leis de movimento: as pertencentes à esfera terrestre e aquelas pertencentes à esfera celeste. Esse é outro tema central no pensamento de Einstein, a universalidade das leis da natureza, a existência de leis válidas em todo e qualquer canto do universo.

Já em 1632, no seu *Diálogo sobre os dois máximos sistemas do mundo*, Galileo apresenta o embrião do que viria a ser mais tarde o *princípio da relatividade* de Einstein (1905): "As leis que regem os *movimentos dos corpos* são as mesmas, seja para um observador fixo, seja para um observador movendo-se em translação uniforme em relação ao primeiro". Note que a propósito sublinhamos *movimento dos corpos*, pois Galileo não conhecia ainda as leis do eletromagnetismo e, portanto, somente poderia aludir a experimentos mecânicos que pudessem ser usados para descobrir, sem olhar para fora, se estou ou não num sistema em movimento de translação uniforme. Como veremos mais adiante, Einstein generalizará esse princípio para incluir qualquer experimento físico, seja utilizando o movimento de corpos materiais (Galileo), seja experimentos ópticos ou eletromagnéticos.

Em 1933, na sua Herbert Spencer Lecture, proferida em Oxford, Einstein rende homenagem a Galileo e a Johannes Kepler (1571-1630), o grande astrônomo alemão que descobriu as leis dos movimentos dos planetas em torno do Sol, estabelecendo definitivamente a visão copernicana heliocêntrica, que retira o ser humano do centro do universo. Diz Einstein:

> Antes que a humanidade estivesse madura para uma ciência que abarcasse a totalidade da realidade, uma segunda verdade

fundamental seria necessária, a qual apenas tornou-se propriedade comum entre os filósofos com o advento de Kepler e Galileo. O pensamento lógico, puro, não pode fornecer-nos qualquer conhecimento; sobre o mundo empírico todo conhecimento da realidade começa e termina na experiência. Proposições obtidas por meios puramente lógicos são completamente vazias no que concerne à realidade. Uma vez que foi Galileo quem viu isso e, particularmente, porque foi ele quem anunciou isso ao mundo científico, ele é o pai da física moderna, de fato, da ciência moderna, como um todo.[1]

NEWTON

Isaac Newton (1642-1727) nasce no ano em que Galileo morre e realiza uma das mais profundas obras do pensamento ocidental com o seu *Philosophiae Naturalis Principia Mathematica* [*Princípios matemáticos de filosofia natural*, 3 vols. publicados em 1666]. Nos *Principia*, como ficou sendo conhecida essa magistral obra, Newton formula de maneira rigorosa as leis do movimento dos corpos materiais, estendendo as leis de movimento que haviam sido descobertas por Galileo (lei da inércia, lei da queda livre) criando assim a mecânica clássica, que iria dominar o pensamento científico por dois séculos, bem como influenciar profundamente o pensamento filósofico ocidental.

Newton realiza nos *Principia* aquilo que havia sido vislumbrado por Galileo: a existência de leis universais, válidas tanto

1. Albert Einstein, *Ideas and Opinions*. Nova York: Three River Press, 1954, p. 271.

nos laboratórios terrestres como no cosmos. Este é o significado da famosa fábula da maçã de Newton: a queda livre da maçã aqui na Terra é regida pela mesma lei da atração gravitacional que mantém a Lua em órbita ao redor da Terra e os planetas ao redor do Sol. Newton com sua lei da atração gravitacional explica a origem das três leis de Kepler.

Todo o pensamento filósofico ocidental é afetado pela poderosa construção matemática das leis da natureza, apresentada nos *Principia* de Newton. O seu famoso *hypotheses non fingo* (não finjo hipóteses), que Newton enuncia em sua resposta aos críticos que apontavam a natureza obscura da sua lei da gravitação (*Principia*, General Scholium, 1713), marca, juntamente com a ideia de que a natureza ama a simplicidade (v. 3 dos *Principia*), uma nova maneira de investigar a natureza, distinta da tradição aristotélica e um claro repúdio a Descartes e Leibniz – dois de seus mais severos críticos. Essa famosa passagem é tão significativa que vale a pena reproduzi-la aqui, uma vez que veremos mais adiante o seu impacto no pensamento de Einstein. Nela, diz Newton:

> Não fui ainda capaz de descobrir, a partir de fenômenos, a razão para essas propriedades da gravidade, e eu não finjo hipóteses. Pois tudo aquilo que não seja deduzido a partir dos fenômenos deve ser chamado de uma hipótese; e hipóteses, sejam metafísicas ou físicas, ou baseadas em qualidades ocultas, ou mecânicas, não têm lugar na filosofia experimental. Nessa filosofia, proposições particulares são inferidas a partir dos fenômenos e, posteriormente, tornadas gerais por indução.

Como é comum acontecer, toda grande obra, seja ela científica, artística ou filosófica, traz dentro de si o germe de sua própria superação e assim também ocorre com a magnífica estrutura newtoniana

> "que necessita atribuir uma existência real e independente ao espaço e tempo, assim como à matéria, pois na lei de movimento de Newton aparece a ideia de aceleração. Mas, nessa teoria, aceleração pode apenas denotar 'aceleração com respeito ao espaço'. O espaço de Newton deve ser então concebido como 'em repouso' ou, pelo menos, como 'não acelerado'".[2]

Newton sabia dessa necessidade, e isso era algo que o incomodava, assim como a natureza da gravidade como uma interação instantânea à distância. Sobre isso, Newton escreve em 1693, em uma carta para o reverendo e teólogo inglês Richard Bentley:

> É inconcebível que a matéria bruta, inanimada, possa, sem a mediação de algo mais que não seja material, atuar sobre e afetar outra matéria sem contato mútuo... Que a gravidade seja inata, inerente e essencial à matéria, de forma que um corpo possa atuar sobre outro a distância, através do vácuo, sem a mediação de qualquer outra coisa... é para mim um absurdo tão grande que eu creio que nenhum ser humano que tenha, em matérias

2. Id., "Apêndice V", in *Relativity, the Special and the General Theory*, 15ª ed. Londres: Routledge, 1954.

> filosóficas, a faculdade de pensar competentemente possa, jamais, incorrer nele.[3]

Einstein irá, paciente e obstinadamente, atacar e superar essas limitações da mecânica clássica newtoniana, apoiando-se na teoria eletromagnética de Michael Faraday (1791-1867) e James Clerk Maxwell (1831-1879).

FARADAY E MAXWELL

Michael Faraday, filho de um simples ferreiro, abandona a escola aos catorze anos de idade para trabalhar como encardenador em uma casa editorial. Esse trabalho deu a Faraday acesso a vários livros que serviram para sua autoeducação, levando-o eventualmente a trabalhar como assistente de laboratório do conhecido eletroquímico britânico Humphrey Davy. Faraday foi um notável experimentador que jamais pôde dominar a matemática de modo a traduzir suas descobertas em equações matemáticas. Não foram poucas essas descobertas, a mais famosa das quais terá uma influência decisiva em Einstein quando da criação da teoria da relatividade especial: o fenômeno da indução eletromagnética, que está na base de todo o fantástico desenvolvimento industrial, utilizando a eletricidade, como motores elétricos, geradores etc., e que afirma que fluxos magnéticos variando no tempo geram forças eletromotivas, as quais por sua vez podem gerar correntes elétricas. Faraday, evitando o uso de equações matemáticas,

3. Isaac Newton, *Philosophical Writings*. A. Janiak (org.). Nova York: Cambridge University Press, 2004, p. 94.

cria o conceito de linhas de força e é capaz de descrever o fenômeno da indução eletromagnética em termos de linhas de forças magnéticas e elétricas e seus fluxos através de circuitos. Esse conceito, pictórico, passível de visualização (basta lembrar-se do experimento que todos nós realizamos na escola com as limalhas de ferro alinhando-se ao longo das linhas de força ao redor de um simples ímã), será posto em um formalismo matemático pelo físico escocês James Clerk Maxwell, que realiza em seu *A Treatise on Electricity and Magnetism* [Um tratado sobre eletricidade e magnetismo] (1873) a notável síntese dos fenômenos ópticos, elétricos e magnéticos como manifestações de campos eletromagnéticos variando no tempo e no espaço, segundo equações diferenciais as quais previram a existência de ondas eletromagnéticas propagando-se com a velocidade da luz, produzidas e detectadas em laboratório pela primeira vez pelo físico alemão Heinrich Hertz (1857-94).

A introdução do conceito de campo por Faraday e Maxwell modifica profundamente nosso conceito de realidade, até então dominado pelo universo mecânico newtoniano, descrito pelo movimento de corpos materiais afetados por forças de caráter instantâneo, atuando a distância, sem qualquer intervenção. Einstein assim se expressou sobre essa profunda mudança no nosso conceito de realidade:

> [...] antes de Maxwell, concebíamos a realidade física - tanto quanto que se supõe representar eventos na natureza - como pontos materiais, cujas mudanças consistem exclusivamente em movimentos que obedecem a equações diferenciais totais.

> Após Maxwell, concebemos a realidade física como sendo representada por campos contínuos, os quais não podem ser explicados mecanicamente, que estão sujeitos a equações diferenciais parciais (isto é, envolvendo tanto as coordenadas espaciais como o tempo - meu comentário). Essa mudança na concepção da realidade é a mais profunda e frutífera que ocorreu na física, desde Newton.[4]

AS DUAS REVOLUÇÕES CIENTÍFICAS DO SÉCULO XX

Durante o século XIX, a mecânica newtoniana alcançou uma posição de supremacia total no pensamento científico graças a sucessos tais como a extraodinária precisão com que explicava o movimento dos planetas no sistema solar, salvo uma pequena anomalia na órbita de Mercúrio, levando inclusive à previsão de um novo planeta, Netuno, pelo mecânico celeste francês Le Verrier (1811-77). Esse astrônomo, por meio do estudo sistemático dos pequenos desvios entre as posições observadas e as calculadas pela teoria newtoniana para o mais remoto dos planetas conhecidos, Urano, pôde inferir a existência de um outro planeta, até então não observado, cuja presença perturbava a órbita de Urano. Le Verrier foi capaz de calcular onde estaria o desconhecido planeta, o que foi confirmado alguns dias depois em um observatório em Berlim, em 23 de setembro de 1845.

4. Id., "On the One Hundredth Anniversary of Maxwell's Birth", [1931], in *Ideas and Opinions*, op. cit.

O edifício newtoniano seria abalado de forma irreversível pela nova concepção de realidade introduzida na física por Faraday e Maxwell, a de um universo permeado por campos que não se reduzem a explicações mecanicistas (ainda que Maxwell tenha tentado de todas as formas assim explicar os campos e sua propagação). A razão para esse profundo abalo não é nada óbvia e consumiu os esforços das melhores mentes científicas do final do século XIX, tais como o matemático e físico francês Henri Poincaré (1854-1912), o holandês Hendrik Lorentz (1853-1928), o alemão Max Planck (1858-1947), entre outros.

O problema estava em conciliar a nova realidade dos campos com a visão newtoniana de um universo permeado por corpos materiais, no qual as interações entre esses corpos, quando não se davam por contato direto, como no choque entre duas bolas de bilhar, davam-se através da interação à distância e instantânea, sem intermediação mecânica, tal qual na interação gravitacional universal descoberta por Newton e que tantos êxitos teve na mecânica celeste. No universo newtoniano, efeitos de propagação de perturbações são possíveis se há meios materiais que suportem tal propagação, tal como é o caso das ondas sonoras que não se propagam no vazio. A unificação maxwelliana dos fenômenos ópticos e eletromagnéticos e o fato experimental de que a luz propaga-se no vazio levaram à conjectura da existência de um novo meio, o qual não oporia resistência ao movimento dos corpos materiais, mas, ocupando todo o universo, suportaria a propagação de ondas eletromagnéticas, a luz, por exemplo, ou as recém-descobertas ondas de rádio. O novo meio recebeu o nome de éter e com sua postulação surge um novo desafio para a física na virada do século XIX, qual seja, o de descobrir sua existência por meio de presumidos efeitos que poderia ter sobre a velocidade da luz quando suas fontes deslocam-se no éter.

ALBERT EINSTEIN

Albert Einstein nasceu na cidade alemã de Ulm, em 14 de março de 1879, o mesmo ano em que morreu Maxwell, primeiro filho de Hermann e Pauline (nascida Koch) Einstein. De Ulm, um ano após o nascimento de Albert, a família Einstein muda-se para Munique, onde Hermann Einstein e seu irmão Jakob, engenheiro, iniciam uma companhia que produzia equipamentos elétricos tais como geradores, uma singular ironia tendo em vista que Einstein, 25 anos mais tarde, usará de maneira genial a indução eletromagnética de Faraday para apoiar sua teoria da relatividade especial.

Deixando de lado aspectos biográficos, cobertos nas excelentes biografias de Einstein disponíveis em português e que constam nas sugestões bibliográficas, interessa-nos passar diretamente a descrever os traços marcantes da abordagem original, única, que Einstein utilizou para atacar os problemas mais profundos que desafiavam a física no começo do século XX. Há, porém, um aspecto biográfico de Einstein que não pode ser deixado de lado quando estudamos o seu pensamento científico, filosófico ou moral, e esse aspecto tem a ver com a inserção tardia e dificultosa de Einstein no ambiente acadêmico, onde, tradicionalmente, eram conduzidos os estudos e pesquisas em todas as ciências. As universidades, desde o final do século XI (Bolonha, 1088), foram os centros da produção intelectual ocidental.

Era de se esperar, portanto, que o jovem Einstein, desde cedo atraído por física, filosofia e matemática, buscasse uma posição numa universidade após realizar seus estudos de graduação no Politécnico de Zurique. Não foi o que ocorreu e Einstein, após quase dois anos buscando emprego numa instituição de ensino, emprega-se num escritório federal de patentes na cidade suíça de Berna, com a função de examinador de pedidos de patentes. É nesse emprego, longe de um ambiente acadêmico, que Einstein, em 1905, o mesmo ano em que obtém seu doutoramento pela Universidade de Zurique, publica quatro trabalhos que foram fundamentais para a profunda transformação que ocorreu no pensamento científico e filosófico do século XX.

EINSTEIN: UM MESTRE NAS EXPERIÊNCIAS DE PENSAMENTO (GEDANKENEXPERIMENT)

Einstein utilizou durante toda a sua vida o recurso altamente imagético das experiências de pensamento (*Gedankenexperiment*, em alemão). Nelas imagina-se uma situação que pode ou não ser realizada na prática e que supõe a validade de certos fatos empíricos ou teóricos para a sua realização. O resultado da experiência demonstrará a inconsistência ou não daquilo que se supunha válido ou a incompletude da teoria sob exame.

A que pode ter sido sua primeira experiência de pensamento e que expôs claramente a incompatibilidade entre o universo mecânico newtoniano e o universo maxwelliano cheio de campos, Einstein formulou-a com apenas dezesseis anos. Nela, imaginava-se acompanhando uma onda luminosa, viajando ao seu lado com a mesma velocidade da luz (algo que não era proibido por Newton). O que ele veria? Ele veria, deduziu Einstein, um perfil de onda que não mudaria com o tempo, o que contradiz o eletromagnetismo de Maxwell e sua equação de onda, que exige que o perfil da onda varie temporal e espacialmente bem. A conclusão desse experimento imaginário é clara para Einstein: a impossibilidade de corpos materiais atingirem a velocidade da luz, algo que será fundamental na sua teoria da relatividade, dez anos mais tarde.

Para resolver a incompatibilidade entre essas duas visões de mundo, Einstein não hesita em declarar inválido o universo newtoniano, residindo aí a grandeza e audácia do seu pensamento quando comparado com as tentativas feitas por Poincaré e Lorentz para explicar os insucessos experimentais para detectar a existência do éter. Einstein ataca o problema indo diretamente aos fundamentos da mecânica newtoniana, às hipóteses feitas por Newton quanto à natureza do tempo e do espaço.

Einstein não abre mão do princípio da relatividade de Newton e Galileo, mas o amplia para todos os fenômenos, mecânicos ou eletromagnéticos, e, nesse processo, usando o resultado da sua experiência de pensamento aos dezesseis anos de idade, postula que a velocidade da luz deve ser independente do movimento da fonte e a mesma para qualquer observador em movimento uniforme, os observadores inerciais de Galileo e Newton. Com essas premissas, por meio novamente de *Gedankenexperiments* envolvendo a comparação das observacões feitas por observadores em repouso e em movimento com respeito a fontes luminosas, ímãs e espiras (a indução de Faraday!), Einstein conclui que um dos fundamentos da teoria newtoniana, a natureza absoluta do tempo, é falso. A passagem do tempo não é independente do estado de movimento de um observador, e a noção de simultaneidade dos eventos é relativa: eventos que ocorrem simultaneamente para um certo observador não o serão para outro que se encontre em movimento em relação ao primeiro. Espaço e tempo estão inexoravelmente ligados entre si, surgindo uma nova entidade, o "espaço-tempo", expressão criada pelo matemático alemão Hermann Minkowski (1864-1909), que havia sido professor de Einstein no Politécnico de Zurique, onde este fez seus estudos universitários e aquele não fazia bom juízo do estudante. Minkowski impressionou-se fortemente pela teoria da relatividade de Einstein e fez uma formulação matemática da relatividade em termos de um espaço-tempo quadridimensional (três dimensões espaciais e uma dimensão temporal). É Minkowski que, num discurso feito para uma assembleia científica alemã, em 1908, apresenta de maneira dramática o novo conceito surgido da teoria do seu "preguiçoso" estudante Albert Einstein três anos antes em 1905:

> Meus senhores, as considerações sobre espaço e tempo que desejo expor-vos brotaram do terreno da física experimental. Aí reside a sua força. A sua conclusão é radical. Daqui em diante os conceitos de espaço e de tempo, considerados como autônomos, vão desvanecer-se como sombras e somente se reconhecerá existência independente a uma espécie de fusão entre os dois.[5]

5. W. Isaacson, *Einsten: His Life and Universe*. Nova York: Simon & Schuster, 2004, p. 132.

Derruba-se assim um dos pilares do pensamento newtoniano, a natureza absoluta do tempo: relógios uma vez sincronizados permanecerão sincronizados independentemente do estado de movimento do observador que os utiliza. Fica também derrubada a ideia do éter, o hipotético meio material que, preenchendo o universo, permitiria a propagação das ondas eletromagnéticas. Einstein simplesmente não necessitava dessa construção, trazendo-nos à memória o *hypotheses non fingo* de Newton, a quem tanto admirava. Restava atacar ainda outro pilar fundamental da mecânica clássica, algo que incomodava tanto Newton quanto Einstein, o papel privilegiado dos observadores ditos inerciais, para os quais valem o princípio da relatividade e a pergunta cuja resposta os deixava insatisfeitos: se os observadores inerciais têm um papel único para Newton e o Einstein de 1905 e, para caracterizá-los, dizemos que não possuem aceleração, é natural perguntar-se: aceleração em relação a quem? Veremos adiante que para responder essa pergunta Einstein levou oito anos de intenso e extenuante trabalho, que culminará na sua mais linda criação, a teoria da relatividade geral. Antes, porém, vamos comentar sobre dois outros trabalhos, do total de quatro, que o físico publica em 1905, o ano que ficou conhecido como o *annus mirabilis* (o ano milagroso) de Einstein. A mesma expressão fora usada pelos historiadores da ciência para descrever o ano de 1666, quando Newton foge de Cambridge, assolada por uma praga, para refugiar-se na casa materna, onde constrói nada mais nada menos que o cálculo e a lei da gravitação universal que serão apresentados ao mundo nos seus *Principia*.

Após o "Eletrodinâmica dos corpos em movimento", trabalho enviado em junho de 1905 à revista alemã *Annalen der Physik*, no qual Einstein apresenta a sua teoria da relatividade especial, sobre a qual escrevemos acima, um outro trabalho, mais curto (apenas quatro páginas), é enviado ao mesmo periódico em setembro de 1905. Nele, Einstein demonstra uma consequência extraordinária do seu primeiro artigo. Seu título, "Depende a inércia de um corpo do seu conteúdo de energia?", formulado como uma pergunta, será respondido afirmativamente! Para chegar à inusitada conclusão de que a inércia de um corpo depende do seu conteúdo energético, Einstein usa uma vez mais um experimento de pensamento envolvendo um corpo que emite simultaneamente dois feixes de luz de mesma frequência, em direções opostas, e compara as observações desse experimento por dois observadores, um para o qual o corpo se encontra em repouso e outro que o vê, e todo o processo, em movimento. Aplicando os resultados obtidos no artigo anterior, Einstein conclui que "a massa de um corpo é uma medida do seu conteúdo de energia", fato que é expressado pela equação mais famosa e popular da física: $E = mc^2$. Algo absolutamente novo e inesperado, implicando, de imediato, que a inércia de um corpo, isto é, sua "capacidade" de opor-se a mudanças no seu estado de movimento, depende, por exemplo, da velocidade que esse corpo possui num determinado sistema de referência, o que é verificado cotidianamente nos aceleradoes de partículas, que somente funcionam graças às leis de Maxwell e à relatividade especial de Einstein.

A equação $E = mc^2$ terá consequências dramáticas ao abrir as portas para o uso pacífico, mas também bélico, no caso da energia nuclear, algo que Einstein já vislumbrava nesse primeiro artigo, ao escrever premonitoriamente em sua conclusão: "Talvez seja possível testar essa teoria usando corpos cujo conteúdo de energia varie de forma elevada, como, por exemplo, nos sais de rádio [elemento radioativo descoberto por Marie Curie]".

Foram quatro os trabalhos de Einstein no seu *annus mirabilis*, mas não há espaço suficiente para falar dos outros dois. O primeiro da lista, enviado aos *Annalen der Physik* em março de 1905, tem o título pouco pretensioso: "Sobre um ponto de vista heurístico concernente à geração e transformação da luz". Ironicamente, foi graças às descobertas desse artigo, explicando o assim chamado efeito fotoelétrico, que Einstein veio a receber o Prêmio Nobel de Física em 1921. E dizia ser esse o seu único artigo realmente revolucionário. Aceita-se que esse trabalho, juntamente com o trabalho de Niels Bohr, sete anos mais tarde, criando um modelo atômico que de maneira *ad hoc* propunha a razão da enigmática estabilidade atômica através da existência de níveis discretos de energia, um conceito totalmente oposto à mecânica newtoniana, na qual a energia varia continuamente, marcou o nascimento da física quântica, a segunda revolução na física do século XX. De qualquer maneira, voltaremos a falar sobre Einstein e a física quântica quando discutirmos o seu pensamento filosófico.

O segundo trabalho submetido aos *Annalen der Physik* em maio de 1905 tem como conteúdo a sua tese de doutoramento, defendida poucos dias antes, e trata do fenômeno conhecido como movimento browniano. Nele, Einstein demonstra de maneira incontroversa a natureza atômica da matéria, encerrando o longo e desgastante debate que dividia até então os físicos e químicos em continuístas (Mach, Ostwald) e atomistas (Maxwell, Boltzmann e Newton, antes deles). Curiosamente esse será o trabalho de Einstein que mais citações viria a receber.

Termina assim o *annus mirabilis* de Einstein e, apesar do reconhecimento imediato que esses quatro artigos tiveram por parte dos grandes nomes da ciência da época, como Planck, Sommerfeld, von Laue, Rutherford, entre outros, Einstein seguia trabalhando no escritório de patentes em Berna, sendo capaz de produzir ainda uma grande quantidade de artigos científicos, seis em 1906 e dez em 1907.

A construção da relatividade especial, expondo o fim do tempo absoluto e a relatividade da simultaneidade, fez com que Einstein percebesse com toda a clareza uma outra limitação, não apenas da mecânica newtoniana, mas da sua própria relatividade especial, a necessidade de privilegiar uma classe de observadores, ditos inerciais, e referir-se a um espaço absoluto em relação ao qual medimos as acelerações. Newton havia colocado tal espaço absoluto solidário às estrelas distantes, uma solução que não o satisfazia, e tampouco a Einstein.

Einstein sempre repudiou em todos os aspectos de sua vida a noção de absolutos, elementos que podem atuar sobre a natureza ou sobre o destino dos seres humanos, sem que em contrapartida possam ser atuados de volta pela mesma natureza ou seres humanos. A concepção do espaço absoluto newtoniano caía precisamente nessa categoria, e Einstein lutará intelectualmente durante os próximos oito anos de sua vida para libertar a física desse conceito. Ao final do processo, chegará Einstein a uma conclusão radical: que o espaço-tempo e sua geometria não são dados *a priori*, mas sim determinados dinamicamente. Ao conseguir isso, formula também uma teoria da gravitação que não apresenta ação à distância, algo que deixava Newton insatisfeito e que violava a relatividade especial de Einstein e um dos seus ingredientes básicos, a impossibilidade de transmitir sinais com velocidade superior à da luz.

O LONGO CAMINHO ATÉ A RELATIVIDADE GERAL

> "Ocorreu então o pensamento mais feliz da minha vida, da seguinte maneira. O campo gravitacional tem uma existência relativa. Para um observador em queda livre, caindo do telhado de uma casa, não existe - pelo menos bem perto dele - campo gravitacional. De fato, se ele solta alguns corpos durante sua queda livre, eles permanecerão em repouso ou em movimento uniforme em relação ao observador."[6]

Outra vez Einstein faz uso do recurso do *Gedankenexperiment* para chegar a uma lei fundamental da natureza, nesse caso utilizando o que já era conhecido por Galileo e por Newton, a universalidade da queda livre, isto é, todos os corpos, independentemente da sua composição e inércia, caem num campo gravitacional com a mesma aceleração. Mas, outra vez, de uma

6. A. Einstein, "Grundgedanken und Methoden der Relativitätstheorie in ihrer Entwicklungdargestellt", in *The Collected Papers of Albert Einstein*, v. 7. Princeton: Princeton University Press, 1987, p. 21.

observação aparentemente trivial, Einstein tira conclusões profundas e originais. Como ele próprio diz, esse fato mostra que o "campo gravitacional tem uma existência relativa", pode ser anulado ou amplificado segundo estejamos em sistemas de referência acelerados. Esse experimento de pensamento hoje soa trivial, já que constantemente vemos imagens de astronautas em queda livre e até mesmo o herdeiro da cadeira de Newton em Cambridge, Stephen Hawking, desfrutando os prazeres da ausência da gravitação, todos eles realizando *Gedankenexperiment* com ferramentas, utensílios de bordo, comida etc.

O "pensamento mais feliz da minha vida" coloca Einstein na rota correta para buscar uma teoria da relatividade que seja geral, não restrita aos sistemas inerciais e que de passagem forneça também uma teoria relativista da gravitação. Conseguirá o feito em oito anos de extenuante trabalho, contando com a colaboração de seu amigo e antigo colega do Politécnico de Zurique, Marcel Grossmann, que anos antes havia sido fundamental para que Einstein conseguisse o emprego no escritório de patentes de Berna. Grossmann era professor de matemática no Politécnico de Zurique e Einstein estava na mesma cidade, em seu primeiro emprego universitário, junto à Universidade de Zurique. A colaboração entre ambos foi indispensável para a realização do programa que Einstein havia estabelecido para si mesmo: a construção de uma teoria válida em qualquer sistema de referência, não importando o seu estado de movimento, e que eliminasse a necessidade de estabelecer *a priori* a geometria do espaço-tempo, algo que ocorria na mecânica de Newton (geometria euclidiana para as coordenadas espaciais com uma coordenada temporal universal e rígida), bem como para a relatividade especial dele mesmo, na qual a geometria, dita de Minkowski, nada mais é do que uma geometria euclidiana para um contínuo quadridimensional (três coordenadas espaciais e uma temporal), mas que leva em conta que não é possível enviar sinais com velocidade superior à da luz.

A universalidade da queda livre, que lhe inspirou o "pensamento mais feliz de minha vida", mostra a Einstein que gravitação deve ser uma manifestação da geometria do espaço-tempo. Einstein passa a buscar então uma formulação geométrica para as leis da física e em 1912 fica convencido de que a geometria que deve estudar é uma geometria não euclidiana, na qual deixam de valer relações com as quais nos acostumamos desde os anos escolares, tais como a soma dos ângulos internos de um triângulo é igual a 180 graus, a razão entre a circunferência e o diâmetro de um círculo é igual a π etc. Essa geometria havia sido estudada de forma brilhante pelo jovem matemático alemão Georg Friederich Bernhard Riemann (1826-66) numa famosa dissertação de livre-docência, defendida na Universidade de Göttingen em 1854, intitulada *Das hipóteses sobre as quais repousam os fundamentos da geometria*. Einstein desconhecia o trabalho de Riemann, e foi seu amigo Grossmann que recomendou que ele estudasse os trabalhos dos matemáticos italianos Gregorio Ricci-Curbastro (1853-1925) e seu aluno Tullio Levi-Civita (1873-1941). Ricci-Curbastro e Levi-Civita desenvolveram o cálculo tensorial, que lhes permitiu estudar e caracterizar espaços curvos tais como os descritos na livre-docência de Riemann.

Três anos mais passariam antes que Einstein finalmente chegasse às equações de campo para a gravitação, as quais satisfaziam as condições que havia colocado como seu objetivo: uma teoria que valesse em qualquer sistema de referência e na qual o espaço-tempo fosse dinâmico, que resultasse das próprias equações de campo e não definido *a priori*. A teoria que resultou desses oito anos de trabalho intenso é de uma beleza extraodinária e dela resulta uma nova visão do espaço-tempo e da gravidade, esta última deixando de ser realmente uma força, mas sim a manifestação da curvatura do espaço-tempo, a qual é determinada pelo conteúdo vizinho de matéria e energia. Como o físico norte-americano John Wheeler (1911-2008) escreve, "a matéria diz ao espaço-tempo como se curvar, e o espaço-tempo curvo diz à matéria como se mover".

Ainda em 1915, Einstein obtém o primeiro sucesso da nova relatividade geral ao explicar a diminuta anomalia na órbita do planeta Mercúrio, que desviava das previsões da mecânica celeste newtoniana, fato já conhecido desde de 1840 e que desafiava uma explicação. A consagração da relatividade geral vem, entretanto, somente em 1919, quando astrônomos britânicos realizam duas expedições para observar o eclipse solar previsto para o dia 29 de maio de 1919. O eclipse seria mais bem observado numa faixa próxima ao equador terrestre estendendo-se do norte do Brasil até a África Equatorial. Uma das expedições instalou-se na cidade cearense de Sobral e a outra rumou para a ilha de Príncipe, então colônia de Portugal, próxima às costas africanas. O que essas expedições queriam determinar era um efeito previsto e calculado por

Einstein que indicava que as estrelas situadas atrás do Sol, com posições muito bem medidas, sofreriam deslocamentos nas suas posições pois os raios de luz por elas emitidos seguiriam trajetórias já não mais retilíneas, mas sim curvas, devido à curvatura do espaço causada pela proximidade do Sol. Os resultados das expedições deixaram muito a desejar do ponto de vista de precisão, mas as observações realizadas em Sobral permitiram que os astrônomos britânicos, numa reunião na Real Sociedade (Royal Society, a academia de ciências britânica, da qual Newton foi presidente), em 6 de novembro de 1919, declarassem que a teoria da gravitação de Einstein havia suplantado a de Newton. No dia seguinte o *Times* de Londres trazia em sua primeira página a manchete: "Revolução na ciência, nova teoria do universo, ideias newtonianas abandonadas". Alguns dias depois, manchetes semelhantes apareceriam em jornais norte-americanos e europeus. Einstein vê-se subitamente transformado em uma personalidade internacional, cortejado por chefes de Estado, artistas, desfilando em carro aberto pelas ruas de Nova York (1921). Einstein, como veremos a seguir, não deixou que toda a bajulação o desviasse do rigor intelectual, firmeza de objetivos e sentido de justiça, que desde muito cedo o caracterizavam. Ao contrário, tirou proveito dessa posição de destaque para ser ainda mais efetivo nas suas lutas por direitos civis, paz e justiça. Interessa-nos agora ver como esse longo trabalho para criar a relatividade geral alterou sua visão sobre os métodos da física teórica, sobre como chegar às leis da natureza.

O LEGADO DE EINSTEIN E SUA ATUALIDADE

Os anos de ansiosa busca no escuro, com suas intensas expectativas, suas constantes alternâncias entre a confiança e a exaustão e, finalmente, o emergir para a luz – apenas aqueles que o experimentaram o entendem.

ALBERT EINSTEIN, 1934

A herança intelectual de Einstein é imensa, assim como foram as heranças deixadas por Galileo, Newton, Faraday e Maxwell antes dele, mas com uma diferença fundamental: Einstein não se absteve de manifestar-se sobre quase todos os aspectos da vida social, além, é claro, da produção científica extraordinária e profunda reflexão sobre os métodos da investigação científica. O amplo escopo de atividade intelectual de Einstein faz com que seja difícil discutir seu legado.

EINSTEIN, FILÓSOFO DA CIÊNCIA

A epígrafe desta seção aponta para uma importante transição no pensamento científico de Einstein. Esse período de busca incessante por uma teoria relativística da gravitação que satisfizesse a condição de ser uma teoria geométrica do espaço-tempo, então dinâmico, em vez de dado *a priori*, como na mecânica newtoniana e na própria relatividade especial, convenceu Einstein de que "o princípio criativo está na matemática. Em certo sentido, portanto, mantenho ser verdadeiro que o pensamento puro possa captar a realidade, tal qual os antigos sonhavam".[7] Vemos aqui uma enorme diferença com o Einstein mestre do pensamento intuitivo, imagético, o Einstein que nos trabalhos iniciais usa uma matemática simples e argumenta com os *Gedankenexperiments* (os quatro geniais trabalhos de 1905 podem ser lidos e devem ser lidos – e entendidos – por um estudante de graduação). Após a exasperante busca pela teoria geométrica da gravitação algo muda! Há um grande contraste com o Einstein dos anos passados em Berna, sob grande influência de David Hume (filósofo empiricista escocês, 1711-76) e Ernst Mach (físico e filósofo empiricista austríaco, 1838-1916, famoso por sua objeção à realidade dos átomos), que escreveu:

> A teoria da relatividade sugere-se no positivismo [...] essa linha de pensamento teve uma grande influência nos meus esforços, mais especificamente Mach e mais ainda Hume, cujo *Tratado da Natureza Humana* estudei avidamente e com admiração pouco antes de descobrir a teoria da relatividade.[8]

Por outro lado, Einstein tinha plena consciência de que o trabalho científico não pode estar engessado por metodologias ou por posições filosóficas pré-adquiridas, como ele mesmo diz, ainda na Herbert Spencer Lecture:

7. Id., "The Herbert Spencer Lectures, Oxford 1933, On the Method of Theoretical Physics", in *Ideas and Opinions*, op. cit., p. 274.
8. Id., *apud* Walter Isaacson, *Einstein: His Life and Universe.* Nova York: Simon & Schuster, 2004, p. 82.

> Se vocês quiserem saber dos físicos teóricos sobre os métodos que eles usam, recomendo-vos que se atenham estritamente a um princípio: não escutem as suas palavras, fixem sua atenção nas suas ações... essas palavras podem soar como um convite para que saiam desta aula. Vocês se dirão, esse camarada é, ele mesmo, um físico ativo e deve deixar todas as questões sobre a estrutura da ciência teórica para os epistemólogos.[9]

Além do seu evidente e característico senso de humor, a passagem reflete fielmente a maneira como Einstein encarava as questões sobre a filosofia da ciência, sempre contra a rigidez de pensamento. Não que menosprezasse a filosofia, claro que não, foi um estudioso de Kant, Hume, Mach e seu mais estimado filósofo, Espinoza, entre outros.

No que é talvez o mais revelador texto que escreveu sobre os princípios que guiaram sua vida, conhecido como *Autobiographical Notes* [Notas Autobiográficas], que apareceu no livro *Albert Einstein: Philosopher Scientist,* editado por Paul Arthur Schilpp, em 1949, Einstein escreve:

> É notável a relação recíproca que existe entre a epistemologia e a ciência. São dependentes uma da outra. A epistemologia sem contato com a ciência torna-se um esquema vazio. A ciência sem a epistemologia é – enquanto seja possível imaginar isso – primitiva e confusa.

9. Id., *Ideas and Opinions*, op. cit., p. 270.

Mais adiante, nesse mesmo livro, quando responde aos seus críticos, temos outra passagem notável e muito influente de Einstein:

> [...] [o cientista] parece (ao epistemologista) como sendo um realista enquanto busque descrever um mundo independente dos atos da percepção; como um idealista enquanto encare os conceitos e teorias como livres invenções do espírito humano (não derivadas logicamente a partir do que é empiricamente dado); como um positivista enquanto considere seus conceitos e teorias justificados apenas até o ponto em que forneçam uma representação lógica das relações entre as experiências sensoriais... Ele (cientista) deve, portanto, parecer-se, para o epistemologista sistemático, com um oportunista inescrupuloso.[10]

Se Einstein mudou ou não sua maneira de ver e entender a natureza do trabalho científico não é muito relevante para os dias de hoje, já que a maioria dos físicos atuais tomou emprestada dele a ideia de que "sabemos agora que a ciência não pode crescer somente a partir do empiricismo, que nas construções da ciência necessitamos a invenção livre que só posteriormente será confrontada com a experiência para atestar sua utilidade".[11] Esse parece ser hoje o credo dos físicos que trabalham na *teoria da moda*, as supercordas, que se distanciaram de tal maneira do

10. Id., *Albert Einstein: Philosopher Scientist*, Paul A. Schilpp (org.). Nova York: Cambridge University Press, 1970, p. 683.
11. Id., em prefácio de I. Newton, *Opticks*. Nova York: Dover, 1952.

fato empírico que parece que seu único critério de progresso e sucesso é uma presumida beleza matemática. Esquecem-se, porém, do outro Einstein, muito mais incômodo, o irredutível realista que, sendo um dos fundadores da teoria quântica, volta-se contra ela, acusando-a de não fornecer uma descrição completa da realidade.

Para Einstein, "a crença em um mundo externo independente do sujeito que o percebe é base de toda ciência natural".[12] Tal conceito de realidade está claramente em conflito com a teoria quântica, cuja natureza probabilística faz com que possamos, mesmo dispondo de toda informação possível sobre o estado de um sistema, apenas prever a probabilidade da ocorrência de um determinado valor da grandeza medida. Entretanto, o realismo de Einstein não é nada ingênuo; o que o preocupava na mecânica quântica, além da sua aversão pelo caráter probabilístico da teoria (é famoso o seu "Deus não joga dados com o universo"), é que nessa teoria a mera separabilidade espacial entre partes de um sistema já não garante a individuação dessas mesmas partes, "[...] se renunciamos à suposição de que aquilo que está presente em partes distintas do espaço tenha uma existência real e independente, então não vejo de forma alguma o que a física tenha a descrever".[13]

12. Id., "On the One Hundredth Anniversary of Maxwell's Birth" [1931], in *Ideas and Opinions*, p. 266.

13. Id., em carta a Max Born, *apud* D. Howard, *Einstein's Philosophy of Science*, 2004, disponível em: <plato.stanford.edu/entries/einstein-philscience>.

> Howard aponta para a essência do realismo de Einstein: "Realismo é portanto a tese da separabilidade espacial, a afirmação que a separação espacial é uma condição suficiente para a individuação dos sistemas físicos [...] e (na passagem de Einstein logo acima) posta quase como uma condição necessária para a possibilidade de uma ciência física inteligível".

Essa concepção de que a separabilidade espacial é indispensável para que se possa ter uma descrição completa da realidade ganha notoriedade no famoso trabalho de Einstein com dois de seus colaboradores, Boris Podolsky (1896-1966) e Nathan Rosen (1909-95, assistente de Einstein), de 1935, conhecido na comunidade física pela sigla EPR. Esse trabalho provocou uma forte e extensa resposta de Niels Bohr ainda em 1935 e a comunidade científica, mesmo não entendendo completamente os não muito claros argumentos de Bohr, declarou-o vencedor do debate, deixando Einstein numa posição de isolamento entre os físicos, posição essa da qual nunca mais saiu, ainda que isso não o incomodasse tanto. O teor da reação do estabelecimento científico ao trabalho EPR pode ser estimado por uma carta que Wolfgang Pauli (um dos pioneiros da mecânica quântica, seu *enfant terrible*, 1900-58) envia a Werner Heisenberg[14] (um dos fundadores da mecânica quântica, 1901-76), na qual, comentando sobre o EPR, escreve: "Einstein uma vez mais expressou-se publicamente

14. Cf. "Werner Heisenberg: renovando o entendimento da natureza", de Antonio F. R. de Toledo Piza, neste volume.

sobre a mecânica quântica [...] Como é bem conhecido, toda vez que isto ocorre é uma catástrofe".[15]

Einstein vai até o final da vida manter essa posição, de que a mecânica quântica não fornece uma descrição completa da natureza e que é tão somente uma teoria transitória, ainda que muito bem-sucedida. Sempre teve a esperança de que a teoria que viesse a superar a quântica traria de volta a noção de uma realidade existindo independentemente de quem a observa, bem como de uma aderência firme ao princípio da separabilidade como discutido acima. O grande mérito do famoso artigo EPR foi ter permitido ao físico irlândes John Steward Bell (1928-90) propor, numa penetrante análise de 1964, testes experimentais que possibilitaram distinguir entre teorias que satisfaçam às condições que Einstein exigia para uma descrição completa da natureza e a mecânica quântica. Todos os testes experimentais realizados até hoje indicam que Einstein estava errado e que a natureza é quântica e não segue o realismo defendido por ele.

A DIMENSÃO MORAL DE EINSTEIN

O legado de Einstein é difícil não apenas pelo que deixou como cientista e filósofo, a abrangência e originalidade do seu pensamento, o rigor aliado à paixão com que buscava seus objetivos, ilustrados de maneira dramática pelos exaustivos oito anos da construção da relatividade geral e os cinquenta anos que passou como crítico incisivo da teoria quântica, que ele

15. Wolfgang Pauli, *apud* W. Isaacson, p. 451.

mesmo havia ajudado a construir. Não menos difícil é seu legado como cidadão, como homem público, já que, diferentemente da absoluta maioria dos cientistas, líderes ou não em suas especialidades, Einstein não se ocultou, não usou como desculpa o quanto ocupado era com sua ciência para evitar comprometer-se social e politicamente, lutar contra injustiças, expor-se às críticas e colocar em risco sua própria carreira e bem-estar. Sua atitude com relação a não se calar perante as injustiças vem de muito antes de atingir o *status* de celebridade. Recém-empossado na Academia Prussiana, vê a Europa mergulhar na Primeira Grande Guerra em agosto de 1914 e para sua tristeza recebe um manifesto para assinar, intitulado "Apelo ao mundo culto", assinado por 93 grandes nomes da intelectualidade alemã, entre eles Max Planck, que Einstein tanto venerava. O manifesto afirmava ser a guerra necessária para manter a grandeza da Alemanha, "detentora do legado de Goethe, Beethoven e Kant". Einstein e um médico conhecido seu, de sobrenome Nicolai, escrevem um manifesto com o título "Manifesto aos europeus", no qual atacam a atitude belicista dos autores do primeiro manifesto. Einstein chegou a tentar, em vão, que Planck assinasse seu manifesto, que jamais circulou por falta de assinaturas.

Com a projeção internacional do seu nome, Einstein viu aí a possibilidade de usar sua fama para lutar de maneira mais efetiva pelos direitos humanos, contra o racismo, pelas liberdades civis. Em uma palestra dada em Chicago, em 1954, quando recebeu uma distinção por sua luta pelos direitos humanos, assim Einstein descreveu esse seu papel:

> [...] nunca fiz qualquer esforço sistemático para melhorar o destino dos seres humanos, para lutar contra as injustiças e a opressão e para melhorar as formas tradicionais da relações humanas. O único que fiz foi isto: em longos intervalos expressei minha opinião sobre temas públicos sempre que estes me parecessem estar em tão mal e desesperador estado que o silêncio me tornaria culpado por cumplicidade.
>
> "A existência e validez dos direitos humanos não estão escritos nas estrelas."[16]

Foram notáveis também suas manifestações contra o racismo, independentemente de sua ancestralidade judia, particularmente contra a discriminação racial sofrida pelos negros norte-americanos. Suas atividades políticas, sua preferência pelo socialismo, como indicada no artigo "Why Socialism", publicado no primeiro número da agora conhecida publicação marxista norte-americana *Monthly Review*, fizeram com que Einstein estivesse constantemente sob a vigília do Federal Bureau of Investigation (FBI).

Einstein, em 1934, no seu conhecido texto *Mein Weltbild* [*Como vejo o mundo*], escreveu: "O verdadeiro valor de um ser humano é determinado, acima de tudo, pelo alcance e significado atingidos na liberação de si mesmo". Yannis Ritsos, o grande poeta grego contemporâneo, escreveu no mesmo espírito: "A verdadeira estatura do ser humano é medida pelo metro da liberdade".

Poucos fizeram tanto jus ao uso desse padrão quanto Einstein.

16. Id., *Ideas and Opinions*, op. cit., p. 32.

EINSTEIN NO BRASIL: UMA INFLUÊNCIA TARDIA

Para que se possa avaliar a receptividade e crítica ao pensamento einsteiniano no Brasil, é necessário considerar o tardio aparecimento da universidade no país. Consequência da política colonial portuguesa, em forte contraste com a situação das colônias espanholas, que, por ocasião das guerras de independência, já sediavam mais de vinte universidades, o Brasil apenas possuía, ao final do Império, escolas de engenharia, de direito e medicina em algumas capitais de província. Somente em 1920 surge uma instituição com esse nome, a Universidade do Rio de Janeiro, criada pelo governo federal juntando a Escola Politécnica, a Faculdade de Direito e a Escola de Medicina, que seguiram funcionando de maneira autônoma, sem o espírito universitário. A primeira universidade brasileira que faz jus ao nome vem a ser a Universidade de São Paulo, fundada em 1934, mantida pelo governo estadual e concebida como uma instituição de ensino superior que abrigasse ensino e pesquisa em todas as áreas do conhecimento. Ou seja, temos um lapso de tempo de pelo menos quinze anos entre a revelação de Einstein ao mundo científico e o surgimento da primeira universidade brasileira, local onde se esperaria que pudesse surgir uma discussão crítica sobre a teoria da relatividade e a física quântica, centrais no pensamento einsteiniano. Embora não existissem universidades no Brasil em 1905 (relatividade especial) e 1915 (relatividade geral), havia alguma atividade intelectual em torno da física moderna que talvez não possa ser caracterizada como pesquisa, mas pelo menos estudos. Essa atividade ocorria principalmente nas escolas de engenharia de

São Paulo (Theodoro Ramos, 1895-1936), Rio de Janeiro (Manoel Amoroso Costa, 1885-1928 e Roberto Marinho de Azevedo) e Recife (Luis Freire, 1896-1963). Manoel Amoroso Costa foi autor do primeiro livro brasileiro sobre relatividade, em 1922 (com uma reedição em 1995 pela editora da UFRJ).

Como é bem conhecido, Einstein visitou a América do Sul em 1925, indo à Argentina, ao Uruguai e ao Brasil. No Brasil esteve apenas no Rio de Janeiro, onde deu palestras no Clube de Engenharia (sobre a relatividade especial), na Escola Politécnica (sobre a relatividade geral) e falou numa recepção que lhe foi oferecida na Academia Brasileira de Ciências (ABC), apresentando uma comunicação sobre desenvolvimentos recentes a respeito da natureza do fóton. A comunicação, manuscrita, foi deixada com membros da ABC e posteriormente publicada, em tradução para o português, no primeiro artigo do primeiro volume dos *Anais da Academia Brasileira de Ciências*. O manuscrito foi localizado em 1996 no Rio de Janeiro e sobre ele e a visita de Einstein ao Brasil recomenda-se a leitura de "Um manuscrito de Einstein no Brasil", de Alfredo Tiomno Tolmasquim e Castro Moreira, publicado no volume 21 de *Ciência Hoje*, em 1996.

Einstein foi combatido no Brasil pelos positivistas, e tanto Theodoro Ramos como Amoroso Costa, entre outros, defenderam o pensamento de Einstein contra os seus ataques.

Quando, finalmente, o Brasil começa a ter uma atividade científica organizada e sistemática dentro das universidades criadas nos anos 1930, as teorias da relatividade especial e geral já não são mais polêmicas, Einstein encontra-se definitivamente nos EUA e é agora visto como pitoresco, pela sua teimosa resistência à mecânica quântica e sua busca obstinada por uma teoria unificada, não quântica e geométrica, da gravitação com o eletromagnetismo. Para alguns, este autor incluído, a última palavra ainda não foi pronunciada!

REFERÊNCIAS E SUGESTÕES BIBLIOGRÁFICAS

WILHELM REICH: A CIÊNCIA COMO MILITÂNCIA

OBRAS DE WILHELM REICH CITADAS

WILHELM REICH, *A biopatia do câncer* [1948], trad. Maya Hantower. São Paulo: WMF Martins Fontes, 2009.

______. *Análise do caráter*, 4.ª ed., trad. Ricardo Amaral do Rego. São Paulo: Martins Fontes, 2001.

______. *Children of the Future: On the Prevention of Sexual Pathology* [1950], trad. Derek Jordan, Ince Jordan e Berverly Placzek. Nova York: Farrar, Straus and Giroux, 1984.

______. "Dialectical Materialism and Psychoanalysis", trad. A. Bostock, T. Dubose e L. Baxandall, in Wilhelm Reich, *Sexpol – Essays 1929-1934*. Nova York: Vintage Books, 1972.

______. "Libidinal Conflicts and Delusions in Ibsen's Peer Gynt", in Wilhelm Reich, *Early Writings*. Nova York: Farrar, Straus and Giroux, 1975, pp. 3-64.

______. *Paixão de juventude: uma autobiografia (1897-1922)*, trad. Cláudia Sant'Ana e Sâmia Rios. São Paulo: Brasiliense, 1996.

______. *People in Trouble* [1953], trad. Philip Schmitz. Nova York: Farrar, Straus and Giroux, 1976.

_____. *Psicologia de massa do fascismo*, trad. J. S. Dias. Porto: Escorpião, 1974.

_____. *Psicologia de massas do fascismo*, trad. Maria da Graça M. Macedo. São Paulo: Martins Fontes, s. d.

_____. *Selected Writings: An Introduction to Orgonomy* [1960]. Nova York: Farrar, Straus and Giroux, 1971.

_____. *A função do orgasmo*, trad. Maria da Glória Novak. São Paulo: Brasiliense, 1975.

OUTRAS REFERÊNCIAS

AILTON BEDANI, *Energética e epistemologia no nascimento da obra de Wilhelm Reich*. Dissertação de mestrado. São Paulo: Instituto de Psicologia, Universidade de São Paulo, 2007.

_____ & PAULO ALBERTINI, "Política e sexualidade na trajetória de Reich: Viena (1927-1930)". *Encontro: Revista de Psicologia*, n. 14, v. 11, 2006, pp. 62-77.

_____. "Política e sexualidade na trajetória de Reich: Berlim (1930-1933)". *Arquivos Brasileiros de Psicologia*, n. 2, v. 61, 2009. Disponível em: <www.psicologia.ufrj.br/abp/>.

ANDRÉ VALENTE DE BARROS BARRETO, *A revolução das paixões: os fundamentos da psicologia política em Wilhelm Reich*. São Paulo: Annablume/Fapesp, 2000.

CECÍLIA MARIA BOLÇAS COIMBRA, "Desenvolvimento sociocultural e político (60-80) e meios psicoterápicos", in Selma Ciornai (org.), *Gestalt-Terapia, Psicodrama e Terapias Neo-Reichianas no Brasil: 25 anos depois*. São Paulo: Ágora, 1995, pp. 53-63.

_____. *Gerentes da ordem: Algumas práticas "Psi" nos anos 70 no Brasil*. Tese de doutorado. São Paulo: Instituto de Psicologia, Universidade de São Paulo, 1992.

CLÁUDIO MELLO WAGNER, *A transferência na clínica reichiana*. São Paulo: Casa do Psicólogo, 2003.

______. *Freud e Reich – Continuidade ou ruptura?* São Paulo: Summus Editorial, 1996.

______. "Reich e a terapia psicorporal", in Paulo Albertini & Laura de Freitas Villares, *Jung e Reich: articulando conceitos e práticas*. Rio de Janeiro: Guanabara Koogan, 2009, pp. 148-57.

DAVID BOADELLA, *Nos caminhos de Reich* [1977], trad. Elisane Reis Barbosa Rebelo, Maria Silvia Mourão Netto e Ibanez de Carvalho Filho. São Paulo: Summus, 1985.

ELISABETH ROUDINESCO & MICHEL PLON, *Dicionário de psicanálise* [1997], trad. Vera Ribeiro e Lucy Magalhães. Rio de Janeiro: Zahar, 1998.

ERNEST JONES, *Vida e obra de Sigmund Freud*, trad. M. A. M. Mattos. Rio de Janeiro: Zahar, 1979.

ETIENNE DE LA BOÉTIE, *Discurso da servidão voluntária*, trad. Laymert Garcia dos Santos. São Paulo: Brasiliense, 1982.

HENRIQUE JOSÉ LEAL FERREIRA RODRIGUES, *A relação entre o corpo e a mente nos escritos de Freud, Lacan e Reich: do fenômeno psicossomático à unidade soma-psyché*. Dissertação de mestrado. Rio de Janeiro: Universidade Federal do Rio de Janeiro, 2008.

ILSE OLLENDORFF REICH, *Wilhelm Reich: Una biografía personal*, trad. Julio Crespo. Barcelona: Gedisa, 1978.

JEAN LAPLANCHE & JEAN-BERTRAND PONTALIS, *Vocabulário da psicanálise* [1967], trad. Pedro Tamen. São Paulo: Martins Fontes, 1983.

JOÃO RODRIGO OLIVEIRA SILVA, *O desenvolvimento da noção de caráter no pensamento de Reich*. Dissertação de mestrado. São Paulo: Instituto de Psicologia, Universidade de São Paulo, 2001.

LUZIA MARTA BELLINI, *Afetividade e cognição: o conceito de autorregulação como mediador da atividade humana em Reich e Piaget*. Tese de doutorado. São Paulo: Instituto de Psicologia, Universidade de São Paulo, 1993.

MARCEL MAUSS, "As técnicas corporais" [1936], in Marcel Maus, *Sociologia e antropologia*, v. II, trad. Lamberto Puccinelli. São Paulo: E.P.U./Edusp, 1974, pp. 209-33.

MARCUS VINICIUS CÂMARA, *Reich: grupos e sociedade*. Rio de Janeiro: Annablume, 2009.

MARY HIGGINS & CHESTER RAPHAEL (orgs.), *Reich fala de Freud* [1967], trad. Bernardo de Sá Nogueira. Lisboa: Moraes Editores, 1979.

MYRON SHARAF, *Fury on Earth*. Londres / Melbourne / Sydney / Auckland / Johannesburg: Hutchinson, 1984.

NICOLAU JOSÉ MALUF JUNIOR, "Reich e a Orgonomia", in Paulo Albertini & Laura Villares de Freitas, *Jung e Reich: articulando conceitos e práticas*. Rio de Janeiro: Guanabara Koogan, 2009, pp. 158-73.

PAULO ALBERTINI, *Reich: história das ideias e formulações para a educação*. São Paulo: Ágora, 1994.

______. "A sexualidade e o processo educativo: uma análise inspirada no referencial reichiano", in Julio Groppa Aquino, *Sexualidade na escola: alternativas teóricas e práticas*. São Paulo: Summus, 1997, pp. 53-70.

______. "Reich e a possibilidade do bem-estar na cultura". *Psicologia* USP, n. 2, v. 14, 2003, pp. 61-89.

______ & FLÁVIA ZANNI SIQUEIRA, & LUCIANO APARECIDO TOMÉ & TÂNIA MACHADO LISBOA, "Reich e o movimento de higiene mental". *Psicologia em Estudo*, n. 2, v. 12, 2007, pp. 393-401.

RICARDO AMARAL REGO, *Psicanálise e biologia: uma discussão da pulsão de morte em Freud e Reich*. Tese de doutorado. São Paulo: Instituto de Psicologia, Universidade de São Paulo, 2005a.

______. "Reich e o paradigma pulsional freudiano", in Paulo Albertini (org.) *Reich em diálogo com Freud: estudos sobre psicoterapia, educação e cultura*. São Paulo: Casa do Psicólogo, 2005, pp. 59-87.

REGINA FAVRE, "Terapias neo-reichianas", in Selma Ciornai (org.), *Gestalt-Terapia, Psicodrama e Terapias Neo-Reichianas no Brasil: 25 anos depois*. São Paulo: Ágora, 1995, pp. 41-51.

RICARDO CARIELLO ALMEIDA, "Pós-modernidade e perversão". *Pensamento reichiano em revista*, ano II, n. 2, 2007, pp. 147-64.

______. "Pós-modernidade e perversão II". *Pensamento reichiano em revista*, ano III, n. 3, 2008, pp. 69-86.

ROGER DADOUN, *Cien flores para Wilhelm Reich*, trad. Ricardo Pochtar. Barcelona: Anagrama, 1978.

SARA QUENZER MATTHIESEN, *A educação em Wilhelm Reich: da psicanálise à pedagogia econômico-sexual*. São Paulo: Unesp, 2005.

______. *Organização bibliográfica da obra de Wilhelm Reich: bases para o aprofundamento em diferentes áreas do conhecimento*. São Paulo: Fapesp/Annablume, 2007.

SELMA CIORNAI (org.), *Gestalt-terapia, psicodrama e terapias neo-reichianas no Brasil: 25 anos depois*. São Paulo: Ágora, 1995.

SÉRGIO PAULO ROUANET, *Teoria crítica e psicanálise*. Rio de Janeiro: Tempo Brasileiro, 1986.

SIGMUND FREUD, *El malestar en la cultura. Sigmund Freud: Obras completas*. Madri: Biblioteca Nueva, tomo III, 1973, pp. 3017-67.

______. *La moral sexual "cultural" y la nerviosidad moderna* [1908]. *Sigmund Freud: Obras completas*. Madri: Biblioteca Nueva, tomo II, 1973, pp. 1249-61.

______. *Psicología de las masas y análisis del yo* [1921]. *Sigmund Freud: Obras completas*. Madri: Biblioteca Nueva, tomo III, 1973, pp. 2563-610.

SIMONE APARECIDA RAMALHO, *Psicologia de massa do fascismo: Reich e o desenvolvimento do pensamento crítico*. Dissertação de mestrado. São Paulo: Instituto de Psicologia, Universidade de São Paulo, 2001.

______. *Uma alegria subversiva: o que se aprende em uma escola de samba?* Tese de doutorado. São Paulo: Instituto de Psicologia, Universidade de São Paulo, 2010.

WALTER BRIEHL, "Wilhelm Reich (1897-1957): Análise do caráter", in Franz Alexander & Samuel Eisenstein & Martin Grotjahn (orgs.), *A história da psicanálise através dos seus pioneiros* [1966], v. 2, trad. Maria Camargo Celedônio, Eudoro Macieira de Souza. Rio de Janeiro: Imago, 1981, pp. 480-88.

Wilhelm Reich: Biographical material – History of the discovery of the life energy. Rangely, Maine: Orgone Institute Press, 1953.

JUNG E A RELAÇÃO COM O DIFERENTE

OBRAS E TEXTOS DE JUNG CITADOS

C. G. JUNG, *Aion: Estudos sobre o simbolismo do si-mesmo*, trad. Mateus Ramalho Rocha. *Obras completas*, v. 9/2. Petrópolis: Vozes, 1988.

_____ & F. RIKLIN, "As associações dos sujeitos normais" [1906], in C. G. Jung *Estudos experimentais*, trad. Lúcia Mathilde Endlich Orth. *Obras completas*, v. 2. Petrópolis: Vozes, 1995.

_____. "A função transcendente" [1916], in *A natureza da psique*, trad. Mateus Ramalho Rocha. *Obras completas*, v. 8/2. Petrópolis: Vozes, 2000.

_____. "A psicologia da demência precoce" [1907], in *A psicogênese das doenças mentais*. *Obras completas*, v. 3. Petrópolis: Vozes, 1986.

_____. *A vida simbólica*, trad. Edgar Orth. *Obras completas*, v. 18. Petrópolis: Vozes, 2000.

_____. *Cartas*, trad. Edgar Orth. Petrópolis: Vozes, 2002.

_____. "Comentário a 'O segredo da flor de ouro'" [1929/1938], in *Estudos alquímicos*, trad. Dora Mariana Ferreira da Silva. *Obras completas*, v. 13. Petrópolis: Vozes, 2003.

_____. "Instinto e inconsciente" [1919/1948], in *A natureza da psique*, trad. Mateus Ramalho Rocha. *Obras completas*, v. 8/2. Petrópolis: Vozes, 2000.

_____. *O Livro vermelho*, trad. Edgar Orth. Petrópolis: Vozes, 2010. E sua versão em inglês: *The Red Book*, Sonu Shamdasani (org.). Nova York: W. W. Norton & Company, 2009.

_____. *Mysterium coniunctionis* [1954], trad. Valdemar do Amaral. *Obras completas*, v. 14. Petrópolis: Vozes, 1997.

_____. *Memórias, sonhos, reflexões* [1961], trad. Dora Mariana Ferreira da Silva. Rio de Janeiro: Nova Fronteira, 1978.

______. *O espírito na arte e na ciência*, trad. Maria de Morais Barros. *Obras completas*, v. 15. Petrópolis: Vozes, 1987.

______. "Paracelso, um fenômeno espiritual" [1931/1938/1942], in *Estudos alquímicos*, trad. Dora Mariana Ferreira da Silva. *Obras completas*, v. 13. Petrópolis: Vozes, 2002.

______. "Problemas da psicoterapia moderna" [1931], in *A prática da psicoterapia*, trad. Maria Luiza Appy. *Obras completas*, v. 16/1. Petrópolis: Vozes, 1981, pp. 69-70.

______. "Prólogo aos 'Estudos sobre a psicologia de C. G. Jung', de Toni Wolff" [1959], in *Psicologia em transição*, trad. Lúcia Mathilde Endlich Orth. *Obras completas*, v. 10. Petrópolis: Vozes, 1993.

______. *Psicologia da religião ocidental e oriental*. *Obras completas*, v. 11. Petrópolis: Vozes, 1980.

______. "A psicologia da transferência" [1946], in *Ab-reação, análise dos sonhos, transferência*, trad. Maria Luiza Appy. *Obras completas*, v. 16/2. Petrópolis: Vozes, 1999.

______. "Psicologia e alquimia" [1944], in *Psicologia e alquimia* [1953], trad. Maria Luiza Appy, Margaret Makray e Dora Mariana Ribeiro Ferreira da Silva. *Obras completas*, v. 12. Petrópolis: Vozes, 1991.

______. "Psicologia e psicopatologia dos fenômenos chamados ocultos" [1902], in id., *Estudos psiquiátricos*, trad. Lúcia Mathilde Endlich Orth. *Obras completas*, v. 1. Petrópolis: Vozes, 1993.

______. *Símbolos de transformação* [1913], trad. Eva Stern. *Obras completas*, v. 5. Petrópolis: Vozes, 1986.

______. *Tipos psicológicos* [1921], trad. Lúcia Mathilde Endlich Orth. *Obras completas*, v. 6. Petrópolis: Vozes, 1991.

OUTRAS REFERÊNCIAS

ANDREW SAMUELS, *Jung e os pós-junguianos* [1985], trad. Eva Lucia Salm. Rio de Janeiro: Imago, 1989.

ARNALDO MOTTA, *Psicologia analítica no Brasil: contribuições para sua história*. Dissertação de mestrado em psicologia social. São Paulo: PUC-SP, 2005.

BARBARA HANNAH, *Jung: vida e obra – uma memória biográfica* [1981], trad. Alceu Fillmann. Porto Alegre: Artmed, 2003.

SIGMUND FREUD, *A interpretação dos sonhos* [1900], trad. Walderedo Ismael de Oliveira. *Obras completas*, vols. 4 e 5. Rio de Janeiro: Imago, 2006.

GEORG LUKÁCS: AUTONOMIA E HETERONOMIA DA ARTE

OBRAS DE G. LUKÁCS CITADAS

G. LUKÁCS, *Arte e sociedade: Escritos estéticos* [1932-1967], trad. e org. Carlos Nelson Coutinho e José Paulo Netto. Rio de Janeiro: Editora UFRJ, 2009.

______. *Entretiens avec Lukács*. Paris: François Maspero, 1969.

______. *La Théorie du roman*. Paris: Éditions Denoël, 1968 [ed. bras.: A teoria do romance, 2ª ed., trad. José Marcos Mariani de Macedo. São Paulo: Editora 34/Duas cidades, 2009].

______. *Die Seele und die Formen*. Berlim: Luchterhand, 1971.

______. *Heidelberger Philosophie der Kuns*t [1912-14]. Berlim: Luchterhand, 1974

______. *Pensée vécue, mémoires parlés*. Paris: L'Arche Éditeur, 1986 [ed. bras.: *Pensamento vivido: autobiografia em diálogo*, trad. Cristina Alberta Franco. São Paulo/Minas Gerais: Ad Hominem/UFU, 1999].

OUTRAS REFERÊNCIAS

CELSO FREDERICO, "Presença e ausência de Lukács", in R. Antunes & A. L. Rego (orgs.), *Lukács, um Galileu no século XX*. São Paulo: Boitempo, 1996.

LUCIEN GOLDMANN, "Introduction aux premiers écrits de Georges Lukács", in G. Lukács. *La Théorie du roman*. Paris: Éditions Denoël, 1968.

NICOLAS TERTULIAN, *Georg Lukács, etapas de seu pensamento estético*, trad. Renira Lisboa de Moura Lima. São Paulo: Unesp, 2008.

PERRY ANDERSON, *Considerações sobre o marxismo ocidental*. São Paulo: Brasiliense, 1999.

ROSA LUXEMBURGO: NO PRINCÍPIO ERA A AÇÃO

OBRAS DE ROSA LUXEMBURGO SUGERIDAS E CITADAS

ROSA LUXEMBURGO, *A acumulação do capital*. São Paulo: Nova Cultural, 1985.

______. *Gesammelte Briefe* 5. Berlim: Dietz Verlag, 1984.

______. *Introdução à economia política*. São Paulo: Martins Fontes, s/d.

______. *Textos escolhidos*. São Paulo: Expressão Popular, 2009.

______. *Reforma ou revolução?* São Paulo: Expressão Popular, 1999.

SOBRE ROSA LUXEMBURGO

CLAUDIE WEILL & GILBERT BADIA (orgs.), *Rosa Luxemburg aujourd'hui*. Paris: Presses Universitaires de Vincennes, 1986.

ELZBIETA ETTINGER, *Rosa Luxemburgo*. Rio de Janeiro: Zahar, 1989.

FELIKS TYCH, "Die Revolution von 1905-1907 – Zur Entwicklung der politischen Philosophie Rosa Luxemburgs", in T. Bergmann & J. Rojahn & F. Weber (orgs.), *Die Freiheit der Anderdenkenden – Rosa Luxemburg und das Problem der Demokratie*. Hamburgo: VSA-Verlag, 1995.

FRIGGA HAUG, *Rosa Luxemburg und die Kunst der Politik*. Hamburgo: Argument Verlag, 2007.

HANNAH ARENDT, "Rosa Luxemburgo", in *Homens em tempos sombrios*, São Paulo: Companhia das Letras, 1987.

ISABEL LOUREIRO, *Rosa Luxemburg, os dilemas da ação revolucionária*. São Paulo: Editora Unesp, 1995, 2.ª ed., 2004.

______ (org.). *Socialismo ou barbárie. Rosa Luxemburgo no Brasil*. São Paulo: Rosa-Luxemburg-Stiftung, 2008.

JÖRN SCHÜTRUMPF, *Rosa Luxemburg ou o preço da liberdade*. São Paulo: Expressão Popular/RLS, 2006.

MÁRIO PEDROSA, *A crise mundial do imperialismo e Rosa Luxemburgo.* Rio de Janeiro: Civilização Brasileira, 1979.

MICHAEL LÖWY, "A significação metodológica da palavra de ordem 'Socialismo ou barbárie'", in *Método dialético e teoria política.* São Paulo: Paz e Terra, 1989.

______. "Rosa Luxemburgo", in M. Löwy, *Método dialético e teoria política.* São Paulo: Paz e Terra, 1989.

______. "Rosa Luxemburgo", in M. Löwy & R. Sayre. *Revolta e melancolia – o romantismo na contramão da modernidade.* Petrópolis: Vozes, 1995.

OSKAR NEGT, "Rosa Luxemburgo e a renovação do marxismo", in Eric Hobsbawm (org.), *História do marxismo*, v. 3, Rio de Janeiro: Paz e Terra, 1984.

O. LUBAN, *Rosa Luxemburgs Demokratiekonzept.* Leipzig: Rosa-Luxemburg-Stiftung Sachsen, 2008.

PAUL SINGER, "Apresentação", in *Rosa Luxemburg – A acumulação do capital.* São Paulo: Nova Cultural, 1985.

"Rosa Luxemburg como marxista", in *Historia y conciencia de clase.* México: Grijalbo, 1969.

OUTRAS REFERÊNCIAS

CARL E. SCHORSKE, *German Social-Democracy*: 1905-1917. Londres/ Massachusetts: Harvard University Press, 1983.

DAVID HARVEY, *O novo imperialismo* [2003], trad. Adail Ubirajara Sobral. São Paulo: Loyola, 2004.

IMMANUEL WALLERSTEIN, "Uma política de esquerda para o século XXI? Ou teoria e práxis novamente", in Isabel Loureiro & José Corrêa Leite & Maria Elisa Cevasco (orgs.), *O espírito de Porto Alegre.* São Paulo: Paz e Terra, 2002.

ISABEL LOUREIRO, *A revolução alemã* [1918-1923], São Paulo: Unesp, 2005.

J. HABERMAS, *Théorie et pratique*. Paris: Payot, 1975.

KARL MARX/FRIEDRICH ENGELS, *Manifesto do Partido Comunista*, trad. Leandro Konder e Marcos Aurélio Nogueira. Petrópolis: Vozes, 1988.

MICHAEL LÖWY & SAMI NAIR, *Lucien Goldmann ou a dialética da totalidade*, trad. Wanda Caldeira Brant. São Paulo: Boitempo, 2008.

PAUL SINGER, "Mário Pedrosa e a vanguarda socialista", in Marques Neto (org.), *Mário Pedrosa e o Brasil*. São Paulo: Fundação Perseu Abramo, 2001.

OSSIP K. FLECHTHEIM, *Rosa Luxemburg zur Einfuhrung*. Hamburgo: Junius Verlag, 1986.

THEODOR W. ADORNO, *Dialéctica negativa*. Madri: Taurus, 1989.

WALTER BENJAMIN, "Sobre o conceito de história", in *Obras escolhidas*. São Paulo: Brasiliense, 1986.

OBRAS DE ERICH AUERBACH EM PORTUGUÊS

ERICH AUERBACH, *Mimesis – A representação da realidade na literatura ocidental*, trad. equipe Perspetiva. São Paulo: Perspectiva, 1971 (várias reedições e reimpressões).

_____. *Dante como poeta do mundo secular*. Rio de Janeiro: Topbooks, 1997.

_____. *Ensaios de literatura ocidental*, trad. Samuel Titan Jr. São Paulo: Editora 34, 2007.

_____. *Figura*, trad. Duda Machado. São Paulo: Ática, 1997.

_____. *Introdução aos estudos literários*, trad. José Paulo Paes. São Paulo: Conselho Estadual de Cultura/Cultrix, 1970.

SOBRE ERICH AUERBACH

JOÃO CÉZAR DE CASTRO ROCHA & JOHANNES KRETSCHMER (orgs.), *Fortuna crítica de Erich Auerbach*. Rio de Janeiro: UERJ, s.d.

LEOPOLDO WAIZBORT, *A passagem do três ao um: crítica literária – sociologia – filologia*. São Paulo: Cosac Naify, 2007.

LUIZ COSTA LIMA, "Auerbach: história e meta-história", in *Sociedade e discurso ficcional*. Rio de Janeiro: Editora Guanabra, 1986.

_____. *Vida e mimesis*. São Paulo: Editora 34, 1995.

_____. "Erich Auerbach sociólogo". Disponível em: <www.scielo.br>.

V Colóquio UERJ: *Erich Auerbach*. Rio de Janeiro: Imago, 1995.

OBRAS DE ERICH AUERBACH CITADAS EM ALEMÃO

ERICH AUERBACH, *Mimesis – Dargestellte Wirklichkeit in der abendländische Literatur*. Berna: Francke, 1946.

_____. *Literatursprache und Publikum in der lateinischen Spätantike und im Mittelalter*. Berna: Francke, 1958.

WITTGENSTEIN E A LÓGICA DA APRESENTAÇÃO DO MUNDO

OBRAS DE LUDWIG WITTGENSTEIN CITADAS EM ALEMÃO

LUDWIG WITTGENSTEIN, *Philosophische Untersuchungen. Schriften*, v. 1. Frankfurt am Main: Suhrkamp, 1960.

______. *Philosophische Grammatik. Schriften*, v. 4. Frankfurt am Main: Suhrkamp, 1969.

______. *Tractatus Logico-Philosophicus. Schriften*, v. 1. Frankfurt am Main: Suhrkamp, 1960.

KARL POPPER: AS VICISSITUDES DA RAZÃO

OBRAS DE KARL POPPER CITADAS

KARL POPPER, *Conjectures and Refutations*. Londres: Routledge, 1998.

______. *Lógica das ciências sociais*, trad. Estevão Martins. Brasília: UnB, 1978.

______. *Die beiden Grundprobleme der Erkenntnistheorie*. Tübingen: Mohr, 1979.

______. *Postscript to the "Logic of Scientific Discovery"*. Nova York: Hutchinson, 1983.

______. "Remarks on the Problems of Demarcation and Induction", in I. Lakatos e A. Alan Musgrave (orgs.), *Problems in the Philosophy of Science*. Amsterdã: North-Holland, 1968, pp. 94-97.

______ & J. C. ECCLES, *O eu e seu cérebro*, 2ª ed., trad. Sílvio M. Garcia, Helena C. F. Arantes, Aurélio C. de Oliveira. Brasília/Campinas: UnB/Papirus, 1995.

______. *The Open Society and its Enemies*. Londres: Routledge, 1945.

______. *The World of Parmenides: Essays on the Presocratic Enlightenment*. Londres: Routledge, 1997.

OUTRAS REFERÊNCIAS

CARL E. SCHORSKE, *Fin-de-siècle Vienna*. Nova York: Vintage, 1981.

DARIO ANTISERI, *La Vienne de Popper*. Paris: PUF, 2004.

EDUARDO NEIVA, *O racionalismo crítico de Popper*. Rio de Janeiro: Francisco Alves, 1999.

GEORGE F. KNELLER, *A ciência como atividade humana*, trad. Antônio José de Souza. São Paulo: Zahar/Edusp, 1980.

IMRE LAKATOS & ALAN MUSGRAVE (orgs.), *Criticism and the Growth of Knowledge*. Cambridge: Cambridge University Press, 1970.

JOHN GRAY, *Straw Dogs: Thoughts on Humans and other Animals*. Londres: Granta, 2002.

JOSEPH AGASSI, *Science in Flux*. Berlim: Springer, 1975.

JÜRGEN HABERMAS, *Theorie und Praxis: Sozialphilosophische Studien*. Frankfurt em Main: Suhrkamp, 2000.

LUÍS ALBERTO PELUSO, *A filosofia de Karl Popper*. Campinas: Papirus / Puccamp, 1995.

MALACHI HAIM HACOHEN, *Karl Popper: The Formative Years 1902-1945*. Cambridge: Cambridge University Press, 2000.

PAUL ARTHUR SCHILPP, *The Philosophy of Karl Popper*. La Salle: Open Court, 1974.

PAUL K. FEYERABEND, *Against Method*. Londres: Verso, 1996.

RENÉ DESCARTES, *O discurso do método*, trad. Jacob Guinsburg e Bento Prado Jr. São Paulo: Abril, 1973.

SÉRGIO L. DE C. FERNANDES, *Foundations of Objective Knowledge: The Relations of Popper's Theory of Knowledge to that of Kant*. Dordrecht: Kluwer, 1985.

WILSON JOHN P. MENDONÇA, *Conhecimento e ação: uma leitura de Popper*. São Paulo/Rio de Janeiro: Loyola / PUC-RJ, 1981.

THOMAS S. KUHN, "Logic of Discovery or Psychology of Research?", in Imre Lakatos & Alan Musgrave, *Criticism and the Growth of Knowledge*. Cambridge: Cambridge University Press, 1970.

WERNER HEISENBERG: RENOVANDO O ENTENDIMENTO DA NATUREZA

OBRAS E TEXTOS DE WERNER HEISENBERG CITADOS

WERNER HEISENBERG, *A parte e o todo* [1971], trad. Vera Ribeiro. Rio de Janeiro: Contraponto, 1996.

______. & ABDUS SALAM, & PAUL A. M. DIRAC, *A unificação das forças fundamentais* [1990], trad. Maria Luiza X. de A. Borges. Rio de Janeiro: Zahar, 1993.

______. *Física e filosofia*. Brasília: UnB, 1981.

______. "Über quantentheoretische Umdeutung kinematischer und mechanischer Beziehungen", *Zeitschrift für Physik*, v. 33, Berlim, 1925.

______. "Über den anschaulichen Inhalt der quantentheoretischen Kinematik und Mechanik", *Zeitschrift für Physik*, v. 43, Berlim, 1927.

OUTRAS REFERÊNCIAS

ABRAHAM PAIS, *Niels Bohr's Times*. Oxford: Clarendon Press, 1991.

ALBERT EINSTEIN & BORIS PODOLSKI & NATHAN ROSEN, "Can Quantum-mechanical Description of Physical Reality Be Considered Complete?", *Physical Review*, v. 47, Nova York, 1935.

ANTHONY LEGGETT, "Non-local Hidden-variable Theories and Quantum Mechanics: An Incompatibility Theorem", *Foundations of Physics*, v. 33, Berlim, Heidelberg, Nova York, 2003.

______. "Testing the Limits of Quantum Mechanics: Motivation, State of Play, Prospects", *Journal of Physics: Condensed Matter*, v. 14, Bristol, Philadelphia, 2002.

CARL ECKART, "Operator Calculus and the Solution of the Equations of Quantum Dynamics", *Physical Review*, v. 28, Nova York, 1926.

EDWARD NELSON, "Space, Time, Chance". Disponível em: <www.math.princeton.edu/~nelson/papers/cti.html>.

ERWIN SCHRÖDINGER, "Probability Relations Between Separated Systems", *Proceedings of the Cambridge Philosophical Society*, v. 32, Cambridge, 1936.

______. "Quantisierung als Eigenwertproblem (Erste Mitteilung)", *Annalen der Physik*, v. 79, Berlim, 1926.

______. "Über das Verhältnis der Heisenberg-Born-Jordanshen Quantenmechanik zu der meinen", *Annalen der Physik*, v. 79, Berlim, 1926.

J. S. BELL, *Speakable and Unspeakable in Quantum Mechanics*. Cambridge: Cambridge University Press, 1987.

MARIO MARISCOTTI, *El secreto atómico Huemul: Crónica del origen de la energía atómica en la Argentina*. Buenos Aires: Sudamericana/Planeta, 1985.

MAX BORN & PASCUAL JORDAN, "Zur Quantenmechanik", *Zeitschrift für Physik*, v. 34, Berlim, 1925.

______. "Zur Quantenmechanik der Stoßvorgänge", *Zeitscrift für Physik*, v. 37, Berlim, 1926.

NATHANIEL DAVID MERMIN, "Bringing Home the Atomic World: Quantum Mysteries for Anybody", *American Journal of Physics*, v. 49, 940, 1981.

NIELS BOHR, "Can Quantum-mechanical Description of Physical Reality Be Considered Complete?", *Physical Review*, v. 48, Nova York, 1935.

PAUL A. M. DIRAC, "On the Theory of Quantum Mechanics", *Proceedings of the Royal Society of London*, Series A 112, Londres, 1926.

S. GRÖBLACHER et al., "An Experimental Test of Non-local Realism", *Nature*, v. 446, 2007.

RICHARD FEYNMAN & ROBERT LEIGHTON & MATTHEW SANDS, *The Feynman Lectures on Physics*, v. 3, Boston, 1964.

OUTRAS OBRAS RECOMENDADAS

DAVID C. CASSIDY, *The Life and Science of Werner Heisenberg*. Nova York: W. H. Freeman and Co., 1992.

______. *Beyond Uncertainty*. Nova York: Bellevue Literary Press, 2009.

ELIZABETH HEISENBERG, *A vida política de um apolítico*. São Paulo: Ars Poética Editora, 1995.

O DIFÍCIL LEGADO DE EINSTEIN

As duas melhores fontes para os escritos de Einstein sobre metodologia científica, filosofia e sua visão do mundo, infelizmente, não estão traduzidas para o português. São elas:

PAUL ARTUR SCHILPP (org.), *Albert Einstein: Philosopher Scientist.* Nova York: Mjf Books, The Library of Living Philosophers, v. 7, 1949. Destaque para os capítulos "Autobiographical Notes" e "Reply to Criticism".

ALBERT EINSTEIN, *Ideas and Opinions.* Nova York: Three River Press, 1954.

Felizmente várias biografias de Einstein já se encontram traduzidas para o português em edições brasileiras, entre elas:

WALTER ISAACSON, *Einstein: sua vida, seu universo.* São Paulo: Companhia das Letras, 2007. (Sua edição americana também foi citada: Walter Isaacson, *Einstein: His Life and Universe.* Nova York: Simon & Schuster, 2004.)

THOMAS LEVENSON, *Einstein em Berlim.* Rio de Janeiro: Objetiva, 2003.

ABRAHAM PAIS, *Sutil é o senhor: A ciência e a vida de Albert Einstein.* Rio de Janeiro: Nova Fronteira, 1995.

______. *Einstein viveu aqui.* Rio de Janeiro: Nova Fronteira, 1997.

Uma excelente compilação comentada sobre a literatura de e sobre Einstein em português pode ser acessada em: <www.sbfisica.org.br/fne/Vol6/Num1/canone.pdf>.

SOBRE A VISITA DE EINSTEIN À AMÉRICA DO SUL, CONSULTAR:

ALFREDO TIOMNO TOLMASQUIM, *Einstein: O viajante da relatividade na América do Sul*. Rio de Janeiro: Vieira e Lent, 2003.

______ & I. C. MOREIRA, *Um manuscrito de Einstein no Brasil*, *Ciência Hoje*, v. 21, #124, outubro de 1996.

D. Howard (2004), *Einstein's Philosophy of Science* apresenta uma análise bastante penetrante e atual da *Filosofia da Ciência de Einstein* que pode ser acessada na Stanford Encyclopedia of Philosophy: <plato.stanford.edu/entries/einstein-philscience/>.

SOBRE OS AUTORES

JORGE DE ALMEIDA

Doutor em filosofia e professor do Departamento de Teoria Literária e Literatura Comparada da FFLCH-USP. Autor de *Crítica dialética em Theodor Adorno* (2007).

WOLFGANG BADER

Diretor executivo do Goethe-Institut São Paulo e diretor regional do mesmo instituto para a América do Sul. Foi professor de literatura e língua alemã na UFRJ e na UnB. Organizou as coletâneas *Brecht no Brasil: experiências e influências* (1987) e *Com raiva e paciência* (1985), de Hans Magnus Enzersberger.

PAULO ALBERTINI

Doutor em psicologia pelo Instituto de Psicologia da USP e professor na mesma instituição. Coorganizador de *Jung e Reich: articulando conceitos e práticas* (2009) e organizador de *Reich em diálogo com Freud: estudos sobre psicoterapia, educação e cultura* (2005).

LAURA VILLARES DE FREITAS

Doutora em psicologia pelo Instituto de Psicologia da USP e professora na mesma instituição. Atua também como psicóloga em consultório com psicoterapia e análise junguianas. Membro da International Association for Analytical Psycology e coorganizadora de *Jung e Reich: articulando conceitos e práticas* (2009).

ARLENICE ALMEIDA DA SILVA

Doutora em filosofia pela FFLCH-USP e professora adjunta na Unifesp. Colaborou em *Kant e kantismo: heranças interpretativas* (2009).

ISABEL LOUREIRO

Doutora em filosofia pela FFLCH-USP e professora da Unesp. Preside atualmente o Instituto Rosa Luxemburgo Stiftung. Autora de *A revolução alemã* (2005) e *Rosa Luxemburg: os dilemas da ação revolucionária* (2004), entre outros. Organizou *Cultura e psicanálise* (2001) e *A grande recusa hoje* (1999), de Herbert Marcuse, bem como *Textos escolhidos*, em dois volumes, e *Cartas* (2012), de Rosa Luxemburgo.

LEOPOLDO WAIZBORT

Formado em ciências sociais pela USP (1987), onde continuou estudando: mestre com uma dissertação sobre T. W. Adorno (1992), doutor com uma tese sobre Georg Simmel (1996), livre-docente com uma tese sobre Auerbach e Antonio Candido (2003). Desde 1997 é professor do departamento de sociologia da FFLCH-USP. Publicou, além de artigos e traduções, dois livros: *As aventuras de Georg Simmel* (2000, 2.ª ed. 2006) e *A passagem do três ao um: crítica literária – sociologia – filologia* (2007). É pesquisador do CNPq.

JOSÉ ARTHUR GIANNOTTI

Doutor em filosofia pela FFLCH-USP e professor emérito da mesma instituição. Membro do Cebrap. Autor de *Lições de filosofia primeira* (2011), *O jogo do belo e do feio* (2005) e *Certa herança marxista* (2000), entre outros.

JÉZIO HERNANI BOMFIM GUTIERRE

Doutor em filosofia pela Unicamp e professor assistente doutor da Unesp. Organizou *Escritos sobre ciência e religião* (2009), de Thomas Henry Huxley.

ANTÔNIO F. R. DE TOLEDO PIZA

Doutor em física pelo Massachusetts Institute of Technology e professor titular aposentado do Instituto de Física da USP. Publicou artigos em *Annals of Physics*, *Nuclear Physics* e na *Revista Brasileira de Física*.

CARLOS O. ESCOBAR

Professor titular do Instituto de Física da Unicamp, nasceu em São Paulo em 1948. Formou-se em física pela Universidade de São Paulo em 1971, mestrado pelo Instituto de Física Teórica, São Paulo, em 1974, e doutorado em física teórica pelo Department of Applied Mathematics and Theoretical Physics, University of Cambridge, Inglaterra, em 1978. Sua área de pesquisa é a física de altas energias com aceleradores e raios cósmicos.

ÍNDICE ONOMÁSTICO

EDIÇÃO Milton Ohata
ASSITENTE EDITORIAL Ana Paula Martini
PREPARAÇÃO Luciana Araújo
REVISÃO Thiago Lins, Isabel Jorge Cury, Débora Donadel e Cecília Floresta
PROJETO GRÁFICO Cosac Naify
PRODUÇÃO GRÁFICA Aline Valli

1ª edição Cosac Naify Portátil, 2013

Nesta edição, respeitou-se o novo Acordo Ortográfico da Língua Portuguesa.

Dados Internacionais de Catalogação na Publicação (CIP)
(Câmara Brasileira do Livro, SP, Brasil)

O pensamento alemão no século XX:
grandes protagonistas e recepção das obras
no Brasil, volume II
Jorge de Almeida e Wolfgang Bader (orgs.)
1ª edição Cosac Naify Portátil
São Paulo: Cosac Naify, 2013
416 pp.

ISBN 978-85-405-0290-1

1. Ensaios 2. Filosofia alemã 3. Filósofos - Alemanha - Século 20 I. Almeia, Jorge de. II. Bader, Wolfgang.

12-14989 CDD 193

Índices para catálogo sistemático:
1. Filosofia alemã: Século 20 193
2. Filósofos alemães: Século 20 193

COSAC NAIFY
rua General Jardim, 770, 2º andar
01223-010 São Paulo SP
[55 11] 3218 1444
cosacnaify.com.br
atendimento ao professor [55 11] 3218 1473

COSACNAIFY PORTÁTIL

1 *Lero-lero*, Cacaso
2 *Khadji-Murát*, Liev Tolstói
3 *A sociedade contra o Estado*, Pierre Clastres
4 *O amante*, Marguerite Duras
5 *O africano*, J. M. G. Le Clézio
6 *Como funciona a ficção*, James Wood
7 *Degas dança desenho*, Paul Valéry
8 *Leão-de-chácara*, João Antônio
9 *O fim da história da arte*, Hans Belting
10 *Antropologia estrutural*, Claude Lévi-Strauss
11 *Teoria da vanguarda*, Peter Bürger
12 *A prosa do mundo*, Maurice Merleau-Ponty
13 *Carta a D.*, André Gorz
14 *A festa de Babette*, Karen Blixen
15 *O som e a fúria*, William Faulkner
16 *A invenção da cultura*, Roy Wagner
17 *Esperando Foucault, ainda*, Marshall Sahlins
18 *Uma criatura dócil*, Fiódor Dostoiévski
19 *O pensamento alemão no século XX – vol. I*, Jorge de Almeida e Wolfgang Bader (orgs.)
20 *O pensamento alemão no século XX – vol. II*, Jorge de Almeida e Wolfgang Bader (orgs.)

FONTES Akzidenz-Grotesk Pro e More Pro
PAPEL Munken Pure Rough 100 g/m²
IMPRESSÃO Geográfica
TIRAGEM 3000